2025년 23회 대비
나눔의집 사회복지사1급

강의로 쌓는
기본개념

2과목 I 사회복지실천

5영역
지역사회복지론

사회복지교육연구센터 편저

CONTENTS

2024년 제22회
사회복지사1급 국가자격시험 결과

22회 필기시험의 합격률은 지난 21회 40.70%보다 10%가량 떨어진 29.98%로 나타났다. 많은 수험생들이 3교시 과목을 어려워하는데, 이번 22회 시험의 3교시는 순간적으로 답을 찾기에 곤란할 만한 문제들이 더러 포진되어 있었고 그 결과가 합격률에 고르란히 나타난 듯하다. 이번 시험에서 정답논란이 있었던 사회복지정책론 19번 문제는 최종적으로 '전항 정답' 처리되었다.

제22회 사회복지사1급 응시현황 및 결과

합격자 수 **7,633**명

합격률 **29.98**%

접수인원	응시인원	결시인원	응시율
31,608명	25,458명	6,150명	80.5%

※이는 필기시험 결과이다.

1회~22회 사회복지사1급 국가시험 합격률 추이

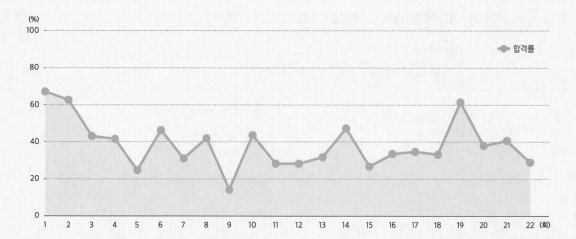

22회 기출 분석 및 23회 합격 대책

한동안 주춤했던 사회복지사의 역할이 2문제 출제되었고, 지역사회보호 개념이나 상호학습 개념, 포플의 모델 등 기출문제에서는 잘 등장하지 않았던 문제들도 출제되었다. 그렇지만 특별히 답을 찾기 어려울 만큼 헷갈리게 출제된 내용은 없어 기본개념서부터 차근차근 준비했다면 수월하게 풀어나갔을 것으로 보이며, 득점 현황 역시 평년과 유사할 것으로 보인다.

의외로 <지역사회복지론>을 지나치는 수험생들이 있는데, 이 영역도 총점을 올리기에 좋은 영역이다. 4장의 이론이나 5장의 모델들을 공부할 때는 다소 버겁게 느껴질 수 있겠지만, 지역사회의 개념부터 실천단계별 주요 사항들, 개입기술, 지역사회보장협의체 및 사회복지협의회, 사회복지관, 사회복지공동모금회, 사회적 경제 주체 등 빈출 키워드를 확인하면서 23회 시험을 준비하면 충분히 득점 전략 영역으로 만들 수 있다.

22회 출제 문항수 및 키워드

장	22회	키워드
1	1	지역사회의 기능(길버트와 스펙트)
2	3	지역사회보호, 상호학습, 지역사회복지실천의 원칙
3	2	우리나라 역사, 영국 역사
4	2	지역사회복지 관련 이론 비교, 다원주의 사례
5	2	로스만의 사회행동모델, 포플의 모델
6	2	사정 단계의 내용 및 특징, 실천과정의 순서 나열
7	2	조력자로서의 역할, 사회계획모델에서의 역할(샌더스)
8	2	사회자본이론, 연계기술의 특징
9	1	임파워먼트모델의 특징
10	1	지역사회보장계획의 과정 및 내용
11	2	지방자치제도의 특징, 공공 전달체계의 개편
12	4	사회복지관의 기능 및 사업에 관한 문제(2문제), 사회복지공동모금회, 마을기업
13	1	주민참여 8단계

합격을 잡는 학습방법

아임패스와 함께하는 단계별 합격전략

나눔의집의 모든 교재는 강의가 함께한다. 혼자 공부하느라 머리 싸매지 말고, 아임패스를 통해 제공되는 강의와 함께 기본개념을 이해하고 암기하고 문제풀이 요령을 습득해보자. 또한 아임패스를 통해 선배 합격자들의 합격수기, 학습자료, 과목별 질문 등을 제공하고 있으니 23회 합격을 위해 충분히 활용해보자.

기본개념 학습 과정

1단계

강의로 쌓는 기본개념

어떤 유형의, 어떤 난이도의 문제가 출제되더라도 답을 찾기 위해서는 기본적인 개념이 탄탄하게 잡혀있어야 한다. 기본개념서를 통해 2급 취득 후 잊어버리고 있던 개념들을 되살리고, 몰랐던 개념들과 애매했던 개념들을 정확하게 잡아보자. 한 번 봐서는 다 알 수 없고 다 기억할 수도 없지만 이제 1단계, 즉 이제 시작이다. '이렇게 공부해서 될까?'라는 이심 말고 '시작이 반이다'라는 마음으로 자신을 다독여보자.

기본개념 완성을 위한 학습자료

기본개념 강의, 기본쌓기 문제, ○Ⅹ퀴즈, 기출문제, 정오표, 묻고답하기, 지식창고, 보충자료 등을 아임패스를 통해 만나실 수 있습니다.

실전대비 과정

4단계

강의로 완성하는 FINAL 모의고사 (3회분)

그동안의 학습을 마무리하면서 합격에 대한 확신을 가져보자. 답안카드를 포함하고 있으므로 시험시간에 맞춰 풀어보기 바란다.

강의로 잡는 회차별 기출문제집

학습자가 자체적으로 모의고사처럼 시험시간에 맞춰 풀어볼 것을 추천한다.

기출문제 번호 보는 법

22 - 01 - 25
기출회차 / 영역 / 문제번호

'기출회차-영역-문제번호'의 순으로 기출문제의 번호 표기를 제시하여 어느 책에서든 쉽게 해당 문제를 찾아볼 수 있도록 하였다.

기출문제 풀이 과정

2단계

강의로 복습하는 기출회독

한 번을 복습하더라도 제대로 된 복습이 되어야 한다는 고민으로 만들어진 책이다. 기출 키워드마다 다음 3단계 과정으로 학습해나간다. 기출회독의 반복훈련을 통해 내 것이 아닌 것 같던 개념들이 내 것이 되어감을 느낄 수 있을 것이다.
1. 기출분석을 통한 이론요약
2. 다양한 유형의 기출문제
3. 정답을 찾아내는 훈련 퀴즈

강의로 잡는 장별 기출문제집

기본개념서의 목차에 따라 편집하여 해당 장의 기출문제를 바로 풀어볼 수 있다.

3단계

요약정리 과정

강의로 끝내는 핵심요약집

8영역을 공부하다 보면 먼저 공부했던 영역은 잊어버리기 일쑤인데, 요약노트를 정리해두면 어디서 어떤 내용을 공부했는지를 쉽게 찾아볼 수 있다.

예상문제 풀이 과정

강의로 풀이하는 합격예상문제집

내 것이 된 기본개념들로 문제의 답을 찾아보는 시간이다. 합격을 위한 필수문제부터 응용문제까지 다양한 문제를 수록하여 정답을 찾는 응용력을 키울 수 있다.

강의로 쌓는 기본개념 활용맵

★ QR코드를 활용하세요!
스마트폰의 카메라, 네이버의 '스마트렌즈', 카카오톡의 '코드스캔' 기능으로 QR코드를 찍으면 관련 동영상 강의를 바로 볼 수 있습니다.

★ 장별 학습내용 안내

본격적인 학습에 앞서 각 장에서 어떤 내용을 다루고 있는지를 전체적으로 확인해볼 수 있도록 마련하였다.

한눈에 쏙
각 장에서 학습하게 될 내용들을 안내
함과 동시에 그동안의 출제율을 반영
하여 중요도 및 23회 출제 부분을 표시
하였다.

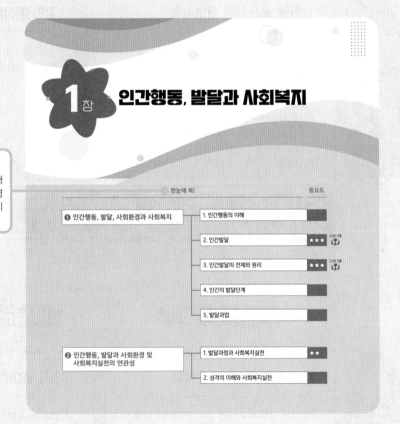

18회 시험부터 22회 시험까지 최근 5개년의 기출문제를 분석하여 관련 정보를 안내하였다.

기출 포인트

최근 5개년 출제 분포와 함께 시험 경향을 안내하여 어떤 점에 유의하면서 학습해야 하는지를 안내하였다.

핵심 키워드

최근 10개년의 기출문제를 분석하여 핵심 키워드를 선정하였다. 나눔의집의 학습전략 2단계 기출회독 시리즈는 각 영역별로 핵심 키워드에 따라 복습하도록 구성되어 있다.

아임패스와 함께

기본개념 강의를 비롯해 아임패스에서 제공하는 다양한 학습자료들을 보다 편리하게 이용할 수 있도록 각 장마다 QR코드로 안내하고 있다.

기출경향 살펴보기

이 장의 기출 포인트

많이 출제될 때는 5문제까지도 출제되는 비중있는 장이다. 비스텍의 관계형성 7대 원칙은 필수적으로 알아두어야 하며, 자칫 소홀하게 보는 전문적 관계의 특징, 원조관계의 요소 등도 빈출 키워드이므로 놓치지 말아야 한다. 2장에서 배운 갈등 상황 등과 함께 묶어 사회복지사의 태도 등을 묻는 문제가 출제되기도 한다.

최근 5개년 출제 분포도

연도별 그래프
문항수

	18	19	20	21	22	회차
	3	4	3	5	4	

평균출제문항수

3.8 문항

2단계 학습전략

데이터의 힘을 믿으세요!
강의로 복습하는 **기출회독 시리즈**

3회독 복습과정을 통해
최신 기출경향 파악

최근 10개년 핵심 키워드

기출회독 080	관계형성의 7대 원칙(Biestek)	11문항
기출회독 081	전문적 관계형성의 요소	8문항
기출회독 082	전문적 관계의 특징	6문항
기출회독 083	관계형성의 장애요인 및 사회복지사의 대처	7문항

기본개념 완성을 위한 학습자료 제공

기본개념 강의, 기본쌓기 문제, OX 퀴즈, 기출문제, 정오표, 묻고답하기, 자식창고, 보충자료 등을 **아임패스**를 통해 만나실 수 있습니다.

★ 본문에서 짚어주는 기출경향 및 중요도

공부하는 내용이 많다 보니 어느 부분이 중요한지, 어떤 내용이 출제되는지를 파악하는 것은 매우 중요하다.
좀 더 효율적으로 학습할 수 있도록 본문에 기출과 관련된 사항들을 안내하였다.

기출회차
1회부터 지금까지 얼마나 자주 출제된 내용인지를 알 수 있도록 출제된 회차를 표시하였다.

1 인간행동, 발달, 사회환경과 사회복지

기출회차				
1	2	3	4	5
6	7	8	9	10
11	12	13	14	15
16	17	18	19	20
21	22			

강의로 복습하는 기출회독 시리즈
Keyword 001, 003

중요도
그동안의 기출경향을 파악하여 학습의 포인트를 짚어주었다.

중요도 ●●●

융 이론에서는 아들러 이론에서와 마찬가지로 전반적인 개요와 주요 개념을 묻는 문제가 주로 출제되므로 무엇보다 개념을 정확히 구분하는 것이 중요하다.

2. 분석심리이론의 개요 ⓐ

(1) 개념 및 특징
• 인간행동은 의식과 무의식의 상반되는 두 가지 힘에 의해서 형성된다.
• 무의식을 개인무의식과 집단무의식으로 구분하였다.
• 융은 아동기보다는 성인기의 발달에 더 관심을 두었다.

22회 기출
22회 시험에 출제된 부분은 별도로 표시하였다.

중요도 ●●●

융 이론에서는 아들러 이론에서와 마찬가지로 전반적인 개요와 주요 개념을 묻는 문제가 주로 출제되므로 무엇보다 개념을 정확히 구분하는 것이 중요하다.

2. 분석심리이론의 개요 ⓐ

(1) 개념 및 특징
• 인간행동은 의식과 무의식의 상반되는 두 가지 힘에 의해서 형성된다.
• 무의식을 개인무의식과 집단무의식으로 구분하였다.
• 융은 아동기보다는 성인기의 발달에 더 관심을 두었다.

꼭!
꼭! 봐야 할 내용을 놓치지 않게 한 번 더 강조하였다.

강화(reinforcement) ★
• 강화란 보상을 제공하여 행동에 대한 반응을 강력하게 하는 것을 말한다.
• 행동의 결과로서 그 행동을 좀 더 자주 유지하도록 했다면 그 결과를 강화라고 한다.
• 강화물은 반응을 증가시키는 행위나 사물로 행동을 강화함으로써 미래에 그 행동을 다시 할 가능성을 높이는 역할을 한다.

☑ 철수가 심부름을 하자(행동) 엄마가 아이스크림을 사주었다(행동의 결과). 그랬더니 철수가 그 뒤로도 심부름을 자주하더라(행동빈도의 증가 혹은 유지). 이때 행동의 결과인 '아이스크림 사주기'는 강화에 해당한다.

• 강화에는 즐거운 결과를 부여하여 행동 재현을 가져오도록 하는 (긍)정적 강화와 혐오스러운 결과를 제거함으로써 바람직한 행동 재현을 유도하는 부(정)적 강화가 있다.

★ 더 쉬운 개념 이해를 위한 구성

간단한 개념정리, 함께 봐두면 도움이 될 만한 내용, 쉽게 헷갈릴 수 있는 내용들에 대해 안내하였다.

잠깐

용어의 정의나 개념 등을 간략히 설명하였다.

잠깐!

용의 자아와 자기 개념의 차이
- 자아: 일상적 · 경험적인 나, 의식세계의 중심
- 자기: 본래적 · 선험적인 나, 의식과 무의식을 모두 포괄하는 인격과 정신의 중심

② 자기(self)
- 자아가 의식된 나라면, 자기는 의식과 무의식의 세계를 모두 포괄하는 진정한 나를 의미하며 통합성을 추구하는 원형이다.
- 집단무의식 내에 존재하는 타고난 핵심 원형으로서 모든 의식과 무의식의 주인이며, 모든 콤플렉스와 원형을 끌어들여, 성격을 조화시키고 통일시키

합격자의 한마디

선배 합격자들이 공부하면서 헷갈렸던 내용들이나 암기하는 요령 등에 대해 짚어주었다.

합격자의 한마디

중개자와 중재자,
헷갈리지 마세요~
중개자는 클라이언트를 자원이나 서비스와 연결시키는 역할이며, 중재자는 체계 사이의 갈등이나 의견 차를 조정하는 역할입니다.

(2) 중재자(mediator) ★
- 양자 간의 논쟁에 개입하여 타협, 차이점 조정 혹은 상호 만족스러운 합의점을 도출해내는 역할이다.
- 미시, 중범위, 거시체계 사이의 논쟁이나 갈등을 해결한다. 견해가 다른 양자 간의 의사소통을 향상시키고 타협하도록 돕는 역할로, 중립을 유지하며 논쟁에서 어느 한쪽 편도 들지 않는다.
- 중재자는 자신의 위치를 분명히 하고, 의사를 잘못 전달하는지 인식하며, 관련 당사자가 입장을 명확히 밝히도록 도와준다.

한걸음 더

본문에서 미처 다루지 못했지만 한번쯤 살펴볼 만한 내용을 담았다.

한걸음 더

개입수준에 따른 사회복지사의 역할

마일리 등(Miley et al.)이 제시한 개입수준에 따른 역할 구분이다. 사회복지사급 시험 초창기에 한 번 출제된 적이 있으나 이후로는 출제되지 않고 있다.

간혹 옹호가 미시 차원인지 거시 차원인지에 대한 질문을 받는데, 우리가 공부하는 옹호는 개인이나 가족 외에 집단, 지역사회 차원에서도 이루어지기 때문에 미시 차원에서만 이루어진다고 말할 수는 없다. 다만, 옹호자의 역할을 미시 차원이라고 보는 문제나 설명이 있다면 이 학자의 구분에 따른 것이라고 생각하면 된다.

개입수준	대상	역할
미시 차원	개인, 가족 등	조력자, 중개자, 옹호자, 교사
중범위 차원	조직, 집단	촉진자, 중재자, 훈련가
거시 차원	지역사회 또는 전체 사회	계획가, 행동가, 현장개입가
전문가 차원	동료 및 전문가집단	동료, 촉매자, 연구자/학자

QR코드로 보는 보충자료

시험에 출제되지는 않았지만 이전 수험생들이 궁금해 했던 내용이나 이해를 도울 수 있는 추가 자료를 따로 담았다. 홈페이지 아임패스 [impass.co.kr]를 통해 확인해볼 수 있다.

파슨즈의 4가지 기능적 요건

(3) 사회체계의 구조와 기능
- 파슨즈(Parsons)에 의하면 모든 사회체계는 다음 두 축을 중심으로 구조적으로 분화되며 안정상태를 유지한다.
  - 수직적 축: 외적(외부환경) 차원 – 내적(체계 내부)차원
  - 수평적 축: 도구(수단) 차원 – 완성(목적) 차원
- 파슨즈는 이 두 축으로 사회체계가 안정상태를 유지하기 위해 성공적으로 해결해야 할 기능을 적응, 목표달성, 통합, 형태유지의 4가지로 제시했다.

사회복지사1급의 모든 것
4,840문항 모든 기출을 분석해 찾은 데이터 기반 학습법

1998년부터 27년 동안 사회복지 분야의 책을 전문적으로 출판해온 나눔의집은 2002년부터 사회복지사1급 국가시험 대비 수험서를 출간하기 시작하여 현재 22번째 개정판을 출간하였습니다.

2012년부터는 매년 가채점 데이터를 축적하여 최근 13년간 출제된 2,680문항에 대한 21,947명의 마킹률 데이터를 보유하고 있습니다.

이를 바탕으로 분석한 출제율 96.5%의 핵심키워드 250개와 마킹률 데이터를 통해 수험생에게 필요한 자세한 내용 분석을 제공할 수 있게 되었습니다.

나눔의집 사회복지사1급 수험서는 종이에 인쇄된 단순한 책이 아닙니다.
나눔의집을 만나는 순간, 당신의 합격을 위한 최고의 전략을 만나게 될 것입니다.

강의로 쌓는 기본개념 지역사회복지론

5년간 데이터로 찾아낸 합격비책

여기에서 **73.6%**(19문항) 출제

순위	장	장명	출제문항수	평균문항수	22회 기출	체크
1	12장	지역사회복지실천의 추진체계 Ⅱ	15	3.0	🏆	✓
2	5장	지역사회복지 실천모델의 이해	12	2.4	🏆	✓
3	10장	지역사회복지 네트워크의 실제	12	2.4	🏆	✓
4	11장	지역사회복지실천의 추진체계 Ⅰ	12	2.4	🏆	✓
5	8장	지역사회복지 실천기술 Ⅰ	11	2.2	🏆	✓
6	3장	지역사회복지의 역사	10	2.0	🏆	✓
7	4장	지역사회복지의 주요 이론	10	2.0	🏆	✓
8	6장	지역사회복지 실천과정	10	2.0	🏆	✓

강의로 복습하는 기출회독 **지역사회복지론**

10년간 데이터로 찾아낸 핵심키워드

여기에서 **89.2%**(22문항) 출제

순위	장		기출회독 빈출키워드 No.	출제문항수	22회 기출	체크
1	4장	138	지역사회복지실천 이론들	20	🏆	✓
2	1장	129	지역사회의 개념 등	15	🏆	✓
3	3장	134	우리나라 지역사회복지의 발달	15	🏆	✓
4	6장	142	사정 단계	12	🏆	✓
5	8장	148	네트워크 기술	11	🏆	✓
6	10장	152	지역사회보장계획	11	🏆	✓
7	7장	146	사회복지사의 역할	10	🏆	✓
8	12장	157	사회복지관	10	🏆	✓
9	2장	130	지역사회복지실천의 원칙 및 가치 등	9	🏆	✓
10	5장	139	로스만의 모델	9	🏆	✓
11	10장	153	지역사회보장협의체	9		✓
12	11장	156	지역사회복지 관련 동향 및 향후 과제	9	🏆	✓
13	5장	140	웨일과 갬블의 모델	8		✓
14	11장	155	지방분권화	8	🏆	✓
15	12장	158	사회적 경제의 주체	8	🏆	✓
16	3장	135	영국 지역사회복지의 발달	7	🏆	✓
17	8장	147	조직화 기술	7		✓
18	13장	161	주민참여 8단계	7	🏆	✓
19	6장	144	계획 및 실행 단계	6		✓
20	12장	159	사회복지공동모금	6	🏆	✓
21	13장	162	지역사회복지운동	6		✓
22	5장	141	테일러와 로버츠의 모델	5		✓
23	8장	149	자원동원 기술	5		✓
24	9장	150	옹호 기술	5		✓
25	10장	154	사회복지협의회	5		✓

사회복지사1급 국가시험 안내문

※ 다음은 2024년 1월 13일 시행된 22회 시험에 대한 공고 내용이다. 시험공고는 시험일로부터 대략 3개월 전에 발표되고 있다.

시험방법

시험과목수	문제수	배점	총점	문제형식
3과목(8영역)	200	1점 / 1문제	200점	객관식 5지 선택형

시험과목 및 시험시간

구분	시험과목	시험과목	입실시간	시험시간
1교시	사회복지기초(50문항)	· 인간행동과 사회환경(25문항) · 사회복지조사론(25문항)	09:00	09:30-10:20 (50분)
		휴식시간 10:20 ~ 10:40 (20분)		
2교시	사회복지실천(75문항)	· 사회복지실천론(25문항) · 사회복지실천기술론(25문항) · 지역사회복지론(25문항)	10:40	10:50-12:05 (75분)
		휴식시간 12:05 ~ 12:25 (20분)		
3교시	사회복지정책과 제도(75문항)	· 사회복지정책론(25문항) · 사회복지행정론(25문항) · 사회복지법제론(25문항)	12:25	12:35-13:50 (75분)

※ 이는 일반수험자 기준이며, 장애인수험자 등 응시편의 제공 대상자는 1.5의 시간을 연장함
※ 시험관련 법령 등을 적용하여 정답을 구하여야 하는 문제는 시험 시행일 현재 시행 중인 법령을 기준으로 출제함

합격(예정)자 결정기준(사회복지사업법에 의거)

· 시험의 합격결정에 있어서는 매 과목 4할 이상, 전 과목 총점의 6할 이상을 득점한 자를 합격예정자로 결정
· 사회복지사1급 국가시험 합격예정자는 한국사회복지사협회에서 응시자격 서류심사를 실시하며, 응시자격서류를 정해진 기한 내에 제출하지 않거나 심사결과 부적격자인 경우에는 최종불합격 처리함
· 최종합격자 발표 후라도 제출된 서류 등의 기재사항이 사실과 다르거나 응시자격 부적격 사유가 발견될 때에는 합격을 취소함

※ 시험관련 정보는 한국산업인력공단 사회복지사1급 홈페이지(http://www.q-net.or.kr/site/welfare)와 한국사회복지사협회 홈페이지(http://www.welfare.net)에서 확인할 수 있다.

사회복지사1급 국가시험 응시자격

대학원 졸업자

고등교육법에 따른 대학원에서 사회복지학 또는 사회사업학을 전공하고 석사학위 또는 박사학위를 취득한 자(시험 시행년도 2월 28일까지 학위를 취득한 자 포함). 다만, 대학에서 사회복지학 또는 사회사업학을 전공하지 아니하고 동 석사학위를 취득한 자는 보건복지부령이 정하는 사회복지학 전공교과목과 사회복지관련 교과목 중 사회복지현장실습을 포함한(2004. 7. 31 이후 입학생부터 해당) 필수과목 6과목 이상(대학에서 이수한 교과목을 포함하되, 대학원에서 4과목 이상을 이수하여야 한다), 선택과목 2과목 이상을 각각 이수하여야 한다.

대학교 졸업자

① 고등교육법에 따른 대학에서 보건복지부령이 정하는 사회복지학 전공교과목과 사회복지관련 교과목을 이수하고 학사학위를 취득한 자(시험 시행년도 2월 28일까지 학사학위를 취득한 자 포함)
② 법령에서 고등교육법에 따른 대학을 졸업한 자와 동등 이상의 학력이 있다고 인정하는 자로서 보건복지부령으로 정하는 사회복지학 전공교과목과 사회복지관련 교과목을 이수한 자(시험 시행년도 2월 28일까지 동등학력 취득자 포함)

외국대학(원) 졸업자

외국의 대학 또는 대학원(단, 보건복지부장관이 인정한 대학 또는 대학원)에서 사회복지학 또는 사회사업학을 전공하고 학사학위 이상을 취득한 자로서 대학원 졸업자와 대학교 졸업자의 자격과 동등하다고 보건복지부장관이 인정하는 자

전문대학 졸업자

① 고등교육법에 의한 전문대학에서 보건복지부령이 정하는 사회복지학 전공교과목과 사회복지관련 교과목을 이수하고 졸업한 자로서 (시험 시행년도 2월 28일을 기준으로) 1년 이상 사회복지사업의 실무경험이 있는 자
② 법령에서 고등교육법에 따른 전문대학을 졸업한 자와 동등 이상의 학력이 있다고 인정하는 자로서 보건복지부령이 정하는 사회복지학 전공교과목과 사회복지관련 교과목을 이수한 자로서 (시험 시행년도 2월 28일을 기준으로) 1년 이상 사회복지사업의 실무경험이 있는 자

사회복지사 양성교육과정 수료자

① 고등교육법에 따른 대학을 졸업하거나 이와 동등 이상의 학력이 있는 자로서 보건복지부장관이 지정하는 교육훈련기관에서 12주 이상의 사회복지사업에 관한 교육훈련을 이수한 자로서 (시험 시행년도 2월 28일을 기준으로) 1년 이상 사회복지사업의 실무경험이 있는 자
② 사회복지사 3급 자격증 소지자로서 (시험 시행년도 2월 28일을 기준으로) 3년 이상 사회복지사업의 실무경험이 있는 자

※ 다음 각 호의 어느 하나에 해당하는 자는 사회복지사가 될 수 없음.
가. 피성년후견인
나. 금고이상의 형의 선고를 받고 그 집행이 끝나지 아니하였거나 그 집행을 받지 아니하기로 확정되지 아니한 자
다. 법원의 판결에 따라 자격이 상실되거나 정지된 자
라. 마약 · 대마 또는 향정신성의약품의 중독자
마. 정신건강복지법에 따른 정신질환자(다만, 전문의가 사회복지사로 적합하다고 인정하는 사람은 예외)

> ※ 응시자격에 대한 자세한 사항은 한국산업인력공단 HRD고객센터(1644-8000),
>   한국사회복지사협회(02-786-0845)로 문의

일러두기

● 이 책은 한국사회복지교육협의회의 『사회복지 교과목 지침서 2022』를 바탕으로 하면서도 시험의 출제경향, 대학교재의 공통사항, 학습의 편의성 등을 고려하여 구성하였다.

● <사회복지법제론>을 비롯해 수험서에서 다루고 있는 법률은 2024년 3월 초 현재 시행 중인 규정을 따랐다. 이후 추가적인 개정사항이 있을 시 주요 사항을 정리하여 아임패스 내 '학습자료'를 통해 게시할 예정이다.

● 이 책에서 발생할 수 있는 오류사항에 대해서는 아임패스 내 '정오표' 게시판을 통해 정정할 예정이다.

● 학습 중 헷갈리거나 궁금한 내용이 있을 때에는 아임패스 내 '과목별 질문' 게시판을 이용할 수 있다.

교과목 목표

● 지역사회 및 지역사회복지의 개념과 가치에 대하여 설명할 수 있다.

● 지역사회복지의 발달과정에 대하여 설명할 수 있다.

● 지역사회복지의 기초 이론에 대하여 설명할 수 있다.

● 지역사회복지의 실천모델, 실천원칙 및 과정에서 대하여 설명할 수 있다.

● 지역사회복지의 실천기술과 실제사례 적용 방법을 설명할 수 있다.

● 지역사회복지의 추진기관과 특수 실천분야에 대하여 설명할 수 있다.

● 지방자치와 지역사회복지, 지역사회복지운동에 대하여 설명할 수 있다.

● 지역사회 환경의 변화에 따른 지역사회복지의 발전 과제를 설명할 수 있다.

1장 지역사회의 개념과 유형

한눈에 쏙!   중요도

❶ 지역사회에 대한 이해

1. 지역사회의 개념 ★★★

2. 좋은 지역사회를 위한 요건

3. 지역사회에 관한 이론 ★★

❷ 지역사회의 유형과 기능

1. 지역사회의 유형화 ★

2. 지역사회의 기능과 제도 ★★ 22회기출

3. 지역사회 기능의 비교 척도 ★

기출경향 살펴보기

이 장의 기출 포인트

지역사회의 개념, 공동사회와 이익사회, 지역사회의 유형화, 지역사회의 기능과 제도, 지역사회 기능의 비교 척도 등의 내용이 종합적으로 출제되기도 하고 각각 단독으로 출제되기도 한다. 간혹 좋은 지역사회를 위한 요건이 출제되기도 했으며, 지역사회 상실이론/보존이론/개방이론은 4장에서 공부할 이론들과 함께 출제되기도 했다.

최근 5개년 출제 분포도

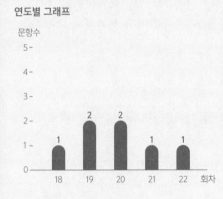

연도별 그래프

평균출제문항수

1.4 문항

2단계 학습전략

데이터의 힘을 믿으세요!
강의로 복습하는 **기출회독 시리즈**

3회독 복습과정을 통해
최신 기출경향 파악

최근 10개년 핵심 키워드

| 기출회독 **129** | 지역사회의 개념 등 | 15문항 |

기본개념 완성을 위한 **학습자료 제공**

기본개념 강의, 기본쌓기 문제, ○×퀴즈, 기출문제, 정오표, 묻고답하기, 지식창고, 보충자료 등을 **아임패스**를 통해 만나실 수 있습니다.

기출회차			
2	3	4	5
6	7	8	9	10
11	12	13	14	15
16	17	18	19	20
21	22		

강의로 복습하는 기출회독 시리즈

Keyword 129

1 지역사회에 대한 이해

여러 학자의 지역사회의 개념 정의와 이론들 중에서도 지리적 의미와 기능적 의미의 구분은 가장 기본적인 내용이다.

보충자료

**지리적 의미와
기능적 의미 구분**

1. 지역사회의 개념

(1) 개념

지역사회는 영어의 'community'라는 단어를 번역한 것이다. 'community'는 지역사회로 번역되기도 하고 공동체로 번역되기도 하지만, '지역사회'는 일정한 지역성에 좀 더 초점을 두는 반면, '공동체'는 공통의 이해관계나 특성을 바탕으로 한다는 차이가 있다.

(2) 지리적 의미와 기능적 의미 ⭐꼭!

• 로스(Ross)는 지역사회의 개념을 지리적(공간적) 의미와 기능적 의미로 구분하였다.
  – 지리적 의미: 일정한 지리적 공간에서 살고 있는 사람들의 집단을 의미한다. 예 행정구역
  – 기능적 의미: 공통의 이해관계나 특성 등에 따라 모인 사람들의 집합체를 의미한다. 어떤 특성이나 신앙, 민족, 종교, 생활방식, 이념, 사회계층, 직업유형, 성적 지향성, 취미활동 등을 중심으로 구성되는 동질성을 지닌 공동체이며, 구성원의 공동이익을 중심으로 형성되는 이익공동체로서의 성격을 갖는다. 예 학계, 소수민족 집단, 동성애자 집단 등
• 현대에는 교통과 정보통신 수단이 발전하면서 전통적 의미의 지역 경계가 허물어지고 있다. 따라서 단순한 지역성을 강조하는 지리적 의미의 지역사회는 점차 그 의미를 상실하고 있으며 기능적 특성이 강조되고 있다.
• 인터넷의 등장으로 시간과 공간을 뛰어 넘는 사이버공동체, 가상공동체(virtual community) 등이 나타났으며, 이들 역시 국적을 비롯한 지리적 공간의 제약에서 자유로운 기능적 지역사회로 볼 수 있다.

(3) 지역사회에 대한 학자들의 정의

① 파크와 버제스(Park & Burgess) – 지역성을 강조

"지역사회라는 용어는 한 지역을 구성하는 사람들과 조직들의 지리적 분포라는 견지에서 고려될 수 있는 사회와 사회집단에 적용된다. 모든 지역사회는 사회이지만, 모든 사회가 지역사회는 아니다."

② 맥키버(MacIver) – 협동, 공동생활 등 감정적 측면 강조

"지역사회란 모든 형태의 공동생활지역으로서 부락 혹은 읍, 시·도, 국가 혹은 더 넓은 지역까지도 포함한다. 어느 지역이 지역사회로 불리기 위해서는 다른 지역과 구별될 수 있어야 하고, 공동생활이란 그 지역의 개척자들이 부여한 특별한 의미를 가질 수 있는 자체적인 특성을 지녀야 한다."

③ 워렌(Warren) – 작은 부분체계로 이루어진 하나의 전체적 체계

"지역사회는 지역적 접합성이 있으면서 주요한 사회적 기능을 수행하는 사회적 단위 및 체계의 결합이다."

④ 힐러리(Hillery) – 지역사회의 3요소 제시

"지역사회는 지역적 영역, 공동의 유대, 사회·문화적 상호작용 등의 3가지 구성요소가 나타난다."

보충자료

다른 학자들의
'지역사회' 정의

2. 좋은 지역사회를 위한 요건

(1) 좋은 지역사회의 특징(워렌, Warren)

- 구성원 사이에 인격적인 관계를 형성한다. 사람들은 비인간적인 기초가 아닌 인간적인 기초 위에서 서로를 존중한다.
- 지역사회 내에서 권력의 폭넓은 분산과 배분이 이루어진다.
- 지역사회는 다양한 소득집단, 인종집단, 종교집단, 이익집단을 포용한다.
- 높은 수준의 지역적 통제가 이루어진다(지역사회 내 규칙 준수, 질서 유지).
- 지역사회는 의사결정 과정에서 협력을 극대화하고 갈등을 최소화한다.
- 주민들의 자율성이 충분히 보장된다.

(2) 역량 있는 지역사회(펠린, Fellin)

- 지역사회 구성원 및 집단들은 지역사회에 헌신하고 협력해야 한다.

- 지역사회를 구성하는 다양한 집단들은 자신의 가치와 이익을 자각해야 한다.
- 합의된 목표를 달성하기 위해 수단과 방법에 대한 의사소통 및 의견일치가 있어야 한다.
- 구성원들은 목표를 확인하고 달성하기 위한 활동에 참여해야 한다.
- 지역사회 내 집단들 간에 발생하는 갈등을 조정하기 위한 절차가 있어야 한다.
- 적당한 수준의 자율성이 지켜져야 하며, 외부사회와의 관계를 조정할 수 있어야 한다.

(3) 이상적인 지역사회 (린데만, Lindeman)[1]

- 지역사회는 효율적 정부라는 매개체를 통해 질서, 즉 생명과 재산의 안전을 도모해야 한다.
- 지역사회는 효율적 생산체계를 통해 경제적 안녕, 즉 소득을 보장해주어야 한다.
- 지역사회는 공공의 보건기관을 통해서 육체적 안녕, 즉 보건과 위생을 보장해야 한다.
- 지역사회는 조직적이고도 잘 마련된 놀이를 통해서 여가시간을 건설적으로 활용하게 하여야 한다.
- 조직화된 지역사회에 의해 지지를 받을 수 있는 윤리적 기준, 즉 도덕체계를 제공해야 한다.
- 지역사회는 모든 사람이 쉽사리 접근할 수 있는 공공기관을 통해서 지식의 보급, 즉 교육을 제공해야 한다.
- 지역사회는 자유로이 의사를 표현할 수 있는 수단을 제공해야 한다.
- 지역사회는 모든 주민이 자기네들의 의사가 표현되고 반영된다고 느낄 수 있는 민주적 형태의 조직을 제공해야 한다.
- 지역사회는 신앙적 동기를 제공해야 한다.

3. 지역사회에 관한 이론

중요도

상실이론, 보조이론, 개방이론의 차이와 공동사회에서 이익사회로의 변화 등이 출제되어 왔다.

(1) 지역사회를 바라보는 이론적 관점[2]

① 지역사회 상실이론

- 현대사회의 개인주의 경향과 인간관계 단절 현상 등으로 1차 집단이 해체

되고 공동체가 무너졌다고 보는 관점이다.
- 이 이론의 배경에는 과거 전통사회의 유기적 공동체에 대한 로맨틱한 향수가 깔려 있다.
- 이 이론에 의하면, 지역사회는 이상적인 것으로서 복구될 수 없는 잃어버린 세계로 이해된다. 따라서 상실된 지역사회의 기능을 대체할 새로운 제도적 장치가 필요하다고 본다.

② 지역사회 보존이론
- 지역사회 상실이론에 대한 반론으로 제기된 것이다.
- 농촌사회와 유사하게 현대사회의 도시인들도 혈연, 이웃, 친구와 관계를 맺으며, 이러한 사회적 관계망을 통해 전통사회가 가지고 있었던 지역사회의 사회적 기능을 보존할 수 있다.
- 국가적 차원의 복지제도보다 가족이나 지역사회를 통한 상호부조 기능을 강조한다.

③ 지역사회 개방이론
- 지역사회 상실이론과 지역사회 보존이론에 대한 제3의 대안적 이론이다.
- 지역사회 개방이라는 의미는 지역사회가 과거에 갖고 있었던 지역성의 의미에서 벗어난 새로운 개념이라는 뜻이다. 즉, 좁은 의미의 지역성에 기초한 개념에서 나아가 사회적 지지망의 관점에서 비공식적 연계를 강조한다.
- 지역성에 기초한 지리적 의미와 공통의 이해와 관심에 기초한 기능적 의미를 포괄적으로 함축하고 있다.

(2) 공동사회와 이익사회(퇴니스, Tönnies)
- 퇴니스의 공동사회와 이익사회 개념은 사회변동에 따른 사회형태의 변화를 보여준다. 퇴니스는 서구사회가 '공동사회의 연합체 → 공동사회의 협의체 → 이익사회의 협의체 → 이익사회의 연합체' 순으로 발전했다고 보았다.
- 사회적 관계가 소규모의 대면적 관계인 경우를 연합체, 대규모의 비대면적 관계인 경우를 협의체로 구분하였다.
- 공동사회가 정서적, 전통적인 관계에 기초한다면, 이익사회는 개인주의와 계약, 합리적인 이익 추구에 기초한다고 구분하였다.

① 공동사회의 연합체
- 가족을 비롯한 혈연관계, 이웃관계, 친구관계
- 사회복지적 함의: 가족중심의 비공식복지

② **공동사회의 협의체**

- 공동의 노동이나 직업적 소명에 따른 관계
- 사회복지적 함의: 길드, 교회 등을 통한 초기 형태의 공식 복지

③ **이익사회의 협의체**

- 합리성과 이해타산에 기초하여 정해진 목적과 수단에 따라 활동
- 대기업 조직, 국가 관료조직
- 개인 간 긴장관계 발생
- 사회복지적 함의: 민간에 의한 자선적 복지 강조(공공에 의한 공식적 복지는 미약한 형태)

④ **이익사회의 연합체**

- 현대사회의 관료조직에 인간관계의 회복 시도
- 사회적 연대성을 통해 공동사회의 특성을 다시 도입하려는 노력의 형태
- 사회복지적 함의: 사회보험 · 공공부조 · 사회복지서비스 등의 제도화, 공식적 · 제도적 사회복지의 발전

2 지역사회의 유형과 기능

기출회차				
	2	3	4	5
6	7	8	9	10
11	12	13	14	15
16	17	18	19	20
21	22			

강의로 복습하는 기출회독 시리즈

Keyword 129

1. 지역사회의 유형화(던햄, Dunham)

중요도 ★

던햄이 제시한 4가지 구분 기준을 잘 기억해두자.

지역사회를 유형화하는 방법은 다양하나 던햄이 구분한 일반적인 기준은 다음과 같다. 던햄의 유형화 기준은 공간, 즉 지리적 차원의 구분이다.

(1) 인구의 크기에 따른 기준
지역 내 거주하는 인구의 수를 통해 구분하는 형태이다. **예** 대도시, 중소도시 등

(2) 경제적 기반에 따른 기준
• 지역사회의 주요 경제활동에 따른 구분이다. **예** 농촌, 어촌, 산업단지(공단) 등
• 주민들의 경제생활뿐만 아니라 사회 · 문화적 특성을 파악하고자 하는 인류학적 조사 · 연구에서 흔히 사용되는 기준이다.

(3) 정부의 행정구역에 따른 기준
• 행정구역에 따른 구분이다. **예** 특별시, 광역시 · 도, 시 · 군 · 구, 읍 · 면 · 동
• 행정구역을 구분할 때 인구의 크기가 고려되기는 하지만, 반드시 인구의 크기에 비례하여 구분되는 것은 아니라는 점에서 인구 크기에 따른 기준과 다르다.

(4) 인구구성의 사회적 특수성에 따른 기준
지역사회 구성원 대다수의 사회적 특성을 중심으로 지역을 유형화하는 것이다. **예** 도시 저소득층 지역, 미국의 차이나타운 등

기능과 제도가 바르게 연결되었
는지를 찾는 단순한 유형부터,
각 기능을 살펴보는 문제, 사례
에서 설명하는 기능이 무엇인지
를 찾는 문제 등 꽤 다양하게 출
제되고 있다. 우리가 사회복지를
공부하다 보니 사회복지제도와
관련된 상부상조의 기능만 보고
넘어가는 수험생들이 간혹 있는
데 다섯 가지 기능과 제도가 모
두 시험범위임을 강조하고 싶다.

2. 지역사회의 기능과 제도 22회 기출
(길버트와 스펙트, Gilbert & Specht)

(1) 생산 · 분배 · 소비의 기능 → 경제제도 ★

일상생활을 위해 필요한 재화와 서비스를 생산, 분배, 소비하는 과정과 관련
된 기능

(2) 사회화의 기능 → 가족제도 ★

- 사회가 향유하고 있는 지식, 사회적 가치 등을 지역사회 구성원에게 전달
하는 기능
- 지역사회 구성원들이 사회를 구성하는 가족, 집단, 조직 등을 통해 지역사
회의 지식, 가치, 행동유형을 터득하도록 가르쳐주는 것

(3) 사회통제의 기능 → 정치제도 ★

- 지역사회가 그 구성원들에게 사회의 규범(법, 도덕, 규칙 등)에 순응하게
하는 기능
- 사람들에게 어떠한 행동을 하도록 지배하고 강조하는 것

(4) 사회통합의 기능 → 종교제도 ★

- 지역사회 구성원들의 상호 간 협력, 결속력 등을 강조하는 기능
- 사람들 스스로 규범을 준수하여 바람직한 행동을 하도록 하는 것

(5) 상부상조의 기능 → 사회복지제도 ★

- 구성원들이 기존 사회제도에 의해서 욕구를 충족할 수 없는 경우에 강조되
는 기능
- 지역사회 구성원들이 서로에게 도움을 주는 것과 관련된 기능

한걸음 더 ┌─┐
지역사회의 기능과 제도

지역사회의 기능과 제도는 학자마다 조금씩 다르다.

워렌(Warren)은 사회통합의 기능 대신 '사회참여(social participation)의 기능'을 제시했는데,
이는 사회통합의 기능과 유사하면서도 지역사회 주민들의 자발적 참여를 강조한 것이다.

패리(Parry)는 길버트와 스펙트가 제시한 5가지 기능 외에 다른 집단의 공격으로부터 주민들을
보호하는 '방어의 기능' 및 집단의 결속력을 강화시키는 집단 고유의 언어 및 상징인 '의사소통의
기능'을 추가적으로 제시하기도 했다.

3. 지역사회 기능의 비교 척도(워렌, Warren)

중요도 ★

워렌이 제시한 척도의 4가지 종류와 그 의미를 알아두어야 한다.

지역사회의 기능을 측정하는 기준은 여러 가지가 있을 수 있으나 다음의 4가지 차원을 중심으로 일반화된 비교가 가능하다.

(1) 지역적 자치성
지역사회의 제 기능을 수행함에 있어서 다른 지역에 어느 정도 의존하는가에 관한 것이다. 개방체계로서 지역사회는 다른 지역과 관계를 맺게 되는데 그 관계 속에서 나타나는 자립도와 의존도를 파악하는 것이다.

(2) 서비스 영역의 일치성
상점, 학교, 공공시설, 교회 등의 서비스 영역이 어느 정도 동일 지역 내에서 이루어지고 있는가에 관한 것이다.

(3) 지역에 대한 주민들의 심리적 동일시
지역사회주민들이 자기 지역을 어느 정도로 중요한 준거집단으로 생각하며, 어느 정도 소속감을 갖는가에 관한 것이다.

(4) 수평적 유형
지역사회 내에 있는 상이한 단위조직(개인, 사회조직)들이 구조적, 기능적으로 얼마나 강한 관련을 갖고 있는가에 관한 것이다.

한걸음 더 　지역사회 기능의 비교 척도에 대한 이해

지역적 자치성은, 예를 들어 대규모 공장과 기업이 있더라도 그 지역사회에 필요한 재화와 서비스를 충분히 생산하지 않는다면 지역적 자치성의 수준이 낮다고 볼 수 있다.

서비스 영역의 일치성은, 예를 들어 학교, 병원, 복지서비스의 영역이 동일 지역 내에서 이루어지지 않고 멀리 떨어져 있다면 주민들이 이용하는 데 어려움이 발생하게 된다. 지역사회에서 제공되는 서비스에 주민들이 얼마나 쉽게 접근할 수 있느냐를 나타내는 것이 서비스 영역의 일치성이다.

심리적 동일시는 지역주민들이 자기 지역에 얼마만큼 소속감을 갖고 있는지를 나타내는 기준으로, 같은 지역에 거주하는 주민들이 소속감이 낮다면 심리적 동일시 수준도 낮다고 볼 수 있다.

2장 지역사회복지와 지역사회복지실천

한눈에 쏙! | 중요도

❶ 지역사회복지에 대한 이해
- 1. 지역사회복지의 개념
- 2. 지역사회복지의 이념 ★★
- 3. 지역사회복지의 특성
- 4. 지역사회복지 관련 개념 ★★ 22회 기출

❷ 지역사회복지실천에 대한 이해
- 1. 지역사회복지실천의 개념
- 2. 지역사회복지실천의 목적
- 3. 지역사회복지실천의 기능

❸ 지역사회복지실천의 원칙, 가치, 윤리
- 1. 지역사회복지실천의 원칙 ★★ 22회 기출
- 2. 지역사회복지실천의 가치 22회 기출
- 3. 지역사회복지실천의 윤리

기출경향 살펴보기

이 장의 기출 포인트

다소 소홀히 공부할 수 있는 장인데 출제가 많이 될 때는 3문제까지 출제되므로 꼼꼼히 살펴봐야 한다. 지역사회복지의 초점은 무엇인지, 어떤 원칙을 갖는지, 추구하는 가치는 무엇인지 등과 함께 지역사회복지실천의 특성을 정리해두자. 지역사회 관련 개념 및 이념 등도 때때로 출제되어 정답률을 떨어뜨리기도 했다.

최근 5개년 출제 분포도

연도별 그래프

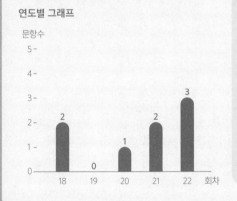

문항수

회차	문항수
18	2
19	0
20	1
21	2
22	3

평균출제문항수

1.6 문항

2단계 학습전략

데이터의 힘을 믿으세요!
강의로 복습하는 **기출회독 시리즈**

3회독 복습과정을 통해
최신 기출경향 파악

최근 10개년 핵심 키워드

기출회독 **130**	지역사회복지실천의 원칙 및 가치 등	9문항
기출회독 **131**	지역사회복지 관련 개념	2문항
기출회독 **132**	지역사회복지의 이념	2문항
기출회독 **133**	지역사회복지실천의 개념 및 특성	2문항

기본개념 완성을 위한 **학습자료 제공**

기본개념 강의, 기본쌓기 문제, ○X 퀴즈, 기출문제, 정오표, 묻고답하기, 지식창고, 보충자료 등을 **아임패스**를 통해 만나실 수 있습니다.

기출회차			
2	3	4	5
6	7	8	9	10
11	12	13	14	15
16	17	18	19	20
21	22		

강의로 복습하는 기출회독 시리즈

Keyword 131~133

1 지역사회복지에 대한 이해

1. 지역사회복지의 개념

(1) 협의의 개념

비시설 환경(거주시설이 아닌 곳)에서 서비스 대상자에게 각종 사회복지서비스를 제공하는 것으로 시설보호와 대치되는 개념이다. 대인서비스와 밀접히 관련된다.

(2) 광의의 개념

① 지역사회의 복지 향상을 위한 제도 차원의 개념

지역사회의 복지 향상을 위해 전문 혹은 비전문 인력이 지역사회 수준에 개입하여 지역사회에 존재하는 각종 제도에 영향을 주고, 지역사회의 문제를 예방하고 해결하고자 하는 일체의 사회적 노력을 의미한다.

② 포괄적인 개념이며 지역성이 강조되는 개념

- 지역사회의 복지를 향상시키려는 노력은 어느 특수 전문분야에 국한되는 것이 아니라 사회사업, 공중보건, 성인교육, 공공행정, 도시계획, 정신건강 등의 전문가들과 민간단체나 정치단체의 자원봉사자들에 의해 광범위하게 수행된다. 즉, 사회복지사의 전문적 활동에 국한되지 않고, 다양한 전문적·비전문적 활동을 포함한다.
- 과거의 자연발생적인 민간 활동(예 두레, 품앗이 등)에서부터 오늘날의 민간 자선활동, 지역개발운동, 전문적인 지역사회조직사업을 내포하는 포괄적인 성격을 띤다. 또한 아동·청소년·노인 복지라는 대상 중심의 활동이 아닌 지역성이 강조됨을 의미한다.

(3) 지역사회복지 개념의 속성[3]

- 지역성과 기능성을 포함하는 일정한 지역사회 내에서 이루어진다.
- 지역주민의 삶의 질 향상이라는 목표를 가지고 있다.

- 지역사회의 문제해결 능력을 향상시키고 주민의 복지욕구를 충족시키는 기능이 있다.
- 정부와 민간의 협력이 강화되는 추세로 발전하고 있다.
- 전문적 · 비전문적인 서비스와 방법을 사용한다.
- 개인, 가족 등 미시적 수준의 사회체계와 연속선상에 놓여 있다.

한걸음 더 사회복지에서 지역사회가 주목된 이유

- 급격한 경제성장이 가져온 부정적인 사회현상에 대한 비판적 시각
- 환경운동과 생태주의의 확산으로 획일적이고 거대한 중앙집권체제에 대한 비판
- 지역사회 수준에서의 지속가능한 삶에 대한 관심
- 지방자치제도의 실시
- 복지국가의 재편 과정에서 확산된 복지 다원주의

2. 지역사회복지의 이념

(1) 정상화

- 1950년대 덴마크, 1960년대 스웨덴에서 정신지체인(지적장애인)의 생활을 가능한 한 정상적인 생활에 가깝게 추구하기 위해 대두된 이념이다.
- 정상화 이념에서 정상적인 생활이란 특별한 장애나 욕구를 가진 사람도 지역사회와 분리된 시설이나 병원이 아닌 일상적인 삶을 유지할 수 있는 생활 환경과 방식을 지속하는 것을 의미한다. 또한 장애로 인한 불편을 최소화하기 위해서는 사회적 노력이 필요하며, 일상적인 가정과 지역사회에 통합된 삶을 강조한다.
- 강제적, 폐쇄적, 집권적인 시설보호에 반대한다.
- 탈시설화, 사회통합의 이념과 밀접한 관련이 있다.

중요도 ★ ★

정상화, 사회통합, 탈시설화, 주민참여, 네트워크 등은 지역사회 복지실천의 발달을 이끈 이념들인 만큼 그 기본 개념들을 파악해두어야 한다.

한걸음 더 정상화 개념의 효시

장애와 장애인을 바라보는 시각의 변화는 하루아침에 이루어진 것이 아니다. 1951년부터 기존의 격리보호주의에 반기를 든 덴마크의 '정신지체장애인 부모회'의 2년간에 걸친 투쟁과 당시 이들의 주장을 수용하고 옹호한 사회성 행정관 뱅크 미켈슨(Bank-Mikkelsen)의 약 10여 년에 걸친 노력의 결실로 '1959년 정신지체인법'이 제정되었다. 1959년법이 중요하게 인식되는 것은 그 속에 정상화(normalization)라는 용어가 처음으로 포함되었기 때문이다. 즉, "정신지체인들에게 가능한 한 정상적인 상태에 가까운 생활을 제공할 것"을 최초로 규정하였다.

(2) 사회통합

- 사회통합은 일반적으로 계층 간의 격차를 줄이고, 사회의 전반적인 불평등을 감소시킴으로써 삶의 질을 제고해나가는 것을 의미한다.
- 지역 간의 차이에서 발생하는 갈등의 가능성을 줄여나간다는 의미도 포함한다.
- 무엇보다 지역사회에서 사회통합이란 장애인, 노인 등 지역사회의 보호대상자들이 일반 주민들과 함께 생활해나갈 수 있는 조건을 확보하는 것이다.

(3) 탈시설화(탈수용화)

- 탈시설화는 장애인을 대규모 수용시설에 격리하는 것이 아닌 지역사회에 거주하면서 필요한 서비스를 제공받을 수 있게 하는 것을 말한다.
- 본래 수용시설은 장애인들에게 전문적인 서비스를 제공하여 지역사회로 복귀할 수 있도록 지원하는 것이 기본 취지였다. 하지만 대부분의 수용시설들은 외곽에 설치되어 지역사회와 접촉하기 어려웠고 폐쇄적으로 운영되면서 수용시설의 환경이 장애인들의 재활에 부적절하다는 논란이 일게 되었다.
- 탈시설화는 정상화 원리를 강조하였으며, 그 대안으로서 장애인들이 지역사회 내에서 생활할 수 있는 그룹홈, 주간보호시설, 단기보호시설 등의 소규모 시설이 제시되었다. 또한 시설의 장과 직원이 중심이 된 운영에서 벗어나 지역주민들의 참여, 즉 자원봉사자 및 후원자들이 적극적으로 참여하는 개방적 운영의 필요성이 제기되었다.

한걸음 더 **그룹홈**(Group home)

그룹홈은 소규모 시설 또는 장애인이 공동으로 생활하는 가정을 뜻한다. 사회에 적응하기 어려운 아동·청소년·노인들을 각각 소수의 그룹으로 묶어 가족적인 보호를 통해 지역사회에 적응할 수 있도록 도와주는 프로그램이나 제도를 일컫는다. 선진국에서는 1960년대부터 일반화되었으나, 한국에는 1990년대 중반에 도입되었다.

학교생활의 적응도가 낮아 어려움을 겪는 아동, 가정과 사회생활에 적응하지 못하는 청소년, 정신적·신체적으로 장애가 있어 타인의 도움을 필요로 하는 노인, 실업 등으로 인해 발생하는 노숙인 등이 주요 대상이다. 그룹홈은 시설 이용자들의 자립과 사회적 통합을 목적으로 한다.

(4) 주민참여

- 지방자치의 실시로 더욱 강조되는 원리이다.
- 주민참여는 주민의 욕구 및 문제를 해결하기 위한 주체로서 주민의 주체성을 강조하는 것이다.
- 지방자치단체와의 동등한 파트너십을 형성하는 방법이기도 하며, 주민들

의 자원봉사활동과도 밀접한 관계가 있다.

(5) 네트워크

- 사회복지의 큰 흐름 가운데 하나는 공급자 중심의 서비스 제공에서 이용자 중심의 서비스 제공으로의 변화이다. 다양한 욕구를 지닌 이용자들에게 원하는 서비스를 제공하기 위해서는 서비스 공급체계의 네트워크, 이용자의 조직화, 관련 기관과의 연계 등 다양한 네트워크의 구축이 필요하다.
- 지역사회복지에서 네트워크의 원리는 지역사회주민의 욕구에 적합한 서비스를 제공하기 위하여 지역주민의 조직화, 보건의료 · 복지의 연계, 사회복지기관 · 시설의 연계 등을 포함한 포괄적 원리를 의미한다.

3. 지역사회복지의 특성[4]

(1) 예방성

지역사회 내의 사회복지 욕구나 해결되지 못한 생활문제를 주민참여를 통해 조기에 발견하여 대응할 수 있으므로 예방적 효과를 거둘 수 있다는 것을 의미한다.

(2) 통합성과 포괄성

- 통합성은 one-stop service, 서비스의 패키지화 등으로 표현하는데 서비스 제공기관 간의 연락 · 조정 · 합의 등의 네트워크 구축을 통하여 지역사회주민들에게 종합적으로 서비스를 제공하는 것을 의미한다.
- 포괄성은 지역주민의 복잡하고 다양한 욕구충족과 문제해결을 위해 복지, 보건의료, 고용, 교육, 문화, 교통, 안전, 환경 등 생활의 전반적인 영역을 다각도에서 포괄하여 다루어야 한다는 것을 의미한다.

합격자의 한마디

통합성과 포괄성이 구분하기 어려운데, 통합성은 서비스 제공자 측면, 포괄성은 이용자 측면에서의 개념입니다.

(3) 연대성 · 공동성

지역사회복지에서는 주민 개인의 사적 활동으로는 해결이 곤란한 생활상의 과제를 주민들이 연대를 형성하고 공동의 행동을 통하여 해결하는 특성을 가지고 있다. 이러한 연대성과 공동성은 대외적으로는 주민운동으로 나타나고, 대내적으로는 상호부조 활동으로 나타난다. 주민운동은 지역사회의 생활상의 문제해결이나 예방을 위해 필요한 제도의 마련, 시설의 설치 등으로 나타나게 된다.

(4) 지역성

지역복지는 주민의 생활권역을 기초로 전개된다. 생활권역의 기준은 다양할 수 있지만 생활의 장인 동시에 사회참여의 장으로서 의미를 갖는다. 물리적, 심리적 거리를 모두 포함하여 고려해야 한다.

중요도 ★ ★

출제되지 않더라도 기본적으로 알아두어야 하는 개념들이다. 각 개념들은 시설의 활동 방향이나 내용으로 연결되기 때문에 그 초점을 잘 살펴보면서 구분해두도록 하자.

4. 지역사회복지 관련 개념 22회 기출 🏆

(1) 시설보호

① 의미

사회적 보호가 필요한 사람들이 일정한 시설에서 보호서비스와 의식주를 제공받으면서 장·단기적으로 거주하는 형태의 사회적 보호를 의미한다.

② 특성

- 주거 개념을 포함하여 훈련된 직원이 함께 시설에 거주, 생활한다.
- 폐쇄적인 특징이 있다.
- 엄격한 규율과 절차가 있어 개인의 자유와 선택이 제한된다.

(2) 시설의 사회화

① 의미

- 시설생활자의 인권존중 및 생활보장이라는 공공성을 기초로 하며, 탈시설화 이념과 맥락을 같이 한다.
- 시설과 지역사회의 상호작용으로, 시설의 여러 자원을 지역사회에 제공하고 사회복지에 관한 지역주민의 교육과 체험을 돕는 제반활동을 포함한다.

② 내용

시설과 서비스의 개방, 시설 운영의 개방, 시설생활자의 지역사회 참여, 시설의 지역사회 활동 참여 및 지원, 지역사회 자원의 활용 등

(3) 지역사회보호

① 의미

- 시설보호의 여러 가지 문제점을 해결하기 위한 대안으로 제기된 개념이다.

- 지역사회로부터 격리된 시설에서 보호하는 방식이 아니라 지역사회에서 일상적 삶을 유지하면서 살아갈 수 있도록 사회복지서비스를 제공하는 것이다.
- 사회적 보호가 필요한 사람들의 가정 또는 그와 유사한 지역사회 내의 환경에서 서비스를 제공한다.
- 탈시설화, 정상화의 원리와 밀접한 연관이 있다.

② 특성

- 가정 또는 가정과 유사한 환경(통원치료기관, 그룹홈이라는 보호의 장)을 전제로 한다.
- 서비스 제공을 위해 함께 동거하는 직원이 없다.
- 일상적인 생활의 결정은 개인에 의하여 이루어진다.
- 가정에서의 보호 또는 가정 외부로부터 서비스를 제공받는다.

(4) 재가보호(재가복지)

① 의미

보호를 필요로 하는 사람들이 자신의 가정에서 보호를 받는다는 개념이다.

② 특성

- 공공과 민간의 공식적 조직에 의한 보호와 가족, 친척, 이웃 등 비공식 조직에 의한 보호를 모두 포함한다.
- 가정봉사원 파견 등 서비스 제공자가 클라이언트의 집에 찾아가 서비스를 제공하는 방문서비스와 단기보호 등 클라이언트가 시설에서 서비스를 받는 통원서비스를 모두 포함한다.

합격자의 한마디

지역사회보호와 재가보호 모두 가정이라는 환경을 강조하는 점에서 유사하지만 지역사회보호의 경우 지역사회 내의 환경에서의 보호를 포함하고 있다는 점에서 차이가 있어요.

(5) 지역사회조직

- 사회사업의 전통적인 분류인 개별지도사업, 집단지도사업, 지역사회조직이라는 3대 방법 중 하나이다.
- 지역사회를 구성하는 개인, 집단, 이웃의 사회복지를 향상시키기 위해 지역사회 수준에서 전개되는 일련의 활동을 말한다.
- 공공과 민간 사회복지기관의 전문사회복지사에 의해 보다 조직적 · 의도적 · 계획적이며, 과학적인 지식과 기술을 사용한다는 점에서 다른 지역사회복지 활동과 구별된다.

(6) 지역사회개발

- 지역사회 구성원들의 참여를 핵심으로 지역주민들의 삶의 질 향상을 위해 주민들이 스스로에 대한 확신을 가지고 대처기술을 획득하도록 지원하는 활동이다.
- 지역사회 구성원 사이의 연대감, 상호신뢰, 공동체 의식 등이 다져지고 지역사회의 문제해결 과정에 주민들의 참여가 확대되는 현상을 가리킨다. 이는 곧 사회자본이 커지는 현상이다.

(7) 기타

① 지역사회계획

지역사회의 문제해결을 위해 욕구조사에 기초한 우선순위를 설정하고 지역사회주민의 욕구를 충족하기 위해 서비스를 효과적이고 효율적으로 제공할 수 있는 토대를 만드는 것을 기본 내용으로 한다.

② 지역사회교육

지역사회 구성원들에게 지역사회 일원으로서 필요한 다양한 교육을 제공하여 지역주민들의 의식과 사고력을 키우는 것을 목적으로 한다.

③ 지역사회행동

사회적 약자들의 권익을 보호하고 그들 스스로가 역량을 형성하여 권익을 찾도록 하는 활동이다.

보충자료
지역사회조직,
지역사회개발,
지역사회행동 개념 차이

기출회차

2	3	4	5
6	7	8	9	10
11	12	13	14	15
16	17	18	19	20
21	22		

강의로 복습하는 기출회독 시리즈

Keyword 133

2 지역사회복지실천에 대한 이해

1. 지역사회복지실천의 개념

- 지역사회를 대상으로 하는 사회복지실천을 의미한다. 다만, 지역사회복지 실천에 있어서 지역사회는 그 대상인 동시에 수단이기도 하다. 지역사회복지 실천을 위한 수단으로서 지역사회의 인적, 물적 자원을 활용한다.
- 지역사회 수준의 지역사회집단, 조직과 제도, 지역주민 간의 관계 및 상호 작용의 행동패턴을 변화시키는 실천기술의 적용이라 할 수 있다.
- 지역사회복지 달성이라는 목적을 위해, 보다 구체적으로는 지역사회 구성 원들이 공유하는 문제와 관련된 지역사회의 변화를 위해 요구되는 개입기 술을 응용하고 활용하는 것이다. 즉, 지역사회복지를 위해 수행되는 활동 과 동시에 변화를 위한 기술을 활용하는 것을 의미한다. 조직화, 계획 활 동, 개발 활동, 변화의 각 과정에서 실천 기술을 응용하는 것을 포함한다.
- 지역사회복지실천은 과거에 많이 사용했던 용어인 지역사회조직이 갖는 다 양한 의미와 함께 지역사회계획 및 서비스 통합, 지역주민의 조직화와 사 회행동을 포괄하며, 변화를 위한 직접적 개입활동에 초점을 둔다.
- 지역사회복지실천은 지역사회복지 증진을 위한 모든 전문적 · 비전문적 활 동을 포함한다.

2. 지역사회복지실천의 목적

지역사회복지실천 사업과 계획이 추구하는 중요한 목적에 따라 지역사회복지 의 실천에 관한 견해를 다음의 네 가지로 분류하여 설명하고 있다.

(1) 지역사회 참여와 통합의 강화
- 지역사회에 있는 모든 집단들이 자신들의 의사를 표현하도록 격려하고 효 과적인 상호작용을 통해 자신들의 사회환경을 개선하는 방안에 대해 합의 하도록 한다.

- 집단들과 조직들 간의 적응과 협동적인 관계가 중요한 목표가 된다.
- 대표적인 학자: 로스(Ross)

(2) 문제대처 능력의 향상
- 지역사회 혹은 지역사회의 일부가 환경과 변화에 대처할 수 있는 능력을 갖도록 하기 위해서 의사소통과 상호작용의 수단을 향상시키는 데 역점을 둔다.
- 대표적인 학자: 리피트(Lippit)

(3) 사회조건과 서비스의 향상
- 지역사회의 욕구와 결함을 찾아내어 사회문제를 해결하거나 예방하기 위한 효과적인 서비스와 방법을 개발하는 것이 중심 목표이다.
- 특정 목표의 설정과 이들 목표를 달성하기 위한 자원의 동원이 포함된다.
- 대표 학자: 모리스(Morris)와 빈스톡(Binstock)

(4) 불이익집단의 이익 증대
- 지역사회 내 불이익집단이나 취약계층 및 특수집단(예 하위계층, 소수집단, 도시 슬럼지역 주민)의 물질적 재화와 서비스의 몫을 증대시키는 데 초점을 둔다. 주요결정에 있어서 그들의 이익을 증대시키는 것 또한 포함한다.
- 대표학자: 그로서(Grosser)

3. 지역사회복지실천의 기능

지역사회복지실천이 강조하고 있는 중요한 기능은 지역사회의 변화를 추구한다는 것으로 지역사회계획과 프로그램 개발, 지역사회개발의 접근방법, 주민자립과 지역사회의 통합, 지역사회행동 등이 요구된다. 던햄은 사회복지기관에서 사회복지사가 행하는 지역사회복지실천의 기능을 다음과 같이 제시하고 있다.[5]

(1) 지역사회계획
지역사회계획의 범위를 정하고, 프로그램을 개발하며, 지역수준의 복지 향상과 조정을 목표로 하는 계획 활동을 수행한다.

(2) 프로그램 운영

지역사회의 변화를 위해, 지역사회복지기관을 통하여 적절한 프로그램을 운영한다.

(3) 사실발견과 조사

지역사회조직의 계획과 프로그램 개발에 관련된 사실을 발견하고 조사한다.

(4) 공적인 관계형성

지역주민의 욕구에 따른 프로그램과 서비스를 제공하고 공적인 관계를 통하여 지역사회의 이익을 위해 노력한다.

(5) 기금 확보와 배당

대내외적으로 기금 확보의 노력과 연합 캠페인을 통하여 지역사회기관과 단체에 기금의 예산을 편성하고 배당을 실시한다.

(6) 근린집단사업

저소득층 지역과 도시 근린지역의 주민집단과 함께 자립사업을 추진한다.

(7) 지역사회개발

지역사회의 문제해결에 있어 자기결정, 자립과 협동에 대한 태도를 개선하며, 지역주민의 조직화를 실시한다.

(8) 지역사회행동

불이익 집단이나 사회적 약자를 위해 법률분석과 참여를 촉진하고 절차상 지역사회행동이나 직접적인 행동을 유도한다.

(9) 기타 활동

지역사회조직과 지역사회개발을 위하여 활동을 교육하고 자문을 실시하여 지역복지를 실현하도록 한다.

3 지역사회복지실천의 원칙, 가치, 윤리

기출회차				
	2	3	4	5
6	7	8	9	10
11	12	13	14	15
16	17	18	19	20
21	22			

강의로 복습하는 기출회독 시리즈

Keyword 130

중요도 ★ ★

지역사회복지실천의 원칙을 묻는 문제로도 출제되지만, 지역사회복지의 개념 및 특성에 관한 종합적인 문제에서도 등장하는 내용이다. 지역사회의 자기결정권, 수용, 분권적·민주적 구성, 개별화의 원칙, 다양한 집단의 자발적 참여 등은 기본적으로 알아두어야 한다.

1. 지역사회복지실천의 원칙 22회기출 🏆

(1) 맥닐(McNeil)이 제시한 지역사회복지실천의 원칙

- 지역복지 활동은 사람들과 그들의 욕구에 관심을 가져야 한다. 지역복지 활동의 목표는 사회복지 자원과 사회복지 욕구 간의 효과적인 적응을 창조하고 유지함으로써 인간생활을 풍요롭게 하는 것이다.
- 사회복지를 위한 지역복지 활동에 있어서 일차적인 클라이언트는 지역사회여야 한다.
- 지역사회는 있는 그대로 이해되고 수용되어야 한다. 지역복지 활동 과정이 전개되는 환경을 이해하여야만 그 과정이 성과를 거둘 수 있을 것이다.
- 지역사회 각 계층의 이익을 대표하는 이들의 적극적인 참여를 목표로 하고 이를 실천하고자 노력하여야 한다.
- 욕구의 가변성에 따른 사업과정의 변화에 대해 이해하여야 한다. 즉, 인간의 욕구는 계속 변한다는 사실과 사람들과 집단들 간의 관계도 계속 변한다는 현실이 지역복지 활동에서 인식되어야 한다.
- 기관들이 서로 협력하고 기능을 분담하도록 한다. 모든 사회복지 기관·단체는 상호 의존적으로 맡은 바 기능을 수행해야 한다.
- 과정으로서의 지역복지 활동이 사회복지실천의 한 분야임을 인식한다.

(2) 존스(Johns)와 디마치(Demarche)가 제시한 지역사회복지실천의 원칙

- 지역사회복지실천은 목적이 아니라 수단이며 궁극적인 목적은 인간의 복지와 성장이라는 사실을 이해한다.
- 개인과 집단처럼 지역사회도 서로 상이하기 때문에 지역사회의 특성에 따른 개별화의 원칙을 준수해야 한다.
- 지역사회는 자기결정의 권리를 가지며, 강요에 의한 사업 추진은 거부해야 한다.
- 지역복지 활동의 토대는 개인적 욕구를 넘어서는 사회적 욕구이다.
- 기관의 이익보다 지역주민의 욕구를 우선하여 고려하여야 한다.

지역사회의 개별화

지역사회복지실천가는 각 지역사회의 독특성을 인정하여 지역사회 내 충족되지 않은 욕구나 달성하고자 하는 목표를 찾아내고, 이들 간 욕구나 목표의 순위를 정하며, 욕구와 목표를 성취하는 데 필요한 자원을 찾아냄으로써 지역사회 내 협력적인 태도와 실천력을 발전시켜 나간다.

- 각 욕구 사이의 중재를 위해 민주적인 태도를 견지해야 한다.
- 문제해결을 위한 접근방법에 있어서 다양성을 존중하도록 한다.
- 활동기관은 광범위한 집단의 이익을 반영하여야 한다.
- 기관의 효과적인 운영을 위해 다른 기관과 협력하는 동시에 자체의 사업과 이익을 유지하려는 태도를 지닌다.
- 지역사회 내 집단들 간의 의사소통을 가로막는 장벽은 제거되어야 한다.

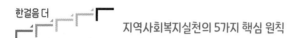

한걸음 더 ▸ 지역사회복지실천의 5가지 핵심 원칙

① 클라이언트와의 협력적 관계 구축
사회복지사는 주민 중심 서비스, 클라이언트의 자기결정권 보장 등을 강조하지만, 타 전문직과 마찬가지로 자신도 모르게 빠져들 수 있는 권력 지향적 유혹의 가능성을 항상 경계하여야 한다.

② 지역사회 구성원 중심 목표형성과 평가
프로젝트 목표는 참여자의 관심, 욕구, 관점을 반영하여야 한다. 이 원칙은 프로그램의 개발 및 성과측정이 서비스 수요자가 아닌 공급자 중심으로 흐르게 될 가능성을 지적하고 있다.

③ 문제의 사회구조적 요인을 반영한 개입전략
참여대상자의 선택과 개입방안의 선택 모두는 "지역사회가 지닌 문제의 다층적이고 체계적인 본질"을 반드시 반영하여야 한다. 변화대상 목표는 문제를 직접 경험하는 개인(과 그의 제한적 주변환경) 뿐만 아니라 반드시 지역사회 문제를 항상적으로 유지시키는 제도 · 사회적 구조를 포함해야만 한다.

④ 전략적 성공을 위한 전술적 승리의 활용
사회복지사는 거시적 변화의 전망을 계속 유지하면서 체계의 다중적 수준에서 "전술적 소규모 승리(small wins)"를 거두기 위한 계획을 수립해야 한다.

⑤ 소규모 지역사회 수준에서의 지속가능성
개입 방안들은 지역적 수준의 자원으로 반복재생될 수 있으며, 또한 지속가능한 것이어야 한다. 다시 말하면, 개입은 지역사회의 능력을 꾸준히 구축하고 증진하는 것이어야 한다.

2. 지역사회복지실천의 가치[6] 22회 기출 🏆

보충자료
지역사회복지실천의
주요 관점

(1) 다양성 및 문화적 이해
인간의 다양성과 다양한 문화에 대한 이해는 인간의 행동과 사회의 기능을 이해하는 데 필수적이다.

(2) 자기결정과 임파워먼트
- 자기결정은 클라이언트가 전문가의 개입여부를 결정하고, 개입의 방법과 그것이 가져올 결과 등에 대해서도 선택할 수 있도록 하는 것을 말한다.

- 임파워먼트란 지역사회주민의 의사결정 참여를 강조하는 관점으로 지역주민의 주체의식을 키우고 부정적 자아상을 불식시킴으로써 일종의 치료효과를 가져오는 것을 말한다.
- 지역사회 체계에 자발적으로 참여함으로써 개인이 지역사회 자원을 더 잘 이용할 수 있게 되고, 그러한 자원의 모습들을 구체화할 수 있을 때, 개인은 자신의 힘을 느끼게 된다.
- 임파워먼트에 초점을 둔 실천은 사회의 각기 다른 집단 사이에서 재원과 권력의 분배가 더욱더 공평하게 이뤄지도록 한다.
- 즉, 자기결정과 임파워먼트에 초점을 둔 실천은 개인 스스로가 환경을 이해하고, 선택하고, 선택에 대해 책임을 지고, 조직화와 옹호를 통해 자신의 삶의 위치에 영향을 줄 수 있도록 개인의 능력을 발전시키는 것을 말한다.

(3) 비판의식의 개발

억압을 조장하는 사회의 메커니즘을 인식할 뿐만 아니라 그러한 사회의 구조 및 의사결정 과정을 주시하고 이해하는 것을 말한다. 나아가 서비스 대상자들과 인식을 공유함으로써 그들의 비판의식을 제고하는 것을 말한다.

(4) 상호학습

조직화의 과정에서 대상자 집단의 문화적 배경에 대해 배우고자 하는 적극적 학습자가 되어야 한다. 또한 지역사회주민으로 하여금 클라이언트로서의 역할을 뛰어넘어 교육자이자 파트너로서의 역할을 맡을 수 있도록 동기를 부여하는 것이 중요하다. 이는 실천가와 지역사회주민이 사회변화의 과정에서 위계적 관계가 아닌 동등한 파트너라는 점을 시사한다.

(5) 사회정의와 균등한 자원배분

억압적이거나 정의롭지 못한 사회현실을 개혁하기 위한 끊임없는 노력이 필요하다.

3. 지역사회복지실천의 윤리[7]

지역사회복지실천에서 나타나는 독특한 윤리적 측면을 살펴보면 다음과 같다.
- 개인의 변화가 아닌 사회의 개혁·변혁이 개입의 일차적 목표이다.
- 사회복지사는 억압받는 집단을 주변화하는 사회적 및 경제적 조건들에 대해 비판의식을 발전시켜야 한다.

- 지역사회주민들에게 사회구조 등에 대한 비판의식을 키우도록 한다.
- 주로 대상자 집단의 구성원, 표적이 되는 지역사회의 주민, 억압받는 인구 집단의 구성원 등이 클라이언트가 되기 때문에, 사회복지사들이 이러한 클라이언트 집단의 모든 구성원들과 개별적으로 직접 접촉하는 경우는 많지 않다. 대개 대상자 집단의 구성원들과 제휴하는 가운데 개입이 이루어지며, 경우에 따라서는 대상자 집단이 사회복지사를 고용하기도 한다.
- 실천활동의 목적이 불이익을 받고 있는 주변화된 집단들의 역량을 증대시키는 데 있기 때문에 지역사회복지실천이 억압적 체제를 유지하는 데에 이용되어서는 안 된다.

지역사회복지의 역사

3장

기출경향 살펴보기

최근 5개년 출제 분포도

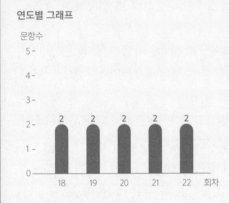

연도별 그래프

평균출제문항수

2.0 문항

2단계 학습전략

데이터의 힘을 믿으세요!
강의로 복습하는 **기출회독 시리즈**

3회독 복습과정을 통해
최신 기출경향 파악

최근 10개년 핵심 키워드

기출회독 134	우리나라 지역사회복지의 발달	15문항
기출회독 135	영국 지역사회복지의 발달	7문항
기출회독 136	자선조직협회와 인보관 운동	2문항
기출회독 137	미국 지역사회복지의 발달	1문항

기본개념 완성을 위한 **학습자료 제공**

기본개념 강의, 기본쌓기 문제, ○X 퀴즈, 기출문제, 정오표, 묻고답하기, 지식창고, 보충자료 등을 **아임패스**를 통해 만나실 수 있습니다.

1 자선조직협회와 인보관 운동

기출회차			
2	3	4	5
6	7	8	9	10
11	12	13	14	15
16	17	18	19	20
21	22			

강의로 복습하는 기출회독 시리즈

Keyword 136

중요도 ★ ★

자선조직협회의 주요 특징은 이어서 나오는 인보관 운동의 특징과 비교하여 정리해두어야 한다.
※ 알림: 보통 대학교재들에서는 영국의 역사와 미국의 역사에서 각각 다루고 있지만, 우리 교재에서는 좀더 용이한 시험 대비를 위하여 COS와 인보관 운동에 관한 내용을 별도로 구성하였습니다.

1. 자선조직협회(COS: Charity Organization Society) 22회 기출

- 19세기 말 영국에서는 자선조직의 활동이 무분별하게 진행되면서 비효율의 문제가 지적되기 시작했다. 이에 자선조직협회는 자선조직의 활동을 지역 단위로 조직화하여 체계적인 자선을 시행하고자 1869년 런던에 최초로 설립되었다.
- 주로 자선단체 활동을 진행하는 중산층 이상의 사람들이 주도했다.
- 빈곤을 개인의 도덕적 결함이나 나태와 같은 행태에서 기인한 것으로 보았다.
- 자선조직협회는 기독교적 도덕성을 기반으로 빈민들에게 시혜적인 서비스를 제공하면서 교화를 통해 근면함을 배우도록 했다.
- 가난한 사람들을 가치 있는 사람과 가치 없는 사람으로 구분하여 가치 있는 사람, 즉 자격이 있는 사람에 대해서만 전문적인 복지서비스를 제공했다.
- 자선의 오남용을 막고 빈민들의 의존문화를 근절하는 데에 초점을 두었다.
- 우애방문원들이 역할모델로서 활동하며 빈민들의 삶을 변화시키는 데에 주력했다. 우애방문원들의 활동은 개별사회사업(Case Work)으로 발전하였다.
- 가치 있는 빈자와 그렇지 않은 빈자를 가려내기 위해 조사를 진행하였으며, 이는 사회조사의 기술적 발전으로 이어졌다.
- 사회진화론, 적자생존의 논리에 입각하였다.

우애방문원

빈곤자에 대한 개별방문지도 활동을 수행했다. 처음에는 무보수로 활동하다가 이후 유급 사회사업가로서 활동하였으며, 오늘날 사회복지사의 모태라고 할 수 있다.

중요도 ★ ★

자선조직협회나 인보관 운동은 단독으로 출제되기도 하지만, 미국의 역사나 영국의 역사에 관한 문제에서도 등장한다. 또한 지역사회복지론 외에 실천론에서도 필수 내용이므로 꼼꼼히 봐두자.

2. 인보관 운동(Settlement House Movement) 22회 기출

- 1884년 바네트 목사가 런던의 빈민가에 최초로 토인비홀을 설립하였다.
- 빈곤을 개인적인 문제가 아닌, 산업화·도시화로 인해 나타나는 각종 사회문제의 산물이라고 인식했다.
- 대학생, 성직자, 지식인들이 빈곤주민의 거주지역에 직접 인보관을 세워 함께 생활하며 활동을 진행했다.

- 주민들에게 빈곤 등 사회문제에 대한 의식화 교육을 진행하여 사회적 원인과 빈곤의 메커니즘을 깨닫게 했다.
- 아동위생, 보건, 기술, 문맹퇴치 등 다양한 교육활동 및 문화활동을 진행하여 주민들의 잠재력을 끌어내기 위해 노력했다.
- 빈곤문제, 주택문제, 노동착취문제, 공공위생문제 등 각종 사회문제에 관심을 두고 이를 해결하기 위한 사회개혁활동 및 입법활동을 펼쳐 나갔다.
- 다양한 계급, 계층 간의 거리를 좁히기 위해 노력했고, 빈민과의 동등한 관계형성을 강조하며, 이웃으로서, 공동체로서 활동을 전개했다.
- 이후 집단사회사업(Group Work)으로 발전하였다.
- 자유주의, 급진주의, 계몽주의 이념을 토대로 하였다.

인보관 운동의 3R
- Residence: 함께 거주
- Research: 연구조사
- Reform: 사회개혁

COS와 인보관 비교

구분	COS	인보관
사회문제의 근원	개인적인 속성	환경적인 요소
참여자 유형	사회의 상류층 또는 이들과 가까이 지내는 사람들	대학생, 성직자
사회문제의 접근방법	빈자를 개조하거나 상황의 역기능적인 면을 수정하고자 함	빈자와 같이 거주하면서 환경을 개량하고, 기존의 사회질서를 비판
서비스 제공시 역점을 둔 내용	우애방문원이 멘토의 역할을 하면서 빈민에 대한 생활지도 등의 서비스를 제공하기도 했지만, COS의 중점 사업은 기관들 간의 서비스 조정이었다.	유치원, 아동을 위한 클럽, 오락 프로그램, 야간성인학교, 공중목욕탕, 전시회 등 다양한 사회문화적 · 교육적 서비스를 직접 제공했다.
활동 성격 / 내용	• 우애방문원의 가정방문 • 자선기관들과 협력적 계획 모색 • 새로운 복지기관 설립, 낡은 기관 개혁 • 빈민구호와 관련된 입법 활동 전개 • 지역사회계획전문기관 탄생 • 사회조사 기술 발전 • 사례관리의 모태가 됨	• 주민과 함께 생활하면서 환경과 제도를 개혁하고자 함 • 입법 · 행정적 혁신까지 포함 • 기존 서비스의 향상 및 새로운 서비스 강구 • 잠재능력을 발휘하도록 하는 교육에 역점을 둠 • 아동노동 반대 • 참여와 민주주의 강조
주요 이념	사회진화론, 적자생존 논리	자유주의, 급진주의, 계몽주의

※ 자선과 인보활동의 차이
인보관 개혁주의자들은, 자선이란 어떠한 대상을 상정하고 행하는 활동이라면, 인보활동이란 그 대상과 함께하는 사회사업이라고 주장한다. 또한 자선사업이 빈곤에 처한 개인을 돕는, 즉 그 개인에게 대처방안을 마련해주는 데 초점을 맞춘다면, 인보사업은 공공의 영역에서 사람들을 아우르고, 개인보다는 사회개혁에 초점을 맞춘다고 주장한다.

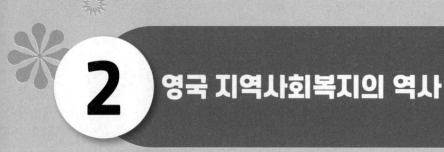

영국 지역사회복지의 역사

기출회차

	2	3	4	5
6	7	8	9	10
11	12	13	14	15
16	17	18	19	20
21	22			

강의로 복습하는 기출회독 시리즈

Keyword 135

1. 근대 지역사회복지의 시작(1800년대 후반~1950년대 초) 22회 기출

- 영국은 1601년 이후 구빈법 체제 하에서 수용과 구제 중심의 지역사회복지를 시행했다.
- 1800년대 말 사회적 격동기에 자선조직협회와 인보관 운동이 등장하였다.
  - 자선조직협회: 1869년 런던에 최초로 설립
  - 인보관: 1884년 런던에 최초로 토인비홀(Toynbee Hall) 설립(바네트 목사)
- 1920년대에는 구빈법 체계에 따라 고아, 장애인, 부랑자, 빈민 등 요보호 계층을 지방정부의 책임 하에 시설에 수용하여 보호하던 것이 한계에 봉착하면서 시설의 폐쇄적 운영에 대한 논란이 제기되었다. 열등처우 및 격리주의에 대한 반성이 일어나면서 지역사회 내에서의 보호 및 서비스에 대한 관심으로 옮겨가기 시작했다.

2. 지역사회보호의 태동기(1950년대~1960년대 후반)

- 시설의 폐쇄성으로 인한 인권문제가 제기되고, 지방정부의 재정적 부담이 문제가 되면서 시설이 아닌 지역사회가 새로운 보호의 장으로 대두되었다. 이에 따라 새로운 지역사회 실천이 시도되기 시작하였다. 이때 지역사회는 지역사회 '내'에서라는 장소적 의미와 함께 지역사회에 '의해'라는 케어의 수단적 의미를 내포한다.
- 1959년 정신위생법(Mental Health Act) 제정으로 지역사회보호가 법률로서 규정됨에 따라 형식적이나마 재가복지서비스 중심의 지역사회보호 정책이 전개될 수 있는 기틀이 마련되었다.

3. 지역사회보호의 형성기(1960년대 후반~1980년대 후반) 22회 기출 🏆

중요도 ★ ☆

최근 시험에서 상세히 다뤄지기 시작한 내용으로 각 보고서가 제시된 시기와 주요 내용을 정리해 두어야 한다.

시봄 보고서는 지역사회보호로의 실질적인 전환이 일어난 계기가 되었다. 이 시기에는 지역주민들의 다양한 욕구충족을 위한 비공식 보호서비스가 강조되었다.

(1) 시봄 보고서(Seebohm Report, 1968)

💡 잠깐! ⚠️

지역사회보호 관련 보고서
• 지역사회보호의 형성기에 제출된 보고서: 시봄 보고서, 하버트 보고서, 바클레이 보고서
• 지역사회보호의 발전기에 제출된 보고서: 그리피스 보고서

• 지역사회를 기반으로 한 사회서비스 제공에 초점을 둔 행정개편을 주장하였다(여러 부서에 산재되어 있는 서비스를 통합하고 지역에 서비스 전담사무소 설치).
• 공공과 민간의 다양한 조직에 의한 공식 서비스(formal service) 뿐만 아니라, 가족, 이웃 등에 의한 비공식 서비스(informal service) 및 지역사회주민의 참여를 통한 지역사회보호 실현 강조하였다.

(2) 하버트 보고서(Harbert Report, 1971)

• '지역사회에 기초한 사회적 보호(Community-Based Social Care)'라는 제명으로 출판되었다.
• 공공서비스와 민간서비스 외에 가족체계와 지역사회의 근린에 초점을 둔 비공식 서비스의 중요성을 강조하였다(공공과 민간서비스의 주요한 과업은 친구와 친척에 의하여 제공되는 비공식 보호를 지원함으로써 클라이언트의 긴급한 욕구를 충족시켜 주는 것이라고 봄).

(3) 바클레이 보고서(Barclay Report, 1982)

• 대부분의 지역사회보호가 공공 또는 민간의 공식 서비스에 의하여 제공되는 것이 아니라 지역주민들의 인간관계에서 비롯된 비공식 돌봄망에 의해 제공됨을 인식하였다.
• 비공식 보호서비스와 공식 보호서비스 간의 파트너십 개발을 강조하였다.

4. 지역사회보호의 발전기(1980년대 후반~현재) 22회 기출 🏆

중요도 ★ ★

앞서 공부한 지역사회보호 형성기의 보고서들과 연결하여 그리피스 보고서의 주요 내용을 정리해두자. 앞서 배운 자선조직협회 및 인보관과 함께 영국의 발달 흐름을 파악하도록 출제되기도 한다.

1980년대 복지재정의 압박으로 지역사회보호에 소요되는 공공재정에 대한 재검토가 이루어졌다. 당시 집권 중이던 보수당 정부는 신보수주의의 흐름에 영향을 받았으며, 지역사회보호와 서비스 분야에 대한 복지국가 개혁을 시도하였다.

(1) 그리피스 보고서(Griffiths Report, 1988)

• 1980년대 복지재정의 압박으로 지역사회보호에 소요되는 공공재정에 대한 재검토가 이루어지면서 집권 중이던 보수당 정부에 의해 그리피스 보고서가 작성되었다. 신보수주의 경향 하에서 케어의 혼합경제(mixed economy of care) 혹은 복지다원주의(welfare pluralism) 논리를 따랐다.

• 주요 내용
  - 지역사회보호의 일차적 책임은 지방정부에 있으며, 지역사회보호에 관한 계획은 지자체에서 수립한다.
  - 지방정부는 서비스의 공급자가 아닌, 서비스의 구매 · 조정자로서의 역할을 해야 한다.
  - 서비스 조직화의 원리로서 사례관리 방식을 도입한다.

(2) 그리피스 보고서 이후

• 그리피스 보고서의 주요 내용은 1990년 「국민보건서비스 및 지역사회보호법(National Health Services and Community Care Act)」의 제정에 반영되었다.

• 그리피스 보고서 이후 지역사회보호 정책은 지역사회 중심 원리에서 개별화 원리로 초점이 이동했으며, 제공자 간 경쟁을 통한 이용자 선택권 강화 및 욕구주도(needs-lead) 서비스로 전환되었다. 케어매니지먼트를 도입하여 지역사회보호는 케어관리자에 의해 관리되는 시장(managed market)의 성격을 갖게 되었다.

기출회차				
	2	3	4	5
6	7	8	9	10
11	12	13	14	15
16	17	18	19	20
21	22			

강의로 복습하는 기출회독 시리즈

Keyword 137

3 미국 지역사회복지의 역사

1. 지역사회복지의 태동기(1865~1914년)

- 당시 미국은 산업화에 따른 농촌인구의 도시화나 급증한 이민자들로 인한 도시빈곤, 남북전쟁 후의 흑인문제, 주택문제, 질병 등의 사회문제를 개선하려는 지역단위의 노력이 필요한 상황이었다.
- 국가의 역할은 국민의 재산권 보호와 자유 수호, 인권의 보장에 한정되어야 한다는 주장이 제기되었다.
- 이념적으로는 사회진화론, 실용주의, 자유주의 등의 영향이 크게 작용했다.
- 동시에 사회적으로 불이익을 받는 사람에 대한 권익 보호와 옹호를 위한 급진주의적 사상도 영향을 주었다.
- 사회적 문제해결을 위한 활동으로 영국의 영향을 받아 자선조직협회와 인보관 운동이 활발하게 추진되었다.
  - 자선조직협회: 1877년 버펄로 시에 설립(영국 성공회 소속인 거틴 목사)
  - 인보관: 1886년 Neighborhood Guild를 뉴욕에 설립(코이트), 1889년 헐하우스(Hull House)를 시카고에 설립(애덤스 & 스타)

2. 지역사회복지의 형성기(1920~1950년대)

이 시기는 제1차 세계대전, 대공황을 거치면서 공동모금회 및 지역사회복지기관 간의 협의회 등이 형성되었고, 지역사회조직화의 움직임이 일었으며, 다양한 공공 복지사업이 마련되기 시작한 시기이다. 1차 세계대전, 대공황을 거치면서 현대적 의미의 공동모금 및 기관 간 협의회 등이 생겨났다. 경제적 성장과 풍요에 따른 낙관론에도 불구하고 빈곤문제의 지속과 도덕성·사회성 퇴보에 따른 비판론이 제기되었다. 한편, 정신분석의 발달로 사회가 충분한 기회를 제공함에도 불구하고 개인이 실패하는 것은 결국 개인의 잘못이라는 관점이 강조되었다.

(1) 지역공동모금 제도

- 20세기 초 사회복지기관의 재정난과 모금활동의 투명성 의혹 등에 따라 자선가 중심의 지역공동모금제도 및 지역복지협의회를 설립하였다.
- 자선보증기구를 통해 사회복지기관의 기준을 설정하고 활동 평가에 따라 일정 요건을 충족한 기관에만 지원하는 지역공동모금제를 시행하였다.
- 이후 기금집행에 있어 사회복지기관의 독립성을 침해한다는 논란이 일면서 1913년 상공회의소의 자선연합회가 창설되었다.
- 제1차 세계대전으로 공동모금이 전시모금을 겸하게 되면서 공동모금이 크게 확산되었다.
- 1949년 디트로이드 공동기금(United Fund)을 시작으로 1950년대 전국적 공동모금조직이 결성되었다.

한걸음 더   지역공동모금 창설의 3가지 유형

19세기를 전후하여 미국에서 지역공동모금이 나타나기 시작하였는데, 지역공동모금이 나타난 양태는 3가지로 구분하여 살펴볼 수 있다.

1. 자선조직협회를 통한 공동모금
1887년 덴버 자선조직협회의 15개 회원기관은 각 기관이 단독으로 모금을 진행하는 것보다 여러 기관이 함께 모금하는 것이 더 많은 모금을 할 수 있다는 생각에서 공동모금을 시작하였다.

2. 사회복지기관협의회를 통한 공동모금
1913년 창설된 신시내티 사회복지기관협의회에서는 1915년 12개의 회원기관이 공동모금을 전개했다.

3. 자선보증기구를 통한 공동모금
거액의 기부자들이 자선보증기구를 세워 자선보증기구를 통해 인정된 기관에 대해서 지원 활동을 펼쳤다.

※ 미국의 공동모금은 자선조직협회를 중심으로 한 회원기관들 간에 공동으로 모금을 전개한 것에서 시작되었다. 하지만 전국적으로 진행된, 전문적 · 현대적 의미의 공동모금은 1929년 대공황 이후로 보는 시각이 지배적이다.

(2) 사회복지기관협의회

- 자선조직협회 활동을 근간으로 하여 지역사회의 문제와 욕구를 충족시키기 위해 복지사업을 계획, 조정하는 것을 목적으로 설립되었다.
- 초기에는 공동모금에 의해 지원받는 복지기관의 연합체 성격을 가졌고, 점차 전문화됨에 따라 참여대상이 전문가, 시민 등으로 확대되어 현대의 협의회 형태를 가지게 되었다.

(3) 지역사회조직화(CO: Community Organization)

- 사회문제나 빈곤의 해결방법을 개인이 아닌 지역사회조직화로부터 찾고자 하는 노력이다.
- 인보관 활동에서 그 뿌리를 찾을 수 있다.
- 특히 지역사회 문제에 초점을 두고 비이데올로기적인 주민조직에 초점을 맞춘 지역사회조직 형성, 지역사회 구성원의 자발적인 조직을 통한 문제해결에 초점을 둔 알린스키의 지역사회조직 활동(지역조직운동)이 시도되었다.
- 지역사회조직이 사회복지실천의 방법으로 공식화되었다(1939년, 「지역사회조직의 실천분야」 보고서 발표).

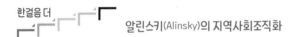

한걸음더

알린스키(Alinsky)의 지역사회조직화

1930년대 말부터 시카고의 노동자 거주 지역에서 알린스키의 지역사회복지사업이 시작되었다. 기존 조직들과 지도자들을 중심으로 지역사회를 조직해나가는 방식을 취하였다.

지역사회조직화의 핵심 전략
- 조직체는 민주적 의사결정과 토착적 지도력을 소중히 여길 것
- 조직체가 모든 구성원들에게 개방되어야 함
- 조직가는 그 지역의 전통적 지도자와 조직체들로부터 지지를 확보해야 함
- 싸우지 않고는 권력층을 움직일 수 없고, 갈등전략을 사용할 때 가장 큰 것을 취할 수 있음
- 가시적인 승리를 위해 싸울 것

※ 감정기 외, 2011: 59.

(4) 공공 복지사업의 마련

- 대공황 등으로 인한 복지수요 급증으로 기존의 민간 복지서비스로는 이를 담당하기 부족하여 연방정부의 개입이 확산됨에 따라 지역사회의 사업들도 정부기관으로 이양되거나 연방정부 단위의 사업으로 확대되었다(사회보장법 제정, 최저임금법 제정, 공공부조제도 시행, 뉴딜정책 시행 등).
- 지역사회복지에 대한 민간과 정부 간 상호협력의 필요성이 대두되었다.

3. 지역사회복지의 정착기(1960년대 이후)

(1) 빈곤과의 전쟁, 그리고 지역사회조직사업

- 시민권 운동의 성장: 1950년대 흑인들의 민권운동이 기폭제가 되어 1960년대에는 동성애 차별반대 운동, 여성 낙태 합법화 운동, 소수민족 인권운

중요도

1960년대 빈곤과의 전쟁, 로스만의 3가지 모델이 등장한 시기, 1970~1980년으로 이어지면서 작은 정부로 시작되는 신보수의적 · 신자유주의적 경향들에 대해 살펴보자.

동, 반전운동 등 여러 부문에서 사회운동이 일어났다. 흑인 민권운동을 비
롯한 다양한 사회운동에 참여했던 대학생 및 운동가들은 보다 평등한 공동
사회를 추구하며 지역사회조직 사업으로 진출하였다.

- 빈곤과의 전쟁: 복지국가 건설에 관심을 두었던 케네디(John F. Knnedy,
  민주당) 대통령은 미국 내 특정 지역에 빈곤층이 밀집되어 있음을 인식하고
  이에 빈곤지역을 퇴치하기 위한 정책을 준비하였다. 1963년 케네디 대통령
  이 암살을 당하면서 대통령직을 승계 받은 존슨(Lyndon B. Johnson) 대
  통령이 정책을 이어받아 1964년 '빈곤과의 전쟁'을 선포하였고, 경제기회
  법(Economic Opportunity Act of 1964)을 제정하였다.
- 지역사회행동프로그램(Community Action Program: CAP): 빈곤과의 전
  쟁 선포에 따라 진행된 정책으로, 빈곤지역에 대해 모든 인적·물적 자원
  을 동원하여 빈곤의 근원을 뿌리 뽑고자 했다. 또한 빈곤지역의 주민들이
  스스로 당면한 문제를 해결해야 한다고 보고 지역의 정책에 참여할 수 있도
  록 유도하였다. 이를 통해 지역사회의 운영과 생활을 근본적으로 변혁시키
  고자 하였다. 민권운동에서 촉진된 지역사회조직이 지역사회를 대변하면
  서 지역사회행동프로그램의 실질적인 주체 역할을 했다.
- 헤드스타트 프로그램(Head Start Program): 경제기회법에 따라 시행된 프
  로그램 중 하나로, 사회적·경제적으로 불리한 위치에 있는 저소득층의 어
  린이들에게 교육을 지원하여 빈곤의 악순환을 막고자 하였다. 한편으로는
  부모를 중심으로 지역주민들의 연결을 강화하고자 했다.

(2) 신보수주의와 민영화

- 1973~1974년에 일어난 석유파동에 따른 극심한 인플레이션과 불황으로
  정부 재정을 축소해야 하는 상황이 되었고, 기존의 복지정책에 대한 효율
  성과 효과성에 대한 문제가 제기되었다. 이러한 흐름에서 1970년대 후반에
  는 반복지주의적 물결이 일기 시작했으며, 신보수주의가 강제를 보이게 되
  었다.
- 1981년 정권을 잡은 레이건(Ronald W. Reagan, 공화당) 대통령은 신보
  수주의를 기반으로 '작은 정부'를 표방하면서 경제회복에 초점을 둔 '레이거
  노믹스(Reaganomics)'를 주창하여 경제 활성화에 주력했다.
- 사회사업에 대한 정부지원 축소 및 공공 사회사업의 민영화가 본격화되면
  서 사회복지 분야는 각 지방정부, 민간기업, 가족에 중심을 두는 방향으로
  변화하면서 민간 비영리기관들이 활성화되었다.

4 한국 지역사회복지의 역사

기출회차			
2	3	4	5
6	7	8	9	10
11	12	13	14	15
16	17	18	19	20
21	22		

강의로 복습하는 기출회독 시리즈

Keyword 134

1. 일제강점기 이전

전통적인 지역사회복지 활동은 촌락 단위의 자발적·자생적인 전통 인보상조 관행과 정부에 의한 공식적 인보제도로 구분할 수 있다.

(1) 전통 인보상조 관행 (촌락 단위의 복지활동)

① **계:** 상부상조의 민간 협동체(특히 각종 지출에 대비하기 위한 경제적 성격을 띤 계가 활발하였음)

② **두레:** 농사일을 협력하기 위해 만들어진 공동노력 풍습. 상호부조·공동오락·협동노동 등을 목적으로 마을 단위로 조직

③ **품앗이:** 노동력을 상시적으로 차용 또는 교환하는 조직. 오늘날 공동육아와 유사한 형태

④ **향약:** 유교적 예속의 보급, 공동체적 결속, 지역의 체제안정을 위해 마을(里) 단위로 실시된 향촌의 자치규약. 현재의 조례와 유사한 성격

⑤ **사창:** 재앙이나 흉년에 대비하여 미리 향민에게 곡식을 징수 또는 기증받아 저장해 두는 촌락단위의 구휼제도로 의창, 상평창과 더불어 삼창의 하나. 촌락단위에서 행해지면서도 국가의 지도와 감독을 받음

⑥ **공굴:** 마을 안에 중병자나 불구자, 과부, 초상당한 사람의 농사를 같은 마을 사람들이 공동으로 지어 주는 것

⑦ **부근:** 농사일뿐만 아니라 동네 사람이 집을 신축할 때 또는 10세 미만의 아이가 죽었을 때의 장사 등 동원봉사를 의미

⑧ **향도:** 신라시대 불교 신앙 활동으로 출발하여 고려 후기에는 불교적 활동보다는 향촌 공동체적 기능을 중심으로 성격이 변화됨. 주로 장례 등 마을에 흉사가 있을 때 무보수로 봉사

⑨ **고지:** 궁핍한 마을 사람들끼리 연대책임으로 농업경영자와 노동청부의 계약을 맺고 양식이 떨어진 춘궁기에 노임으로 양식을 선불받아 그것으로 춘궁기를 나고 농번기에 계약된 노동을 제공하는 것

중요도

조선시대 복지활동에 관한 문제는 시험 초창기에는 꽤 자주 출제되었고 최근에도 간헐적으로 출제되고 있다. 오가통, 두레, 향약, 계, 품앗이 정도는 각각의 성격을 파악해두고, 국가 단위의 상설 복지기구도 한번쯤 살펴보자.

잠깐!

두레가 주로 모내기 등 농번기에 이루어진 마을 전체의 공동체적 활동이라면, 품앗이는 개인 또는 소규모집단 사이에 농사를 포함한 다양한 도움을 주고받는 활동이라는 차이가 있다.

⑩ **부조:** 오늘날 금품공여와 같은 형태. 마을에서 누군가가 집을 지을 때 일할 도구와 점심을 들고 가서 도와주는 것

(2) 국가에 의한 인보제도

① 애민육조로 표현되고 있는 6가지 복지시책(목민심서)

- 노인을 대상으로 하는 양로(養老)
- 고아를 대상으로 하는 자유(慈幼)
- 남의 힘에 의존하지 않고서는 살 수 없는 사람들을 대상으로 하는 진궁(賑窮)
- 지극히 가난하여 상을 치를 수 없는 사람들을 대상으로 하는 애상(哀喪)
- 불치의 환자나 위독한 병자를 대상으로 하는 관질(寬疾)
- 수재 · 화재 · 기근 등 재앙을 당한 사람들을 대상으로 하는 구재(救災)

② 오가작통법

- 각 하급 지방행정 구획을 일정수의 호수로 세분화하여 그 구역 내에 거주하는 모든 성원이 인보상조와 연대책임으로 서로 돕게 함
- 일종의 지방자치 성격의 제도

③ 국가 단위의 상설 복지기구

- 의창: 고려 및 조선 초기의 대표적인 구휼제도로, 양곡을 의창에 저장해두었다가 흉년이 든 해에 농민들에게 무상으로 곡식과 곡식 종자를 나눔. 오늘날의 생활보호, 공공부조 제도와 기본성격이 유사함
- 상평창: 고려 및 조선시대에 풍년으로 곡식의 가격이 떨어지면 국가가 곡물을 사들여 곡가를 올리고, 흉년으로 곡가가 폭등하면 국가에서 상평창의 곡물을 풀어 곡가를 낮추는 방식으로 물가를 조절
- 진휼청: 조선시대 흉년, 재난으로 인한 기민, 재민을 구제하기 위한 관청. 중종 때 상설기구로서 진휼청을 설치하여 평상시에는 상평청과 합해 곡가 조절을, 흉년에는 구휼 및 진대 업무를 수행하게 함
- 동서대비원: 고려 시대의 의료구호기관이면서 의탁할 데 없는 사람을 보호 · 수용하기도 함
- 혜민국, 혜민서: 고려 및 조선시대 서민들의 질병치료를 위한 의료기관

애민육조(愛民六條)
1. 양로(養老): 어른을 공경하라
2. 자유(慈幼): 어린이를 사랑하라
3. 진궁(賑窮): 가난한 사람들을 구제하라
4. 애상(哀喪): 상을 애도하라
5. 관질(寬疾): 환자를 구호하라
6. 구재(救災): 재난을 구제하라

2. 일제강점기의 지역사회복지

(1) 배경

• 근대적 의미의 지역사회복지 사업이 싹트기 시작한 시기이다.
• 일본이 자국의 이익을 위해 한국 농업을 식민지적 구조로 변경하기 위한 토지조사 사업, 산미증산 계획 등을 실시하면서 전통적인 자생적 복지활동은 위축·해체되었다.
  – 일부 매판지주들과 결탁한 관제협동조합들로 인해 재래적 민간협동단체는 자연 붕괴
  – 부락의 자치단체였던 동리계는 읍면제도 등 새로운 행정체계로 해체
  – 학교교육 제도의 실시로 학계 및 향계 등도 서당 폐지와 함께 소멸
  – 은행과 금융기관의 발달로 이자계와 같은 금융을 목적으로 했던 각종 협동체는 도태되거나 위축됨
  – 혈족단체인 종계 또는 화수계는 개인주의 사상의 침투로 붕괴
  – 산업을 목적으로 하는 계는 농회, 수리조합 등 새로운 각종 산업단체의 발달로 소멸

(2) 일제 강점기 지역사회복지의 주요 내용

① 조선사회사업협회(1929년)

• 사회사업 상호 연락, 조사연구, 강습·강연회, 지식교환 등의 활동
• 현대적 의미의 협의회와 유사한 기능을 했으나 이 협회는 관의 통제를 받음

② 조선구호령 실시(1944년)

• 근대적 공공부조 제도의 기본이 된 법
• 해방 후 1961년 생활보호법 제정으로 폐지

③ 사회복지시설과 사업

• 일제시대의 어린이 보호시설: 육아시설(전국 22개소), 임산부상담소(5), 탁아시설(4), 영아건강상담소(5), 빈궁아교육기관(9), 불량아감화시설(5), 맹아보호시설(2), 육아협회 등
• 인보관 개설: 1930년대 말부터 서부인보관, 용강인보관, 성동인보관, 영등포인보관 등을 개설하여 인보, 상부상조 국민 자각 향상 꾀함
• 요보호자 보호: 방면위원제도(1941년)를 통해 요보호자에 대한 보호, 구제, 직업알선 등 사례관리 시도

이 시기의 사회복지는 일제 식민 정책의 일환인 시혜 또는 자선으로 실시되어 우리 민족의 충성을 얻으려는 정치적인 의미가 컸다.

일본의 지역사회복지 역사가 단독으로 출제된 적은 없지만 다른 나라의 발전 흐름과 비교하며 출제된 바 있기도 하다.

보충자료

일본 지역사회복지의 역사

보충자료

조선구호령

합격자의 한마디

우리나라 최초의 인보관은 1921년 태화여자관!

3. 해방 이후의 지역사회복지 ^{22회기출}

해방 이후 한국전쟁을 거치면서 외국의 원조기관들이 전쟁고아들을 위한 시설보호와 빈민구호 활동에 주력하면서 지역사회복지의 초보적인 틀이 마련되었다.

(1) 사회복지공동모금의 발전

- 해방 후 빈민과 빈곤아동에 대한 구호활동 등을 목적으로 자선기금 마련을 위한 모금행위들이 산발적으로 일어났다.
- 이러한 모금행위들에 문제점이 발생하면서 이를 규제하기 위해 1951년 기부금품모집금지법이 제정되었다.
- 1970년 사회복지사업법에서 공동모금회 설립을 규정함에 따라 1971년 민간주도의 공동모금 운동이 전개되기 시작했지만 관심과 여건 부족으로 확산되지 못한 채 정체되었다.
- 지역사회 전체를 주 대상으로 모금하고, 이를 지역을 위한 활동에 배분하여 집행하도록 한다는 점에서 지역사회복지 활동에 대한 자발적 참여 기회를 확대했다는 의의가 있다.

(2) 외국민간원조기관의 활동

① 외국민간원조단체 한국연합회 (KAVA: Korean Association of Voluntary Agencies)

외국에 있는 본부의 지원으로 우리나라에 보건사업, 교육사업, 생활보호, 재해구호 또는 지역사회개발 등의 사회복지사업을 진행한 비영리적 사회사업기관으로서, 그 사업자원이 외국에서 마련되고 외국인에 의해 운영된 기관이었다.

- 1952년 7개 기관이 모여 조직
- 1955년 사무국 설치로 연합회로서의 기능 갖춤
- 1964년 70여 개로 증가
- 1970년대 후반부터 철수하거나 철수계획을 세우기 시작

② KAVA의 사업내용

- 전쟁 난민 및 고아를 돕기 위한 시설보호사업으로 시작되어 보건사업, 교육, 지역개발사업, 전문 사회복지사업 전개
- 사업추진에 있어 정부기관과 유대를 가지고 효과적으로 협조

③ KAVA가 우리나라 사회복지사업에 미친 영향

- 상호 정보교환을 함으로써 원조의 중복을 피하도록 함과 동시에 상호 간의 전문지식을 얻을 수 있는 기회 제공
- 한때 우리나라 민간 복지사업의 주축을 이루었으며, 우리나라에 사회사업 (복지)이라는 새로운 학문이 도입되는 자극제가 됨
- 미국식 전문사회사업의 실천방법과 관련된 이론을 국내에 소개하는 데 중요한 역할을 함

(3) 지역사회개발 사업

- 1955년 UN에 의해서 후진국의 경제 · 사회발전을 위해 주창되었다.
- 지역사회개발위원회 규정이 공포(1958년)되면서 지역사회개발 사업이 본격적인 체제를 갖추고 시작되었다.
- 의의: 지역사회개발 사업은 1970년대 새마을운동 사업으로 전환되어 지역사회복지실천을 위한 기반이 되었다.
- 관주도의 반강제적 운동이라는 점에서 지역사회복지의 자발성 원칙에는 다소 위배되는 측면도 있다.

(4) 지역사회개발 사업으로서 새마을운동

① 1970년대

- 기본이념: 근면 · 자조 · 협동
- 농한기 농촌마을 가꾸기 시범사업 형태로 시작
- 농촌의 생활환경개선 사업에서 시작해 소득증대 사업으로 확대
- 도시에서는 의식개선운동으로 전개되기도 함

② 1980년대

- 민간주도로 전환되어 '새마을운동중앙본부' 창립
- 1988년 제6공화국이 들어서면서 원래 추구했던 이념, 목표와 달리 정치적 목적과 연관되거나 관변운동이라는 비판을 받으면서 위축되고 퇴색하기 시작함

③ 성과와 한계

- '근면 · 자조 · 협동'을 강조함으로써 주민들의 의식변화라는 과정중심의 목표를 중시하는 모습을 보이기도 했지만, 실제로는 과업중심적인 목표를 달성하는 데 치중

새마을운동에 대한 지속적인 추진을 위해 2011년부터 4월 22일을 새마을의 날로 지정하였다.

- 지역주민의 태도와 행동에 있어서의 내면적인 변화보다 가시적인 실제효과에 더 치중하여 물량적 효과로 성과를 평가함
- 정부의 권고 혹은 지시에 따라 1인 혹은 소수의 지도자에 의해 주도됨에 따라 반드시 지역주민 전체의 이익과 일치되는 것이라고 볼 수 없으며, 지도자가 지역을 떠나거나 지도자로서의 책임을 포기할 경우 사업 자체의 추진이 위태롭게 되기도 함

한걸음 더   새마을운동

① 새마을운동의 영향
- 새마을운동의 경우 1970년대 산업화와 근대화 과정에서 지대한 기여를 했으나 초기의 지나친 관주도 경향과 1980년대 이후 정치적 경향 등으로 부작용 또한 많았다.
- 새마을운동은 농촌의 수입이 많아진 가운데 이루어진 것이 아니기 때문에 많은 농가가 빚에 허덕이는 결과를 낳기도 했으며, 생산량 증가를 위해 농약을 많이 뿌리다보니 이는 환경을 오염시키는 주범이 되어버렸다.

② 새마을운동의 문제점
- 중앙정부가 주도하는 상의하달의 하향식 운동에서 오는 문제점이다. 관에 의한 하향식 지원은 새마을운동 일선조직의 자생력을 현저하게 떨어뜨려 농민이나 농촌마을이 정부의 지원, 외부의 지원에 더욱 의존하게 하는 의타심과 수동적 자세를 심어주었다. 또한 형식에 있어서 비민주적이고 지방의 다양한 현상과 특성을 반영하는 데에는 한계가 있었다.
- 획일적 · 물량위주 · 전시효과적인 사업수행으로 인해 생산성이 떨어지고 시대의 변화에 따른 새마을운동의 새로운 모습을 보여주지 못했다.
- 농촌마을 공동체의 자율성을 약화시켰고, 전통적인 농촌공동체의 지혜와 전통도 단절시키는 결과를 초래했다.

4. 1980년대

(1) 지역사회복지의 정착
- 1983년 사회복지사업법 개정
  - 사회복지사 명칭 규정
  - 사회복지관 운영 지원
  - 읍 · 면 · 동 복지위원
- 1987년 읍 · 면 · 동 단위 사회복지전문요원 배치
- 1989년 주택건설촉진법을 통해 저소득층 영구임대아파트 내 일정 규모의 사회복지관 건립 의무화

중요도 ★
사회복지전문요원 배치, 사회복지관 건립 의무화 등등 심심치 않게 출제되고 있으며, 1980년대 민주화 운동을 겪으며 사회복지 영역에서도 사회행동모델이 확산된 흐름도 살펴두자.

(2) 지역사회행동모델로의 확산

- 1980년대 후반 이후 각 민간단체들을 중심으로 '바른 삶 실천운동(YMCA)', '공해추방운동', '경제정의실천운동', '복지권실천운동(참여연대)' 등의 복지 이슈와 관련된 사회운동이 이루어졌으나, 이슈 중심적 접근으로 지역사회와 구체적으로 연계된 측면은 다소 약했다.
- 저소득층 지역사회의 재개발반대운동, 핵발전소설치반대운동 등의 주민운동은 지역적 근거를 배경으로 한 사회행동의 일환으로 볼 수 있다.
- 복지와 관련된 이슈를 비롯하여 지역사회 문제의 해결을 위해 점차 사회행동모델이 강조되었다.

5. 1990년대

(1) 특징

- 사회통합, 정상화 등의 이념이 반영된 재가복지서비스의 확대
- 지역사회복지실천 주체의 전문화 및 다양화
- 지역사회 중심의 자활사업 전개
- 지방자치제도의 실시

(2) 주요 흐름

1992. 재가복지봉사센터 설립 → 2010년 사회복지관의 사업으로 흡수·통합됨

1995. 7. 보건복지사무소 시범사업 실시(~1999년 12월 종료)

1996. 자활지원센터 시범사업 실시

1998. 7. 사회복지공동모금법 시행(1997년 제정) → 1999년 사회복지공동모금회법으로 개정

1999. 사회복지 시설평가 시작

6. 2000년대 이후

2000. 10. 국민기초생활보장제도 시행, 지역사회 중심의 자활지원사업이 본격적으로 전개됨

2003. 7. 사회복지사업법 개정, 지역사회복지계획 수립 의무화 및 시·군·구 계획의 심의기관인 지역사회복지협의체 설치근거 마련

중요도

시설평가 제도 도입, 재가복지서비스의 확대 등 사회복지 발전에 큰 의의가 있는 사건들을 중심으로 정리해두자.

잠깐!

2000년대 지역사회복지계획, 지역사회복지협의체 등이 실시됨으로 인해 지방자치제가 2000년대에 도입된 것으로 생각하는 수험생들이 더러 있다. 하지만 지방자치제 자체는 1995년 6월 지방자치단체장 선거를 실시하면서 전면적으로 실시되었다. 지방분권화와 관련해서는 11장에서 자세히 다룬다.

중요도

국민기초생활보장법 시행, 지역사회복지계획 및 지역사회복지협의체 설치, 지역아동센터 법제화, 주민생활서비스 전달체계 개편, 사회보장정보시스템 등은 다른 영역에서도 중요하게 다루어지는 내용이다.

2004. 1. 아동복지법 개정, 지역아동센터 법제화

2004. 7. 국고보조사업을 지방으로 이양하는 국고보조금 정비방안 확정

2004. 7. ~2006. 6. 사회복지사무소 시범사업 실시

2004. 12. 한시적 분권교부세 도입(2014년까지 운용, 2015년부터 보통교부
세로 통합)

2005. 7. 지역사회복지협의체 설치 운영, 1기 지역사회복지계획 수립(4년
단위)

2006. 자원봉사활동기본법 시행(2005년 8월 제정)

2006. 7. 주민생활서비스 전달체계 도입: 복지, 보건, 고용, 주거, 교육, 문
화, 체육, 관광 등 8대 서비스를 아우르는 주민생활지원 행정체계를
2007년 7월까지 3단계에 걸쳐 도입

2007. 희망스타트 시범사업 실시, 아동발달지원계좌(디딤씨앗통장) 사업 시
행, 전자바우처 사회서비스사업 시행, 지역사회서비스투자사업 실시,
사회적기업 육성법 제정 및 시행

2008. 희망스타트 사업을 드림스타트 사업으로 변경

2008. 7. 노인장기요양보험제도 시행

2009. 희망리본 프로젝트 시범사업 실시(→ 2015년 고용노동부의 취업성공
패키지에 통폐합됨)

2010. 1. 사회복지통합관리망(행복e음) 개통, 희망키움통장 사업 실시

2012. 사회서비스이용 및 이용권 관리에 관한 법률 시행, 시·군·구 희망복
지지원단 운영으로 통합사례관리 시행, 협동조합 기본법 제정 및 시행

2013. 사회보장정보시스템 개통(각 부처의 복지사업 정보 연계)

2015. 7. 「사회보장급여의 이용·제공 및 수급권자 발굴에 관한 법률」 시행
– 사회복지사업법상의 지역사회복지계획이 이 법률로 이관되며 지역
사회보장계획으로 변경됨
– 사회보장정보원 출범(구 한국보건복지정보개발원): 사회보장정보시
스템(행복e음, 범정부), 사회서비스 전자바우처 등의 사업 진행

2016. '읍·면·동 복지허브화' 사업으로 읍·면·동 주민센터의 복지기능
강화를 추진하며 행정복지센터로 변경

2017. 주민자치형 공공서비스 사업으로 읍·면·동에 찾아가는 보건복지팀
을 설치하여 찾아가는 보건복지서비스를 시행, 보건복지서비스의 통
합 제공, 주민참여형 서비스 제공기반 마련 추진

2018. 지역사회 통합돌봄 기본계획 발표, 3대 복지관(종합사회복지관, 노인
복지관, 장애인복지관)과 행복e음 시스템 공유

2019. 사회서비스원을 통해 광역(시·도) 지자체에서 사회서비스를 직접 제

공(2022년까지 전국 17개 시·도 단위에 확대 예정)

2019. 한국자활복지개발원 설립으로 기존의 중앙자활센터를 개편, 2020년 기타공공기관 지정

2019. 아동권리보장원 설립을 통해 기존의 중앙입양원, 아동자립지원단, 드림스타트사업지원단, 실종아동전문기관, 중앙아동보호전문기관, 지역아동센터중앙지원단, 중앙가정위탁지원센터, 디딤씨앗지원사업단 등을 통합, 2020년 기타공공기관 지정

2020. 사회보장정보원이 한국사회보장정보원으로 명칭 변경

2022. 차세대 사회보장정보시스템 개편
 – 행복이음 사회보장정보시스템: 기존의 행복e음과 범정부 시스템을 통합(공무원용)
 – 희망이음 사회서비스정보시스템: 기존의 시설정보시스템, 전자바우처시스템, 기타 개별 시스템을 통합(서비스 제공기관용)
 – 복지로(국민용)

4장 지역사회복지의 주요 이론

한눈에 쏙!   중요도

❶ 구조기능론과 갈등이론

| 1. 구조기능론 | ★★ | 22회 기출 |
| 2. 갈등이론 | ★★ | |

❷ 사회체계이론과 생태이론

| 1. 사회체계이론 | |
| 2. 생태(체계)이론 | ★★ |

❸ 자원동원이론과 교환이론

| 1. 자원동원이론 | ★ | 22회 기출 |
| 2. 교환이론 | ★★ | 22회 기출 |

❹ 엘리트주의와 다원주의

| 1. 엘리트주의 | |
| 2. 다원주의 | 22회 기출 |

❺ 사회구성론과 권력의존이론

| 1. 사회구성론 | ★ |
| 2. 권력의존이론 | ★ |

기출경향 살펴보기

이 장의 기출 포인트

이 장은 지역사회복지와 관련된 다양한 주요 이론들을 두루 살펴봐야 하기 때문에 수험생들이 어려워하는 장이다. 각 이론의 주요 특징들을 살펴보고 지역사회복지실천에 있어 어떻게 적용할 수 있는지도 파악해야 한다. 예전에는 교환이론이나 갈등이론이 주로 출제되었지만, 최근 시험에서는 다양한 이론들이 등장하고 있으며, 사례제시형 문제 형태로도 출제되고 있다.

최근 5개년 출제 분포도

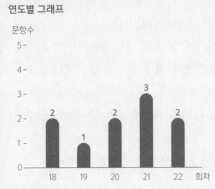

연도별 그래프

평균출제문항수

2.0 문항

2단계 학습전략

데이터의 힘을 믿으세요!
강의로 복습하는 **기출회독 시리즈**

3회독 복습과정을 통해
최신 기출경향 파악

최근 10개년 핵심 키워드

기출회독 138	지역사회복지실천 이론들	20문항

기본개념 완성을 위한 **학습자료 제공**

기본개념 강의, 기본쌓기 문제, O X 퀴즈, 기출문제, 정오표, 묻고답하기, 지식창고, 보충자료 등을 **아임패스**를 통해 만나실 수 있습니다.

1 구조기능론과 갈등이론

기출회차

	2	3	4	5
6	7	8	9	10
11	12	13	14	15
16	17	18	19	20
21	22			

강의로 복습하는 기출회독 시리즈

Keyword 138

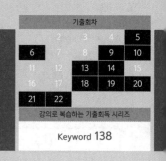

1. 구조기능론 ^{22회기출} 🏆

중요도 ★ ★

구조기능론은 사회를 구성하는 각 구조들이 저마다의 기능을 수행하면서 사회의 유지와 균형, 안정을 지향해간다는 관점을 갖는다. 매우 자주 출제된 내용으로 꼭 기억해두자.

(1) 특성

• 사회는 각 기능을 담당하는 여러 구조들로 나누어져 있고, 각 구조들은 합의된 가치와 규범에 따라 움직이며, 이들은 조절 · 조정 · 통합 등을 통해 전체 사회의 균형과 안정을 지향하며 움직인다는 관점이다.

• 즉, 사회는 경제, 종교, 가족 등과 같은 다수의 상호연관적이고 상호의존적인 부분들로 구성되면서 이들은 사회 전체가 성공적 기능을 발휘하도록 기여한다.

• 지역사회의 기능은 생산 · 분배 · 소비, 사회화, 사회통제, 사회통합, 상부상조의 기능으로 구분된다.

• 지역사회를 하나의 체계로 본다는 점에서 사회체계론과 같은 맥락에서 이해할 수 있다.

(2) 지역사회복지실천에의 적용

• 지역사회는 정부, 경제, 사회, 종교, 가족 등과 같은 각각의 기능을 담당하는 다양한 하위체계들로 구성되어 있는 하나의 체계이다.

• 지역사회 내에 존재하는 각각의 기능을 담당하는 체계가 자신의 기능을 충실히 발휘하는 것이 바람직한 지역사회 발전의 핵심이므로, 지역사회조직의 중요 목표는 각자의 기능 수행을 활성화하고, 이들의 조화에 역점을 둘 필요가 있다.

• 이러한 하위체계들은 상호 관련성이 있으나 각각의 하위체계들이 역시 하나의 분리된 실체를 이루고 있어, 이들은 심리적 · 사회적 · 지리적 경계를 가지므로 각 체계들을 독립적으로 인정하고, 평가할 필요가 있다.

(3) 한계와 문제점

구조기능론은 지역사회의 유지와 균형에 주로 관심을 가지고 있으므로, 지역사회의 변화나 지역사회에서의 자원과 권력을 둘러싼 하위체계 간의 갈등을 설명하는 데에는 한계가 있다.

2. 갈등이론

(1) 특성

- 사회의 권력과 자원 등이 불평등한 관계에서 발생하는 갈등은 사회의 본질적 현상이며 불가피한 것으로 본다. 즉, 사회 내에서 권력을 가진 계층(혹은 집단)과 그 힘을 가지지 못한 계층(혹은 집단) 간의 구분과 그로 인한 갈등 양상이 계속될 수밖에 없고, 이에 대한 해결책을 만들어 나가는 과정이 사회발전의 과정이다.
- 갈등이론은 기능론이나 사회체계이론과 달리 사회가 분열되어 있다고 보며, 사회가 일시적인 안정을 이루는 경우는 있지만, 이 안정도 한 집단이 다른 집단을 성공적으로 지배함에 따라 나타나는 일시적인 안정일 뿐이라고 본다.
- 사회 내에서 갈등은 경제적 갈등, 이익집단 갈등, 문화적 가치나 신념의 차이로 인한 갈등, 세대 간의 갈등, 지역 간의 갈등 등 다양하게 존재한다.
- 기능주의에서 말하는 기능의 수행이 아니라, 지속적인 갈등이야말로 사회 변화를 가능하게 하는 주요 기제임을 강조한다(갈등을 부정적으로만 바라보지 않음).

중요도 ★ ★

갈등이론은 기존의 구조기능론이 사회를 합의와 균형만 있는 이상적인 것으로 본 점을 비판하면서 출발했다. 특히 갈등이론에서는 갈등을 본질적인 현상으로 전제하며, 부정적인 것으로 보지 않는다는 점은 매우 중요하다.

잠깐!

교재마다 이론을 소개하는 구분이 다른데, 김종일(2006)은 갈등이론, 교환이론, 자원동원이론을 묶어 '권력관계이론'으로 소개하고 있으며, 감정기 외(2016)는 갈등이론, 권력의존이론, 자원동원이론을 묶어 '힘 관련 이론'으로 소개하고 있다. 이들 모두 권력 및 갈등과 관련된 관점이라고 보면 된다.

한걸음 더

갈등의 성격

- 절대적 박탈보다 상대적 박탈이 일어날 때 갈등은 더 쉽게 유발된다.
- 갈등이 일어나게 된 원인이 지속되거나 그 갈등에 대한 감정적 몰입도가 높을수록 갈등은 더욱 강렬해진다.
- 개인적 차원을 넘어서 집단화될수록 갈등은 더욱 커지게 된다.
- 갈등 관계를 규제할 수단이 없을 때나 갈등이 지속될 때에는 폭력성이 나타날 수 있다.
- 목표가 불분명하고 추상적이거나 다른 목표가 추가될 때, 그리고 승패의 기준이 명확하지 않을 때에 갈등은 끝나지 않고 지속되게 된다.

(2) 지역사회복지실천에의 적용

- 지역사회복지실천의 목적은 지역사회의 권력과 자원으로부터 소외된 구성원들이 권력과 자원에 접근할 수 있도록 돕는 것이다. 갈등이론을 기반으로 지역사회의 권력 구조, 권력 관계의 지형 등을 살펴봄으로써 소외 계층을 지원할 수 있다.

- 지역사회 문제나 주민의 욕구를 해결하기 위해서는 지역사회 갈등의 주요 소재인 권력, 경제적 자원, 권위 등의 재분배를 요구하게 되고, 이는 사회행동으로 표출된다.
- 사회적 약자들의 자원과 힘의 획득은 이를 위한 조직의 결성 및 대항으로부터 가능하며, 기득권과의 갈등을 해결하고 타협하는 과정에서 얻어질 수 있다.
- 외부와의 갈등은 지역사회 내부의 결속력을 높여주기도 한다.
- 갈등을 겪으면서 더욱 역동적이고 민주적인 지역사회로 탈바꿈할 수 있다.
- 지역사회 수준에서 갈등이론을 적용한 알린스키(Alinsky)의 주장
  - 지역사회조직의 목표는 경제적으로 부유한 사람이든, 가난한 사람이든 동일한 사회의 혜택을 받는 것이다.
  - 힘(주로 경제력)이 있는 집단이 자원동원이나 의사결정의 권한을 힘을 갖지 못한 사람에게 이양해야 하고, 이것은 대중의 조직적 결성과 대항을 통해 달성될 수 있다.

보충자료

알린스키의
대결 전술 지침

(3) 한계와 문제점

자원의 재배분, 타협이나 협상의 과정이 원활하지 않을 경우 지역사회의 긴장이 고조될 수 있으며 지역사회 전체의 발전이 정체될 수 있다.

한걸음 더

갈등을 해결하기 위한 방법

① **회피:** 사람들이 갈등 상황을 무시하거나 갈등 및 논쟁 추구를 선택하지 않는 것이다. 갈등을 회피함으로써 논쟁과 싸움에 드는 시간과 노력이 허비되지 않도록 할 수 있다.

② **타협:** 갈등 당사자들이 직접 혹은 그들의 대표자를 통해서 갈등을 해결하기 위한 합의점을 모색하는 것이다. 양자 간에 합당한 주장과 갈등 당사자들이 인정하는 객관적 규칙에 따라 이루어진다. 때로는 물질적 교환이나 거래를 통해 이루어지기도 한다. 제3자의 중개를 통해 타협이 진행될 수도 있다. 이때 제3자는 결정 권한이 있는 것은 아니다.

③ **조정과 재판:** 누가 옳고 그른지에 대한 공식적인 판단을 요구하는 방법에는 조정과 재판이 있다.
- 조정은 갈등에 대한 판단을 법적 절차가 아닌 위원회 등을 통해 해결책을 모색하는 방법이다. 위원회의 위원들이 내리는 결정은 공식적이어야 하며, 위원회의 조정을 요청한 당사자들은 그 결정에 대해 자발적으로 따라야 한다.
- 재판은 갈등을 겪는 당사자들이 갈등을 해결하고자 법적 판단을 구하는 것이다. 재판 과정에서는 판사만이 법에 따라 갈등 해결에 관한 사항을 결정할 수 있다.

※ 출처: 남진열 외, 2009: 100-101.

2 사회체계이론과 생태이론

기출회차				
	2	3	4	5
6	7	8	9	10
11	12	13	14	15
16	17	18	19	20
21	22			

강의로 복습하는 기출회독 시리즈

Keyword 138

1. 사회체계이론

(1) 특성

- 체계는 특정한 목표를 달성하기 위해 상호작용을 하는 물체나 요소의 집합이라고 정의할 수 있다.
- 전체 사회는 크고 작은 하위체계로 구성되어 있고, 이들은 서로 연결되어 있으며, 사회는 이들이 상호작용하는 부분들의 합으로서, 또 하나의 전체로서 살아있는 개방체계를 이루고 있다고 본다.
- 상호작용 중에 있는 부분들은 하나의 전체를 만들고, 그렇게 만들어진 전체는 다시 부분들에 영향을 주며, 또한 각 부분들끼리 영향을 주고받게 됨으로써 전체와 부분은 뗄 수 없는 하나의 공동체로 공존한다.
- 지역사회의 구조와 구조적 요소들이 서로 연계되는 과정, 즉 상호작용 과정을 이해하는 데에 유용한 분석틀을 제공하는 관점이다.
- 체계의 특징
  - 전체로서의 체계는 부분의 단순 총합과는 질적으로 다른 상위체계이다.
  - 체계 전체는 일정한 조정과 적응 과정을 거치면서 새로운 균형 상태에 도달한다.
  - 모든 체계는 다른 체계와 구분되는 독자적 영역을 가지며, 이를 가르는 기준이 경계이다.
  - 체계는 개방체계로 존재한다. 내부 구성체들의 관계만이 아닌 외부환경과의 상호교환 관계를 통해 유지된다.

(2) 지역사회복지실천에의 적용

- 사회체계이론은 지역사회 내의 문제나 대상집단의 욕구를 해결하는 데 있어 거시적 맥락에서 문제를 둘러싼 다양한 체계들을 동시에 볼 수 있는 안목을 제공한다.
- 하위체계들 내부의 문제뿐만 아니라 각 체계와의 상호작용 과정에서의 문제점을 파악하는 데에 유용하다.

(3) 한계와 문제점

• 이 이론은 지역사회를 매우 유기적으로 잘 짜여 있는 시스템으로 보고 있으나, 실제로 현실의 지역사회가 그렇지는 않기 때문에 이 이론을 적용하기에 어려움이 있다.

• 구조기능주의와 마찬가지로 지역사회의 균형과 유지에 초점을 맞추고 있어 지역사회의 변화 및 갈등을 설명하는 데에는 한계가 있다.

2. 생태(체계)이론

(1) 특성

• 이 이론은 인간이 환경과 상호작용하면서 환경에 적응하면서도 환경을 변화시키려고 끊임없이 노력하는 역동적인 존재임을 가정하며, 인간과 그를 둘러싼 사회환경을 별개가 아닌 하나의 거대한 생태계로 파악한다.

• 사회환경 내에서의 공간적 분포, 자원의 분포와 그에 따른 결과에 관심을 갖는다.

• 사회 속에서의 경쟁, 지배, 집중화, 계승, 분리 등의 개념을 통해 사회환경의 변천과정을 역동적으로 설명하는 데 유용한 이론이다. 환경과의 적응정도, 상호교류 등을 지지하거나 방해하는 요소를 중요하게 여긴다. 즉, 하나의 사회적 생태계 내에서 어떠한 인구집단들이 어떠한 자원의 쟁취를 위해 경쟁하는지, 공간적인 점유나 분포는 어떻게 이루어져 있는지, 상품과 서비스가 어떻게 분배되고 있는지, 인구의 분포와 이동은 어떤 변화과정을 겪는지 등을 파악할 수 있는 이론이다.

• 생태이론은 가족, 지역사회, 문화 등 인간이 몸담고 있는 생태환경을 보다 체계적으로 구조화하고 이들 환경과 개인의 발달 사이의 관계를 이해하고자 한다. → '환경 속 인간'

• 생태체계이론에서의 4가지 체계 수준
 – 미시체계: 가족, 친구, 학교, 직장, 동네 등을 말한다.
 – 중위체계: 미시 체계들 사이의 관계를 말한다.
   예 나는 회사원이면서 엄마이다. → 이때 직장이라는 미시체계와 가족이라는 미시체계가 연결된다.
 – 외부체계: 개인이 직접 경험하지는 못하지만 다른 미시체계와의 상호작용을 통해 개인의 삶에 영향을 미친다.
   예 나는 맞벌이 부부로 생활하고 있는데, 남편의 근무시간이 오후근무로 바뀌었다. → 남편의 근무시간 변동은 나의 미시체계는 아니지만 나에게 영향을 주는 외부체계이다.
 – 거시체계: 개인에게 간접적이지만 큰 영향을 미치는 환경요소이다.
   예 문화, 관습, 제도, 경제 등

(2) 지역사회복지실천에의 적용

- 지역사회를 하나의 생태계로 인식하게 해주고, 모든 것들이 서로 연관되어 영향을 주고받고 있음을 인지하는 거시적 관점을 갖게 해준다.
- 사람과 환경과의 관계뿐만 아니라, 지역사회와 지역사회 간의 상호작용에도 초점을 둔다.
- 지역사회복지실천에서 생태이론을 적용한다면 자원의 집중도나 인구의 분포, 저소득층의 밀집과 배제(혹은 고립)의 상황, 지역의 성장과 역동성 등의 변화를 파악하는 데 용이하다.
- 지역사회 역시 변화에 순응하면 살아남고, 그렇지 못하면 도태된다는 자연의 섭리를 따른다는 점을 설명한다.
- 주어진 지역사회의 환경에 따른 환경 내부의 인간의 적응과 활동 내용에 대한 차별점을 확인할 수 있으며, 사람에 대해 선입견을 갖지 않고 환경에 따라 달리 적응할 수 있는 역동적인 인간의 모습을 추구하도록 돕는다.
- 개인의 변화만을 추구하기보다 환경의 변화를 같이 고민해야 함을 제시한다.

(3) 한계와 문제점

환경에 대한 '적응'에 초점을 두어 기본적으로 체계의 안정성을 지향하기 때문에 문제적 환경에 대한 저항이나 변화를 적극적으로 추구하지 않고 대안 제시에 한계가 있다.

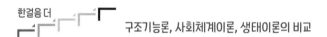

한걸음 더 ─ **구조기능론, 사회체계이론, 생태이론의 비교**

- 구조기능이론이나 사회체계이론은 사회를 구성하고 있는 기능적 주체들(하위체계들)의 역할과 그에 대한 상호작용 등 시스템의 구성과 관계에 관심을 갖고 있다면 생태이론은 지역사회 내의 물리적(혹은 지리적), 사회적 환경과 분포, 그들의 관계에 더 관심을 가지고 있다.
- 구조기능이론과 사회체계이론, 생태이론은 공통적으로 지역사회를 거시적 관점에서 바라볼 수 있도록 하고 이를 기반으로 지역사회복지실천을 가능하게 하는 중요한 이론적 토대를 제공해 준다. 이러한 거시적 실천이 지역사회복지실천이 가지고 있는 중요한 관점이다. 이를 토대로 지역사회 내에 존재하는 문제, 인구집단, 지역사회 내의 조직체, 지역사회를 둘러싼 정치적 상황 등을 큰 틀에서 볼 수 있다.

		기출회차		
	2	3	4	5
6	7	8	9	10
11	12	13	14	15
16	17	18	19	20
21	22			

강의로 복습하는 기출회독 시리즈

Keyword 138

3 자원동원이론과 교환이론

1. 자원동원이론 ^{22회기출} 🏆

자원동원이론은 힘과 관련된 이론 중 하나로, 자원의 확보가 사회행동의 성패와 연결된다는 관점을 제시하였다.

(1) 특성

- 자원동원이론은 사회운동조직이 비주류계층의 권리를 옹호하거나 사회적 약자를 대변하기 위한 사회적 항의 활동을 할 때 동원할 수 있는 자원의 정도와 범위에 따라 활동의 역할과 한계가 규정된다는 이론이다.
- 사회운동의 성패는 조직원의 충원, 자금조달, 그리고 적절한 조직구조를 개발하는 능력에 달려 있음을 말한다. 즉, 자원의 유무에 따라 사회운동의 성패가 결정된다.
- 특히 사회운동조직들은 필요한 모금활동을 하고 직원들을 채용할 때, 자신들의 정체성과 정당성을 알리고 인정받는 데 주력하게 된다.
- 사회운동이 성공하기 위해서는 조직원들의 집합적 정체성 형성을 돕고, 이 것을 토대로 조직원들의 헌신을 이끌어낼 수 있는 환경을 조성해야 한다.

여기에서 자원은 돈, 정보, 사람, 조직원 간의 연대, 사회운동의 목적과 방법에 대한 정당성 등이 포함된다.

한걸음 더 ━ 자원동원이론의 기원

19세기 후반에서 1950년대에 이르기까지 전통적 사회운동에 대한 고전적 접근법들을 보면 집합행위의 생성단계에 초점을 맞추고 집합행동의 직접적 원인을 미시적, 심리적 요인에서 찾았다. 그러나 점차 사람들은 혁명이나 정치적 폭력을 사회적 불만이나 사회체계의 불균형에 의거해서 설명해 온 전통적인 사회심리학적 접근과 구조기능론적 접근에 대해 비판적인 시각을 가지게 되었으며, 1960년대 이후 서구사회에서 등장한 새로운 형태의 사회운동에 대한 새로운 연구방법의 필요성을 느끼게 되었다. 그래서 사회운동의 필요조건이라고 할 수 있는 사회적 불만이나 변동을 지향하는 신념을 가진 사람들은 어느 사회에나 항상 존재하며, 따라서 사회운동의 발생과 전개과정은 축적된 사회적 불만의 양보다는 자원동원의 가능성 여부와 그 정도에 의해 결정된다고 하는 자원동원이론이 나오게 되었다.

(2) 지역사회복지실천에의 적용

- 자원동원이론은 지역사회 현장에서 사회적 약자의 권익을 옹호하기 위한 활동을 펼쳐 나가거나, 그들을 대변하고자 할 때 사회운동을 조직하고 이

를 행동화하는 데 있어 중요한 이론적 토대가 될 수 있다.

- 당면한 활동을 수행하기 위해 지역사회 내에서 어떠한 자원이 어디에 있는지, 누구와 함께 정체성을 공유할 것인지, 이것을 어떻게 알릴 것인지 등을 확인하고 만들어가는 것이 매우 중요하다.
- 자원동원의 핵심 과제는 '조직원을 어떻게 확보할 것인가'와 '잠재적 조직원에게 조직의 철학과 이념을 어떻게 전달할 것인가'의 문제이다.
- 사회운동 단체가 힘을 갖기 위한 과제[8]
  - 보다 적극적인 참여와 활동을 위해 회원 간의 동질적 정체성 확보 필수
  - 강력한 운동조직들은 그들의 대의를 전달하기 위해 외부의 여러 가지 채널을 활용
  - 재정의 안정성 측면에서 충성심이 강한 후원자(장기 후원자)와 거액기부자 확보

2. 교환이론  22회 기출

중요도 ★ ★

교환이론은 자원의 교환을 당연한 상호작용이라고 본다. 교환에 따른 이익과 불이익에 따라 양자 간의 관계가 정의된다고 보았는데, 이와 관련하여 불평등 관계의 해소를 위한 권력균형전략을 살펴보아야 한다.

(1) 특성

- 인간은 합리적인 동물이며 최대의 이익을 추구하려는 경향이 있다고 전제한다.
- 이 관점에서는 사람들 사이에 이루어지는 교환과정에 초점을 두고, 사회적·물질적 자원의 교환을 인간 상호작용의 근본 형태로 파악한다.
- 개인이나 집단은 다른 사람이나 집단에게 무엇을 주는 대신 다른 보상을 얻으려고 하거나 얻을 수 있다고 생각할 때 상호작용이 일어난다.
- 쌍방 간에 교환 행위가 반복될수록 개인이나 집단 간의 사회적 관계는 더욱 강화된다.

(2) 호만스(Homans)의 교환이론[9]

- 모든 사회적 상호작용에는 반드시 교환이 관계되어 있다고 전제한다.
- 사람들은 교환과정에서 돌아올 보상과 지불해야 될 비용을 면밀히 검토하여 최소의 비용으로 최대의 보상을 얻을 수 있는 길을 선택한다.
- 보상이나 이익은 관계에서 도출되는 긍정적인 결과를 가리킨다. 보상이나 이익은 심리적 안정, 사회적 지위, 만족감, 사람에게서 받는 인정이나 동정과 같은 심리적 결과물을 비롯하여 경제적·물질적 이득까지 포함된다.
- 보상의 획득에는 언제나 비용이 따른다. 만일 비용이 보상보다 커지게 된다면 관계는 유지되기 어렵다.

(3) 블라우(Blau)의 교환이론[10]

- 경제적 관점의 교환이론에 권력분석을 추가하여 미시적인 수준에서 출발해서 사회구조와 조직까지 연결한다.
- 교환이라는 인간의 사회적 행동이 어떠한 경로를 통해 사회적 유대(평등의 관계) 또는 차별적 지위구조(불평등의 관계)를 만들어 내는지에 관심을 갖는다.
- 교환이 평등한 관계로 이어질지 아니면 불평등한 관계로 이어질지는 교환에서 얻는 이익이 호혜적인지, 시혜적(일방적 제공)인지로 나뉜다고 본다.
- 호혜적 교환은 사람 사이의 신뢰와 유대를 강화한다.
- 타인이 필요로 하는 서비스에 대해 통제력을 가지는 한편, 타인의 서비스를 필요로 하지 않는 사람은 타인에 대하여 권력을 행사할 수 있는 위치에 있게 된다. 즉, 권력구조는 불평등한 교환관계로부터 만들어진다.
- 교환작용이 일어나면서 자원의 소유여부에 따라 권력과 지위는 분화되고 집단의 인정을 받기 시작한 권력은 권위로 굳어져서 조직의 안정과 균형의 기본을 이루게 된다.
- 어느 단계에서 성원들이 불충분한 보상을 받고 있다고 느끼거나 권력이 성원들이 인정한 것 이상으로 행사될 때에는 갈등과 불만이 폭발해서 조직은 불균형 상태에 빠짐으로써 구조적 변화를 일으킨다. 따라서 사회생활을 균형과 불균형의 변증법적 과정으로 본다.

(4) 하드캐슬(Hardcastle)의 권력균형전략

권력불균형을 시정하고 다른 집단이나 사람이 장악하고 있는 자원을 얻기 위해 이해당사자들이 채택하게 되는 전략들이다. 즉 A와 B 사이의 교환 관계에서 발생하는 불균형을 수정하기 위한 전략이다.

① 경쟁

이 전략은 교환에 참여하는 대신 다른 자원을 찾는 전략이다. A가 필요로 하는 자원을 B가 독점하는 경우 A는 B에 종속되고 B는 A에 대해 권력을 행사할 수 있게 된다. 이 경우 A는 B와의 교환을 포기하는 대신 C 혹은 D를 통해 필요한 자원을 구함으로써 B와의 종속관계에서 벗어날 수 있다.

② 재평가

자원에 대한 재평가를 통해 종속관계를 벗어나고자 하는 전략이다. 이전에는 B의 자원에 대한 관심이 높았지만, A의 가치관 및 목표가 변화함에 따라 B가 가진 자원에 대한 관심이 낮아질 경우 발생할 수 있는 상황이다. 이 경우 B는

A에 대한 권력관계를 유지하기 위해 자원을 보강하거나 또 다른 유인책을 사용함으로써 A의 낮아진 관심도를 되돌리기 위해 노력할 수 있다.

③ 호혜성

서로 주고받을 수 있는 자원을 통해 쌍방적인 동등한 관계로 개선하고자 하는 전략이다. A가 B의 자원을 얻기만 한다면 불균형이 발생할 수밖에 없기 때문에 A 역시 B가 필요로 하는 자원을 생산하고자 노력한다. 이를 통해 A와 B가 서로에게 필요한 교환관계임을 인식하도록 하는 것이다.

④ 연합

또 다른 종속관계에 놓인 집단과 연합하여 대항하는 전략이다. 즉 A는 혼자서는 부족한 힘을 키우기 위해 B에 종속된 C, D 등 다른 조직들과 연합하여 B의 권력에 대항할 수 있다.

⑤ 강제(강압)

물리적인 힘으로 자원을 장악하는 전략이다. B가 가진 자원을 얻을 수 없을 때 A가 물리적인 강제력을 동원하여 빼앗는 방법이기 때문에 윤리적인 문제가 발생할 수 있다. 따라서 이 전략은 사회복지사가 쉽게 선택해서는 안 되는 전략이기도 하다.

(5) 지역사회복지실천에의 적용[11]

- 지역사회복지의 실천 역시 교환의 장에서 이루어진다.
- 지역사회 차원에서의 중요한 교환자원으로는 상담, 지역중심 서비스, 기부금, 재정지원, 정보, 정치적 권력, 의미, 힘 등이 포함된다.
- 지역사회 문제가 교환관계의 단절이나 불균형 때문에 생기는 것으로 보며, 교환자원이 부족하거나 고갈 상태에 빠지거나 가치저하 현상을 보일 때 지역사회 문제가 발생할 수 있다고 본다.

		기출회차		
	2	3	4	5
6	7	8	9	10
11	12	13	**14**	**15**
16	17	18	**19**	**20**
21	**22**			

강의로 복습하는 기출회독 시리즈

Keyword 138

4 엘리트주의와 다원주의

1. 엘리트주의(Elitism)

엘리트 집단
정치와 경제 등에서 중요한 정책을 결정할 때 우월한 지위에서 영향을 미치는 사람 또는 집단

(1) 특성

• 소수의 지배 엘리트 집단이 국가의 정책을 좌우하고 권력을 장악하고 있다고 보는 견해이다.
• 사회복지정책에 있어서도 엘리트들이 자신들의 선호나 가치에 따라 정책을 결정하는 경향이 있다.
• 엘리트 집단과 주민의 기본 욕구 사이에는 중개자가 필요하고, 주로 공공 관료나 전문가 집단이 중개자로서의 역할을 수행한다.

(2) 지역사회복지실천에의 적용

• 엘리트 집단이 지향하는 바가 일치됨으로써 지역사회복지 시스템의 활동 방향과 내용이 결정된다.
• 막강한 권력으로 많은 자원을 동원할 수 있는 역량이 있어, 큰 규모의 지역사회 관련 사업을 추진할 수 있다.

(3) 한계와 문제점

• 지역사회 또는 전국적인 수준에서 서로 결탁하여 권력을 독점적으로 행사하는 소수의 기업인·관료·정치가 등이 존재하며, 이들에 의해 지역사회가 지배되는 경향이 있다.
• 지역사회 내 다양한 집단들과 직접 소통하지 않아 지역주민의 기본 욕구를 의사결정에 충분히 반영하기가 어렵다.

2. 다원주의(Pluralism)  22회기출

(1) 특성

• 다원주의는 사회는 여러 독립적인 이익집단이나 결사체로 이루어져 있으므

로 권력을 가진 엘리트 집단에 의해 지배되기보다는 집단 간의 경쟁, 갈등, 협력에 의해 민주적으로 운영된다는 견해의 사상이다. 대표학자로는 슘페터(Schumpeter)와 달(Dahl)이 있다.

- 다원화된 현대사회에서 개개인은 특정 목표를 중심으로 여러 집단과 조직을 구성하면서 이익을 표출하는 것을 통해 정책과정에 영향을 끼칠 수 있으며, 동시에 다양한 이해관계를 대표하는 지도자들을 의회나 정부에 보냄으로써 자신들의 이해관계를 정책결정에 반영시킬 수도 있다는 것이다.
- 이 이론에 의하면, 사회복지정책은 개개인과 집단의 이익대결과 갈등을 정부가 공정하고 종합적인 입장에서 조정한 결과로서의 균형을 의미한다.[12]
- 사회복지정책의 내용과 형태는 이익집단들의 상대적 영향력의 정도에 따라 달라진다.

(2) 지역사회복지실천에의 적용[13]

- 지역사회 권력이 집중되는 형태를 갖기보다는 전문성 등에 기반을 둔 다양한 사람들이 참여함으로써 다원화되는 경향이 있다.
- 지역사회에서는 지역복지에 대한 영향력을 행사할 수 있는 집단들이 다원화될 수 있으며 시민들이 실제로 큰 권력을 가지고 정책결정 과정에 영향력을 행사할 수 있다.
- 지역사회 문제에 대해 시민집단이 갖는 이해관계와 영향력 등의 정확한 이해, 그리고 관련 전문가들의 영향력 등에 대한 정확한 이해는 지역사회의 현실을 더 정확히 이해하고 지역사회복지 실천과정을 효과적이고 효율적으로 발전시키는 데 기여한다고 본다.

한걸음 더　엘리트 이론과 다원주의 이론의 차이

엘리트이론에서는 사회는 권력을 가진 자와 가지지 못한 일반 대중으로 나뉘며, 무능한 일반 대중을 지배하는 엘리트 중심의 계층적·하향적 통치 질서를 중시하는 이론이다. 엘리트들은 체제 유지를 위한 보수주의적 성향을 갖기 때문에 정책에 있어 점진적인 변화만 나타나며 소수의 엘리트들의 가치가 반영된 정책의 설정 및 대안을 선택하게 된다.

반면 다원주의 이론은 정책 결정에 있어 대중의 참여와 경쟁을 강조한다. 개인과 집단이 한정된 사회적 재화와 가치를 더 많이 향유하려는 과정에서 대립과 타협이라는 메커니즘이 작용함으로써 공공정책이 만들어진다는 것이다. 또한 개인과 집단들의 이익은 자유주의 경제 질서의 시장원리에 의하여 자동적으로 여과되고 조화를 이룸으로써 사회 모든 구성원들의 이익이 골고루 반영된다고 하는 낙관론에 기초한다.

5 사회구성론과 권력의존이론

	기출회차			
	2	3	4	5
6	7	8	9	10
11	12	13	14	15
16	17	18	19	20
21	22			

강의로 복습하는 기출회독 시리즈

Keyword 138

1. 사회구성론(사회구성주의 이론)

다문화 사회에서 유의미한 이론이라는 점을 기억해두면서 주요 특징을 살펴보기 바란다.

(1) 특성

• 지식의 객관성을 강조하는 전통적인 실증주의를 비판한다. 지식은 특정한 역사적·사회적 맥락 속에서 다양한 상호작용과 대화를 통해 만들어진다고 보았다.

• 사회현실에 관한 기존 지식이 지배집단의 이익을 대변하는 경향에 대해 비판적이다.

• 크게 포스트모더니즘과 상징적 상호작용주의의 영향을 받았다.

• 개인이 처한 사회나 문화 속 맥락에 따라 현실의 문제나 상황을 구성 또는 재구성할 수 있다는 관점이다.

• 사회구성론은 상호 역동적인 관계에 있는 개인들 사이에서 사회 세계가 창조되며 건설된다고 본다. 즉, 사회복지사와 클라이언트의 만남은 새로운 현실을 창조하는 맥락이며, 본질적으로 개방적이고 언어나 상징적 행위들에 의해 만남의 성격이 결정된다고 본다.

> **한걸음 더**
>
> **포스트모더니즘(Postmodernism)과 상징적 상호작용주의**
>
> • **포스트모더니즘:** 이성중심주의에 대해 근본적인 회의를 내포하고 있는 사상적 경향이다. 제2차 세계대전 및 여성운동, 학생운동, 흑인민권운동, 제3세계운동 등의 사회운동과 구조주의 이후에 일어난 해체현상의 영향으로 시작되었다. 탈중심적 사고, 탈이성적 사고가 가장 큰 특징으로 1960년대 미국과 프랑스를 중심으로 일어났다. 리오타르, 보드리야르 등이 대표적이다.
>
> • **상징적 상호작용주의:** 인간이 사용하는 모든 기호에는 의미가 있고, 또 인간은 생활환경을 구성하는 모든 사물에 주관적으로 의미를 부여한다. 따라서 인간에게서 모든 대상은 주관적으로 해석된 의미, 즉 부여된 뜻을 지니고 있다. 즉 모든 것에 상징성이 있다는 것이다. 바꾸어 말하면, 인간의 모든 행위는 대상과 의미를 주고받는 것일 뿐이다. 인간의 행위 중에서 압도적으로 많은 것이 사회적 행위, 즉 인간관계적 행위라고 한다면 결국 인간의 행위란 상징(의미)을 매개로 하는 상호작용이다. 미드를 시조로 하고, 로즈, 블루머 등에 의하여 발전된 이 이론은 상징을 매개로 한 의미적 행위로서 인간의 사회적 행위를 포착하여 자아와 사회의 관계형식으로의 접근(approach)을 시도하였다.

(2) 지역사회복지실천에의 적용

- 사회복지사는 클라이언트와 관계된 정치적 · 문화적 · 개인적 역사에 대해 통찰하고 이러한 것들이 전문적 개입에 미치는 영향에 대한 민감성을 가져야 한다.
- 사회복지사는 지역사회 구성원이나 클라이언트와 처음 만나는 순간부터 그들의 사회적 의미 구성에 참여하게 되므로 적극적으로 현실 문제에 대해 공동 구성을 할 수 있도록 한다.
- 사회구성론적 실천에서는 사회복지사와 클라이언트가 함께 있는 '지금 여기'의 현실을 중요시하므로 이때 지역사회 구성원이나 클라이언트와 공유하는 언어, 몸짓 등 상징을 적절히 사용한다.

(3) 사회구성론의 관점에서 사회복지사가 고려해야 할 사항[14]

- 지역사회에 관한 기존 지식과 개념에 영향을 미친 역사, 문화, 사회적 맥락과 구조에 관심을 기울여야 한다.
- 지역사회 구성원들이 지배적 권력기관이나 제도의 억압적인 영향에 대해 잘 이해할 수 있도록 돕고, 이것에 대항하는 지식과 이론을 개발하는 일에도 힘을 쏟아야 한다.
- 클라이언트의 행동에 영향을 끼치는 사회 · 경제 및 정치적 구조에 대한 이해를 갖고 클라이언트의 문화적 가치와 규범에 대한 의미를 해석해야 한다.
- 다양한 문화를 가진 클라이언트와의 지속적이고 집중적 대화과정을 강조해야 한다.
- 소수자에 대한 억압구조를 해석해 나가는 연구를 지속적으로 수행하여 지식의 축적과 이론적 발달에 힘써야 한다.

2. 권력의존이론

중요도

이 이론은 조직이 왜 외부 자원에 의존할 수밖에 없는지를 설명할 수 있는 이론이다.

(1) 특성

- 권력의존이론은 참여자가 활용가능한 자원의 크기에 의해 관계가 결정된다는 권력균형의 교환과정으로 파악한다. 예를 들어, 중앙정부와 지방자치단체는 가지고 있는 자원의 크기가 다르기 때문에 지방자치단체가 중앙정부에 의존적일 수밖에 없다는 관점이다.
- 권력의존이론은 지역주민이나 집단 또는 조직의 힘(여기서의 힘은 물리적 힘뿐만 아니라 정치적 그리고 경제적 힘 등을 모두 포함한다)의 소유여부가 지역사회의 발전에 중대한 영향을 미친다는 것을 강조한다. 즉, 지역 안에

존재하는 조직들이 어떻게 힘(power)을 얻고 또 분산시키는지를 이해하는 데 사용될 수 있다.

(2) 지역사회복지실천에의 적용

- 사회복지서비스 조직들은 생존의 차원에서 외부의 재정적 지원에 의존할 수밖에 없다. 이로 인해 외부의 재정지원자에 대한 지나친 의존은 조직의 목적 상실, 자율성 제한 등 부정적 영향을 가져올 수 있다. 따라서 특정한 지원자에 대한 의존성에서 탈피할 필요가 있다.

- 이 이론을 적용해보면, 현 지역사회복지실천 현장에서 정부조직은 경제적·정치적 힘을 가지고 있으며 민간 사회복지조직들은 이러한 힘을 가지고 있는 정부조직에 의존하고 있어 조직 상호 간에 힘의 불균형이 존재하고 있다고 할 수 있다.

- 많은 사회복지기관들이 정부의 후원금에 의존하고 있으며, 지역사회의 조직들도 정부의 보조금에 의해 조직을 운영할 수 있다. 정부조직으로부터 자원을 제공받는 민간조직들은 정부조직에 의존하게 되고 정부조직의 문제점이나 서비스/프로그램에 대한 비판을 자제하게 된다. 따라서 정부의 지원금을 받은 조직은 정부의 요구를 수용할 수밖에 없으며, 결국 클라이언트와의 상호작용(서비스 제공)에 있어서 정부의 정책이 강화되는 결과를 낳는다.

한걸음 더 ┐ 기타 이론

- **상호조직이론:** 조직 상호 간의 지지와 조정, 협력이 지역사회의 원동력이 될 수 있다고 보는 이론이다. 모든 조직은 생존과 번영을 위해 더 큰 집단(조직)의 연결망 혹은 교환의 장 안에 위치해 있어야 한다는 것을 전제로 한다.
- **인간행동이론:** 지역사회 변화의 핵심이자 주체로서 인간의 행동에 주목한다. 지역사회에서 살아가는 인간의 행동에 대한 동기를 밝혀냄으로써 지역사회 발전의 역량을 강화하고자 한다.
- **사회학습이론:** 인간행동이론의 영향을 받은 이론으로서 지역주민에게 영향을 주는 지역사회 및 환경에 대한 학습을 통해 주민들의 역량을 강화시킴으로써 지역사회의 발전을 이끌어낼 수 있다고 본다.
- **사회연결망이론:** 체계주의 관점에서 볼 때 교환에 개입하는 사람, 집단, 조직들로 구성된 하나의 사회적 체계로서 기능하며, 지역사회 내에서 통합된 서비스를 제공할 수 있는 하나의 연합구조이다.
- **사회자본이론:** 유형적 자본과 무형적 자본 외에 대인관계에서 공유된 규범, 이해, 가치, 신뢰, 협력, 상호작용 등이 사회에 미치는 영향력을 조명한 이론이다. 개인의 중요성과 공동체의 중요성을 함께 유지하기 위한 노력으로 평가되면서 각광받았다.

보충자료

기타 이론 추가설명

잠깐!

사회자본의 개념과 관련해서는 이후 8장에서 네트워크 기술과 함께 구체적으로 살펴본다.

이론별 주요 특징

구조기능론	• 사회의 각 구조들이 조절, 조정, 통합 등을 통해 전체 사회의 균형과 안정을 추구한다.
갈등이론	• 갈등현상을 사회적 과정의 본질로 간주하며, 갈등이 지역사회 내부의 결속력을 강화시켜주기도 한다고 보았다. • 갈등을 둘러싼 연대와 권력형성의 도구가 될 수 있다는 측면에서 사회행동 모델에 유용하다.
사회체계이론	• 지역사회를 하나의 체계로 간주하고 지역사회와 환경의 관계를 설명한다. • 사회체계이론은 보수적 이론으로 비판받지만 지역사회의 구조와 기능을 설명할 수 있다.
생태이론	• 인간과 환경의 상호작용에 초점을 둔다. • 지역사회는 공간을 점유하는 인간집합체로서 경쟁, 중심화, 분산 및 분리 등의 현상이 존재하며 이에 따라 지역사회의 변환과정을 역동적 진화과정으로 설명한다. • 지역사회가 변화에 순응하면 살아남고 순응하지 못하면 도태된다는 자연의 섭리를 강조한다.
자원동원이론	• 사회운동을 발전시키기 위하여 회원들을 적극적으로 참여하도록 독려한다. • 조직의 발전을 위해서 구성원 모집, 자금 확충, 직원 고용에 힘쓴다. • 사회운동조직들의 역할과 한계를 설명한다.
교환이론	• 사회관계는 교환적인 활동을 통해 이익이나 보상이 주어질 때 유지된다. • 교환자원이 고갈되면 지역사회에 문제가 발생할 수 있다. • 비영리조직의 마케팅이나 네트워킹 활동을 설명할 수 있다. • 하드캐슬의 권력균형전략: 경쟁, 재평가, 호혜성, 연합, 강제
엘리트주의	• 지역사회 내 소수의 엘리트 집단의 권력이 정책을 좌우한다.
다원주의	• 다양한 집단과 조직이 이익을 표출함으로써 정책과정에 영향을 미칠 수 있다. • 지역사회복지정책은 이익집단들 간의 갈등과 타협의 산물로 간주된다. • 지역사회복지정책 결정은 이익집단들의 상대적 영향력 정도에 따라 달라진다.
사회구성론	• 클라이언트의 행동에 영향을 미쳤던 사회, 경제 및 정치적 구조를 이해하고 그들의 문화적 가치와 규범에 대한 의미를 해석해야 한다. • 모든 현상에 대한 객관적 진실이 존재한다는 점에 의구심을 던진다.
권력의존이론	• 지역주민이나 집단 또는 조직의 힘의 소유 여부가 지역사회의 발전에 중대한 영향을 미친다는 것을 강조한다. • 힘의 획득 및 분산, 조직 간 의존 등의 양상을 설명할 수 있다.

5장 지역사회복지 실천모델의 이해

한눈에 쏙!		중요도
❶ 지역사회복지 실천모델의 목표	1. 지역사회복지실천의 목표	
	2. 지역사회복지 실천모델의 목표	★
❷ 지역복지 활동을 위한 원칙	1. 로스의 모델	
	2. 추진회의 원칙	
❸ 지역사회복지 실천모델의 유형	1. 로스만의 3가지 모델	★★★ 22회 기출
	2. 웨일과 갬블의 모델	★★★
	3. 테일러와 로버츠의 모델	★★
	4. 포플의 모델	★ 22회 기출

기출경향 살펴보기

최근 5개년 출제 분포도

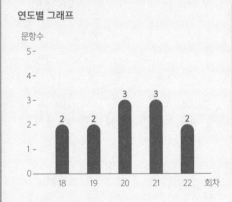

평균출제문항수

2.4 문항

2단계 학습전략

데이터의 힘을 믿으세요!
강의로 복습하는 **기출회독 시리즈**

3회독 복습과정을 통해
최신 기출경향 파악

최근 10개년 핵심 키워드

기출회독 139	로스만의 모델	9문항
기출회독 140	웨일과 갬블의 모델	8문항
기출회독 141	테일러와 로버츠의 모델	5문항

기본개념 완성을 위한 **학습자료 제공**

기본개념 강의, 기본쌓기 문제, ○X 퀴즈, 기출문제, 정오표, 묻고답하기, 지식창고, 보충자료 등을 **아임패스**를 통해 만나실 수 있습니다.

1 지역사회복지 실천모델의 목표

기출회차

	2	3	4	5
6	7	8	9	10
11	12	13	14	15
16	17	18	19	20
21	22			

강의로 복습하는 기출회독 시리즈

1. 지역사회복지실천의 목표

(1) 웨일과 갬블이 본 목표

지역사회복지실천은 사회적 약자들과 지역사회의 사회 · 경제적 삶의 질을 향상시키기 위한 다양한 개입 모델과 방법을 포함하는 것으로서, 실천의 목표를 다음과 같이 보았다.

- 시민과 시민집단의 조직화된 기술과 능력을 개발한다.
- 지역사회 내에서 사회계획이 더 접근하기 용이하고 포괄적인 것이 되도록 한다.
- 풀뿌리 지역주민의 지역사회조직체에 대한 사회적 · 경제적 투자를 연결시킨다.
- 지역사회 문제를 해결하는 데에 있어 폭넓은 연대를 옹호한다.
- 사회정의의 관점에서 사회계획 과정을 고취한다.

(2) 던햄이 본 목표

지역사회복지실천은 지역사회 구성요소 간의 상호작용에 의해 의식적인 변화를 추구하는 과정이며, 전문사회복지실천의 한 방법으로서, 다음의 목표를 달성하려고 한다.

- 지역사회의 광범위한 욕구를 충족하고 욕구와 자원 간의 조정과 균형을 도모한다.
- 지역주민들의 참여, 자조, 협동능력을 개발 · 강화 · 유지하도록 도와 그들이 문제에 대해 보다 효과적으로 대처할 수 있게 한다.
- 지역사회와 집단들 간의 관계와 의사결정권의 분배에 있어서 변화를 초래하고자 한다.

2. 지역사회복지 실천모델의 목표

중요도 ★

단독으로 출제되는 내용은 아니지만 기본 개념으로 알아두어야 한다. 과정중심은 조직화/능력향상/역량강화, 과업중심은 문제해결/욕구충족, 관계중심은 사회적 관계의 변화 등으로 이해해두면 된다.

로스만(Rothman)은 지역사회복지 실천모델의 목표를 크게 과정중심 목표와 과업중심 목표로 구분하였고, 던햄(Dunham)은 과정중심 목표와 과업중심 목표에 관계중심 목표를 추가하여 설명하였다.

(1) 과정중심의 목표

- 지역사회 개입을 위한 구체적 수단과 방법에 초점을 맞춘다.
- 지역주민의 참여, 자조, 협동 능력을 향상시켜 그들이 문제에 보다 효과적으로 대처하는 역량을 기르도록 한다. 이를 위해 로스만은 다음과 같은 세부 목표를 제시하였다.
  - 지역사회에 있는 여러 집단 간의 협동관계 수립
  - 지역사회 문제해결을 위해 자치적인 구조 창조
  - 지역사회 문제를 해결하는 데 필요한 역량기반 향상
  - 지역사회주민들로 하여금 지역사회의 일에 대해 관심과 참여 유도
  - 지역사회의 공동사업에 대한 협력 및 지지
  - 토착적인 지도력 증대를 도모

(2) 과업중심의 목표

- 지역사회에 대한 개입에 따른 성과(혹은 결과)에 초점을 맞춘다.
- 지역사회가 가진 문제나 욕구를 해결하기 위해 구체적인 사업을 완성하거나 지역사회의 기능과 관련된 문제해결에 관심을 갖는다. 이를 위해 기존의 서비스를 제공하거나 새로운 서비스를 만들거나 입법 활동을 통해 문제해결의 토대를 마련한다.

(3) 관계중심의 목표

- 지역사회와 집단들 간의 관계와 의사결정권의 분배에 있어 변화를 추구한다.
- 지역사회 구성요소 간의 사회관계에 있어 변화를 시도하는 데에 역점을 둔다.

기출회차				
	2	3	4	5
6	7	8	9	10
11	12	13	14	15
16	17	18	19	20
21	22			
강의로 복습하는 기출회독 시리즈				

2 지역복지 활동을 위한 원칙 (로스)

1. 로스의 모델

• 사회계획모델이나 사회행동모델보다 지역사회개발모델을 강조하고 있기 때문에 동질성이 강하고 전통성을 지닌 농촌지역이나 도시의 영세지역 개발을 위해 더 적절하다.

• 활동을 전개하는 주체로 어떤 종류의 구조나 사회조직체를 강조하며, 이를 '추진회(association)'로 명명한다.

• 추진회는 지역사회의 문제를 해결하기 위해 지역주민들에 의해 설립된 조직체로, 이를 통해 주민들의 욕구가 표현되고 목표가 설정되고 사업이 추진된다. 따라서 추진회가 어떻게 기능하느냐에 따라 목표의 달성정도는 달라진다.

2. 추진회의 원칙

• 지역사회의 현존 조건에 대한 불만으로부터 추진회가 결성된다.

• 불만은 특정 문제에 관한 계획을 세우고 실천에 옮길 수 있도록 집약되어야 한다.

• 활동을 수행하기 위한 불만은 지역사회주민들에게 널리 인식될 필요가 있다.

• 추진회에는 지역사회에 있는 주요한 집단들에 의해 지목되고 수용될 수 있는 공식·비공식적 지도자들을 참여시켜야 한다.

• 추진회는 지역사회주민들로부터 지지를 받을 수 있는 목표를 세우고 운영방법을 활용해야 한다.

• 추진회의 사업에는 정서적인 내용을 지닌 활동들이 포함될 경우, 성공가능성이 높다.

• 추진회는 지역사회에 존재하는 현재적·잠재적 호의를 활용해야 한다.

• 추진회는 효과적인 지도자를 개발하는 데 힘써야 한다.

• 추진회는 지역사회 내의 지도자들을 참여시킬 수 있고, 어려운 문제를 해

결할 수 있는 능력과 안정성을 가져야 하며, 지역사회로부터 신임을 얻어야 한다.

※ 그 밖에 추진회가 성공을 거두기 위해서는 다음의 수칙들을 준수하는 것이 필요하다.
- 추진회는 자체회원 상호 간에 또 지역사회와 더불어 활발하고 효과적인 대화통로를 개발해야 한다.
- 추진회는 협동적인 노력을 위해 참여하고 있는 여러 집단들을 지원하고 강화시켜야 한다.
- 추진회는 정상적인 업무상의 결정과정을 해치지 않는 범위 내에서 절차상에 있어 융통성을 지녀야 한다.
- 추진회는 지역사회의 현존 조건에 따라 수행하는 사업의 보조를 맞추어야 한다.

기출회차			
2	3	4	5
6	7	8	9	10
11	12	13	14	15
16	17	18	19	20
21	22		

강의로 복습하는 기출회독 시리즈

Keyword 139~141

1. 로스만(Rothman)의 3가지 모델 22회기출

로스만은 「지역사회조직실천의 모델」(1968년)이라는 논문을 통해 지역복지 활동을 단일한 형태로 보지 않고 지역사회개발, 사회계획, 사회행동으로 구분하였다. 이 모델은 지금까지도 가장 전형적인 지역사회복지 실천모델로 인식되고 있다.

(1) 지역사회개발모델(Community Development Model) ⭐

① 특징

- 지역사회의 변화를 위해서는 지역사회를 구성하는 광범위한 주민과 집단의 참여가 중요하다는 전제를 가지고 있다.
- 지리적 측면에서 지역사회 전체를 대상집단으로 본다.
- 지역사회의 문제해결을 위해 지역사회의 역량을 강화하고 사회통합을 증진시키는 데에 초점을 둔다.
- 지역사회 내 다양한 집단을 잠재적 파트너로 간주하며, 권력을 가진 사람들도 지역사회의 향상 및 발전을 위해 공동의 노력을 기울일 수 있다고 본다.
- 지역사회의 다양한 구성원과 집단들의 의견조정을 통해 통합을 이끌어내는 것을 중요하게 고려한다. 또한 집단 간의 차이들은 협상과 타협, 합의를 통해 극복될 수 있다고 본다.
- 주민들로 구성된 소집단이 변화의 매개체가 되며, 이때 소집단은 과업지향적 성격을 갖는다.
- 주민들의 자조(self-help) 정신을 강조한다. 즉, 주민이 문제를 스스로 해결할 수 있는 능력을 강화하는 데 역점을 둔다.
- 지도자 양성 및 지도력 개발을 바탕으로 주민들이 협력적으로 일할 수 있는 분위기가 조성되어야 함을 강조한다.
- 변화를 위한 전략·전술에 있어서 다양한 집단 간의 합의 도출을 강조한다. 특정 집단을 배제하지 않는다.

중요도 ★ ★ ★

기본적으로 로스만의 3가지 모델의 특징과 차이를 파악해야 하며, 혼합모델까지 꼼꼼히 공부해야한다. 종종 사례제시형으로도 출제되었다.

합격자의 한마디

지역사회개발모델 자체는 과정중심 목표에 중점을 두지만, 이 모델에서 변화를 위한 매개체인 소집단은 과업중심적 성격을 갖는다. 이는 소집단이 특정 문제를 해결하고자 하는 목표를 가지고 구성되기 때문!

- 과업의 성취보다는 과정중심 목표에 중점을 둔다.
- 사회복지사의 역할에는 조력자, 조정자, 교육자 등이 있다.

② 한계와 문제점
- 지역사회의 변화를 위해 지역사회의 관련 집단들 간의 합의와 협력을 끌어내는 것이 쉽지 않다. 지역사회의 관련 집단들의 광범위한 합의와 참여를 이끌어내는 데 있어서 공통의 이해관계와 관심사를 발견하는 과정은 쉽지 않은 일이다.
- 이 모델은 토론과 합의, 민주적인 절차 등 과정을 중요시하기 때문에 권력집단도 지역사회의 구성원으로서 지역사회의 복지를 향상시키는 데 동참할 수 있다고 본다. 하지만 실제 지역사회의 변화를 위해서 정책결정자들이나 권력집단과 합의나 협상을 하는 과정에서 권력 구조의 한계로 인해 거부당하거나 방해받을 수 있다는 점도 고려해야 한다.

(2) 사회계획모델(Social Planning Model) ⭐꼭!

① 특징
- 사회문제 해결에 있어서 전문가에 의한 합리적인 계획수립과 기술적(technical) 과정, 통제된 변화를 강조한다. 따라서 기술적 합리성과 전문성을 지닌 전문가, 계획가의 역할을 중요하게 고려한다.
- 전문가들이 조사와 분석을 통해 실현가능한 대안을 마련하고 이러한 대안을 합리적, 과학적으로 제시하고 실행하는 데 중점을 둔다.
- 과정보다는 과업의 성취에 역점을 둔다.
- 사회계획모델은 지역사회개발모델처럼 지역사회의 문제해결을 위해 지역주민의 역량을 강화하는 것에 초점을 두고 있지는 않다. 또한 사회행동모델처럼 근본적인 사회변혁을 추구하는 것을 중요하게 고려하지도 않는다.
- 위로부터의 접근(하향식)이다.
- 사회복지사의 역할에는 전문가(자료 수집, 분석 및 프로그램의 계획·평가를 담당), 계획가 등이 있다.

② 한계와 문제점
- 사회계획모델에서는 관료조직과 같은 공식조직을 변화의 매개체로서 중요하게 고려하는데, 실제 문제를 해결하는 과정에서 작용하는 정치적인 영향력 등은 고려하지 못하는 한계가 있다. 예를 들어 계획과정이 합리적이라고 해도 합리성보다는 문제해결 과정에 미치는 정치적 영향력이 더 중요할

수도 있다. 하지만, 사회계획모델에서는 이러한 정치적 영향력에 대해서는 제대로 고려하지 못한다.
- 계획가/전문가가 합리적이고 포괄적인 대안을 마련하고 계획을 수립하기 위해 충분한 시간과 자원을 확보하지 못한다면 한계에 부딪힐 수밖에 없다.

(3) 사회행동모델(Social Action Model) ⭐

① 특징
- 지역사회에는 권력과 자원의 불평등한 관계가 존재한다는 갈등이론적인 입장을 기반으로 한다.
- 지역사회에서 부당한 대우나 불이익을 받는 집단이 집합적 행동을 통해 공정한 자원 배분과 동등한 대우를 요구할 필요가 있다고 본다.
- 지역사회 집단들 간에 적대적이거나 이해가 상반되는 문제가 있는 경우나 논의와 합의를 통해 결정하기 어려운 문제를 해결하는 데 적합한 모델이다.
- 지역사회주민들이 사회정의와 민주주의에 입각해서 지역사회의 기존 구조(권력관계, 자원배분, 지역사회 정책결정구조 등)를 근본적으로 변화시키는 것을 의미한다.
- 사회적으로 배제되고 억압받는 집단을 조직화하는 것이 중요하다고 강조한다.
- 권력과 자원을 가지고 있는 집단에 대한 저항이 중요한 전략이라고 할 수 있다.
- 항의, 시위 등 갈등이나 대결 전술을 활용한다.
- 아래로부터의 접근(상향식)이다.
- 사회복지사의 역할에는 조직가(행동을 이끌어내는 역할), 옹호자(억압받는 집단의 권리를 옹호) 등이 있다.

② 한계와 문제점
- 사회행동모델은 갈등과 저항을 중요하게 고려하는데 관련 집단들이 실제로 참여하는 데 주저할 수 있다.
- 극단적인 전략과 전술이 참여하는 구성원들을 위험한 상황에 처하게 만들 수도 있다. 또한 수단의 불법성이 논란을 불러올 수 있으며, 윤리적 차원에서 문제가 될 수도 있다.
- 사회행동모델은 기본적으로 과업목표와 과정목표를 모두 중시하지만 때로는 과정목표가 무시되기도 한다.

로스만의 3가지 모델 비교

내용＼모델	지역사회개발모델	사회계획모델	사회행동모델
개념	지역사회의 변화를 가장 효과적으로 이룩하기 위해서는 광범위한 주민들을 변화의 목표설정과 실천행동에 참여시켜야 한다.	범죄, 주택, 정신건강과 같은 사회문제를 해결하고자 하는 기술적 과정을 강조한다.	• 지역사회의 주민들이 사회정의와 민주주의에 입각해서 보다 많은 자원과 향상된 처우를 그 지역사회에 요구하는 행동을 말한다. • 지역사회의 기존 제도와 현실에 대한 근본적인 변화를 추구한다.
강조점	• 자조정신 강조 • 민주적인 절차 • 자발적인 협동 • 토착적인 지도자의 개발 • 교육 등	• 문제해결을 위한 합리적인 계획수립과 통제된 변화 • 정책집행의 효과성과 효율성 강조 • 공식적인 계획과 준거틀에 대한 설계	권력, 자원, 지역사회의 정책결정에 있어서 역할 등에 대한 재분배
예	• 지역복지관의 지역개발사업 • 성인교육분야의 지역활동 등	—	• 학생운동 • 여성해방 · 여권신장운동 • 노동조합운동 • 복지권운동 • 소비자보호운동 등
목표	과정중심 목표: 지역사회 통합과 협동적 문제해결 능력의 향상	과업중심 목표: 주요 사회문제의 해결	• 과업중심 목표: 특정 입법이나 복지혜택 추구, 공공기관의 정책 변경 등 • 과정중심 목표: 구성원의 정치적 영향력 증대 • 소규모적이고 단기적인 문제상황을 해결하는 것보다 체제 변화에 따른 결과를 중시
지역사회 구조와 문제 상황에 관한 전제	• 지역사회가 문제해결 역량의 결여 또는 부족으로 어려움을 겪고 있다. • 개발도상국의 지역사회는 소수 엘리트 집단이 좌우하며 일반 대중은 교육을 제대로 받지 못해 문제해결 기술이나 민주적 방법에 대한 이해가 부족하다.	지역사회에는 빈곤, 주택, 고용, 보건, 비행과 범죄, 여가활용, 교통 등 수많은 사회문제가 산재되어 있다.	• 지역사회에 특권과 권력의 위계가 존재 • 억압받고, 박탈당하고 무시당하는 무력한 주민들이 정부, 대기업, 사회 기존 체제 등에 의한 부조리와 착취로 고통을 받고 있다.
변화를 위한 기본 전략	"함께 모여서 이야기해보자" 광범위한 주민들이 참여해서 자신들의 욕구를 결정하고 문제를 해결하려는 것	"진상을 파악해서 논리적인 조치를 강구하자" 문제에 관한 적절한 자료를 수집해서 문제해결을 위한 합리적이고 가능한 방안을 강구하자는 것	"우리들의 억압자를 분쇄하기 위해 규합하자" 불리한 처지에 놓여 있는 주민들의 합법적인 적이 누구인가를 찾아내고, 집단행동을 조직하여 선택된 적대 집단에 압력을 가하는 것

변화를 위한 전술과 기법	• 합의 • 의견 교환과 토의를 강조	• 문제확인, 사정, 목표개발, 실행, 평가 • 사실발견과 분석 • 상황에 따라 갈등이나 합의를 사용하기도 함	• 갈등이나 대결(정면대결, 직접적인 실력행사) • 항의, 시위, 보이콧, 피케팅 등 비교적 다수의 대중을 규합
사회복지사의 역할	• 조력자, 격려자, 조정자, 교육자(문제해결 기술훈련) • 능력부여자, 촉진자	• 전문가, 계획가 • 사실발견수집가, 분석가 • 프로그램 기획 · 평가자	• 옹호자, 행동가 • 매개자, 중재자, 대변가 • 조직가
변화의 매개체	과업지향적 소집단 활용	관료조직, 공식조직 중시	대중조직, 정치과정
권력구조에 관한 견해	• 지역사회 전체 • 권력을 쥔 사람도 지역을 향상시키기 위해 공동으로 노력한다.	전문가의 후원자 또는 고용 기관	클라이언트 밖에 존재하는 클라이언트 집단에 대한 반대세력 또는 강압세력으로 간주한다.
대상 지역사회의 범위	지리적 측면에서 전체 지역사회	전체 지역사회 또는 지역사회 일부	억압을 받고 있는 지역사회 일부
이해관계에 관한 전제	• 상이한 집단 · 계층의 이해관계가 상호조화를 이룰 수 있다. • 합리적인 설득, 대화, 상호 간의 호의로 쉽게 합의될 수 있다.	• 지역사회 내 집단들 간의 갈등인 이해에 크게 개의치 않는다. • 실용적이며 특정 문제의 해결에만 관심을 가진다.	구성집단 간의 이해관계가 상충되며, 서로 조화를 이룰 수 없다.
공공의 이익에 대한 개념	• 합리주의적 · 중앙집권적 개념 • 협동적인 결정과정을 이용해서 주민의 일반적인 복지를 위해 여러 지역사회 집단의 이익을 반영한다.	• 이상주의적 · 중앙집권적 개념 • 계획전문가는 사회과학자들과 협의를 통해 지식, 사실, 이론에 입각해서 공익을 대변하며, 개인의 정치적 이익이나 일반의 인기에 좌우되지 않는다.	현실주의적, 개인주의적 견해
클라이언트 집단에 대한 견해	• 아직 완전히 개발되지 않은 상당한 잠재력을 가진 시민 또는 주민 • 잠재력을 발휘할 수 있기 위해서는 전문가의 도움이 필요하다.	서비스의 혜택을 받는 소비자	• 체제의 희생자(고통받는 집단) • 특정 불이익집단 • 피해자
클라이언트의 역할에 대한 견해	• 상호행동적인 문제해결 과정에의 참여자 • 클라이언트는 자기들의 욕구를 표현하고, 바람직한 목표를 결정하며, 적절한 조치를 강구하는 데 참여한다.	서비스의 수혜자	• 혜택을 받는 자 • 적극 참여하는 경우도 있음

(4) 로스만의 혼합모델

로스만은 이 세 가지 모델 분류가 이념적 분류일 뿐이며, 실제 지역사회복지 실천의 개입을 위해서는 상호 혼합된 형태, 즉 사회행동+사회계획, 지역사

회개발＋사회계획, 지역사회개발＋사회행동 등과 같은 다양한 형태로 활용될 수 있다고 강조하였다.[15]

① 지역개발/사회행동

- 과정에서는 개발모델의 특성을 나타내면서 목적에서는 사회행동모델을 따른다.
- 지역사회 내 공동의 문제를 확인하기 위해 여러 집단 간의 합의가 필요하고 동시에 문제의 근원이 되는 권력집단에게 대항하는 행동이 필요할 때 적용된다.

② 사회행동/사회계획

- 이슈에 대한 실증적 연구를 바탕으로 문제해결 방법을 계획하면서 동시에 대중에게 해당 이슈의 중요성을 알리고 대중의 참여를 꾀한다(소비자운동, 환경운동 등).
- 다양한 형태의 사회행동과 함께 문제해결을 위한 과학적 조사와 연구도 병행한다.

  예 ○○단체는 뉴타운 개발로 거주지에서 밀려나게 된 지역주민들의 현황과 문제점을 조사하고, 이를 기반으로 주민들의 주거권을 옹호하기 위한 활동을 진행하였다.

③ 사회계획/지역개발

- 새로운 계획 과정에 주민의 참여를 강조한다.
- 지역사회보장계획은 사회계획/지역개발모델에 의한 실천이라고 볼 수 있다.

  예 사회복지사 A의 사회조사결과, 모금활동과 관련한 주민참여가 취약하다는 점이 발견되었다. 이에 A는 주민들의 참여방안을 수립하였으며, 주민들은 모금 관련 교육 훈련에 참가하였다. 6개월 후 주민조직을 결성하여 주체적으로 모금활동을 전개하였다.

2. 웨일과 갬블(Weil & Gamble)의 모델[16]

- 웨일과 갬블은 목표, 변화표적 체계, 일차적인 구성원, 관심영역, 사회복지사의 역할 등을 중심으로 지역사회복지 실천모델을 8가지 유형으로 분류하였다. 이 8가지 유형은 목적이나 방법 측면에서 서로 중복되는 경우도 있다. 대표적으로 사회계획모델과 프로그램 개발과 지역사회 연계모델의 차이를 구분하기는 쉽지 않다.
- 이 8가지 모델은 기능과 특성에 따라 4가지 유형으로 다음과 같이 재분류할 수 있다.

중요도

웨일과 갬블의 모델은 로스만의 3가지 모델을 기초로 세분화한 것으로 그 특징을 비교하면서 차이를 정리해두면 조금은 쉽게 정리할 수 있을 것이다.

- 개발: 지역사회의 사회 · 경제개발모델
- 조직화: 근린지역사회조직모델, 기능적 지역사회조직모델
- 계획: 프로그램 개발과 지역사회 연계모델, 사회계획모델
- 사회변화: 정치 · 사회행동모델, 연대활동모델, 사회운동모델

(1) 근린지역사회조직모델 ★

- 지역사회개발모델에서 그 원형을 찾을 수 있으며, 지리적으로 가까운 지역 사회조직화에 초점을 두고, 지역사회주민의 삶의 질에 관심을 두고 있다.
- 변화를 위한 표적체계는 지방정부, 외부개발자, 지역사회주민 등이다.
- 주요 전략은 지역사회의 변화를 유도하기 위한 지역사회주민의 능력개발과 외부개발자들이 지역에 미칠 영향을 조절하는 것이다.
- 사회복지사는 조직가, 교사, 코치, 촉진자(facilitator)의 역할을 수행하며, 조 직가의 역할 중에서 조직 내의 리더십 형성과 발전을 위한 역할도 중요하다.

(2) 기능적 지역사회조직모델 ★

- 지리적 의미의 지역사회보다는 동일한 정체성이나 이해관계를 기초로 한 기능적 지역사회에 초점을 두고 있다.
- 학교폭력 추방이나 지적장애아동의 사회재활과 같은 특정의 공통 관심사나 이슈를 기반으로 이해당사자를 조직화하는 특성이 있다.
- 사회복지사는 조직가, 옹호자, 촉진자, 정보전달자(조직구성원이 지리적 으로 흩어져 있는 특성이 있기 때문에 조직의 소식과 정보들의 소통은 중요 한 의미를 가진다)로서의 역할을 수행한다.
- 변화를 위한 표적체계는 일반 대중, 정부기관 등이다.
- 주요 전략은 특정 이슈나 집단에 대한 정책, 행위 및 인식의 변화에 초점을 두고 옹호를 이끌어낼 수 있는 행동에 있다. 때로는 특정 대상자/집단을 위 한 서비스를 개발하고 직접 제공하기도 한다.

(3) 지역사회의 사회 · 경제개발모델 ★

- 로스만의 지역사회개발모델과 밀접한 관련이 있다.
- 지역주민의 소득, 자원, 사회적 지원의 개발 등 지역사회의 경제개발과 사 회개발이 동시에 진행되어야 한다는 관점이다. 이를 위해 필요한 내/외부 적 자원의 개발과 활용을 강조한다.
- 지역주민의 삶의 질 향상을 목적으로 시민참여를 통한 사회 · 경제적 발전 을 도모한다.
- 지역주민의 입장에서 발전 계획을 마련하고, 일차적으로 개인과 집단의 소

득향상을 추구한다. 주민들이 투자된 자원들을 이용할 수 있도록 조직과 능력을 배양하는 것에 초점을 맞추고, 지역발전을 위한 실질적인 자원 동원(시 정부, 은행, 기부자, 외부개발자 등으로부터)을 추구한다.

- 변화를 위한 표적체계는 금융기관, 재단, 외부개발자, 지역사회주민이며, 지역사회의 사회·경제개발에 투자할 자원들을 확보하기 위해 사람들을 설득하는 것이 중요하다.
- 주요 전략으로는 지역주민의 관점에 기초한 개발계획을 강조한다.
- 사회복지사는 교사, 계획가, 관리자, 협상가 등의 역할을 수행한다.
- 방글라데시의 그라민 뱅크가 대표적인 예이다.

(4) 사회계획모델 ⭐

- 객관성과 합리성에 기반을 두고 지역사회 문제를 해결하려는 모형이며 객관적 조사와 자료분석 등을 기초로 한다.
- 변화를 위한 표적체계는 지역사회 지도자의 관점과 인간서비스 지도자의 관점 등이다.
- 주요 전략으로는 지역사회의 사회적 욕구 통합과 사회서비스 관계망 조정에 주목한다.
- 사회복지사는 조사자, 프로포절 작성자, 관리자 등의 역할을 수행한다.

(5) 프로그램 개발과 지역사회연계모델 ⭐

- 로스만의 사회계획모델에서 추가적으로 세분화된 모델로서, 지역사회주민들의 욕구를 충족하기 위하여 지역사회와 연계된 다양한 수준의 프로그램을 개발하고 확대하는 것을 중요한 목표로 한다.
- 지역과 프로그램 간의 상호작용을 통해 프로그램을 개발·확장시키고 지역사회 내 다양한 대상자들(서비스 대상자, 관련 기관 직원, 지역주민, 전문가 등)과의 연계를 도모한다.
- 변화의 표적체계는 프로그램 개발에 재정을 지원하는 사람과 프로그램을 이용하는 수혜자이다.
- 사회복지사는 대변인, 계획가, 관리자, 프로포절 제안자로서의 역할을 수행한다.

(6) 정치·사회행동모델 ⭐

- 정책, 법, 그리고 정책 입안자들의 변화를 통해 사회정의를 추구하는 것으로, 이를 통해 의사결정에서 배제되었던 사람들이 힘의 균형을 찾도록 하는 것이다.

- 지역사회주민의 정치적 권력의 강화와 기존 제도의 변화를 추구한다.
- 정책 또는 정책결정자의 변화에 초점을 둔다.
- 변화를 이끌어 내기 위해 부정의를 들추기 위한 조사작업, 정치적 캠페인, 옹호, 집단소송, 로비 활동 등을 벌인다.

(7) 연대활동(연합)모델 ⭐꼭!

- 지역사회가 당면한 문제가 한 집단의 노력만으로는 해결되기 어려우며, 분리된 집단 및 조직을 집합적인 사회변화에 동참시키는 것을 강조한다.
- 공동의 목표로 설정한 사회적 변화를 위해 다양한 개별 집단 및 조직들이 독립성을 유지하면서 새로운 조직을 구성하거나 연대하는 것에 초점을 맞춘다.

(8) 사회운동모델 ⭐꼭!

- 사회운동을 통해 바람직한 사회변화를 추구하는 것을 강조한다.
- 사회정의를 실현시키기 위해 사회전체의 변화를 선도하고 자극한다.
- 생태학, 반전, 반핵, 인권운동, 여성운동 등 지역 차원에서부터 세계적 차원에 이르기까지 광범위하게 개입하는 모델이기도 하다.
- 보편적 가치로 인간의 화합, 폭력의 최소화, 환경보호, 인간 존엄성, 다양성의 인정 등을 추구한다.

한걸음 더

지역사회복지이론과 실천모델의 관계

실천모델 ＼ 이론	체계이론, 생태이론	합리이론, 체계이론	갈등이론, 권력의존이론, 자원동원이론
로스만의 모델	지역사회개발모델	사회계획모델	사회행동모델
웨일과 갬블의 모델	근린지역사회조직모델 기능적 지역사회조직모델 지역사회의 사회·경제 개발모델	사회계획모델 프로그램 개발과 지역 사회연계모델	사회운동모델 정치·사회행동모델 연합모델

- 체계이론과 생태이론은 지역사회개발모델에 직접적인 영향을 미쳤으며, 갈등이론과 권력의존이론 등은 사회행동모델에 직접적인 영향을 미쳤다. 또한 사회계획모델은 체계이론의 영향을 받았다고 할 수 있다.
- 여기서 주의할 점은 한 가지 이론이 한 가지 모델에만 배타적으로 영향을 미친 것은 아니라는 점이다.
- 지역의 상황에 따라 다양한 실천모델들을 상황에 맞게 선택적으로 활용할 수 있다.

웨일과 갬블의 모델 비교

내용 / 모델	변화 전략 및 목표	변화를 위한 표적체계	일차적인 구성원	관심 영역	사회복지사의 역할
근린지역 사회조직 모델	• 지역주민의 능력개발 • 외부개발자들이 지역에 미칠 영향을 조절	지방정부, 외부개발자, 지역사회주민	지리적 의미의 지역사회주민	지역주민의 삶의 질	조직가 교사 코치 촉진자
기능적 지역사회조직 모델	특정 이슈나 집단에 대한 정책, 행위 및 인식의 변화를 위한 행동, 서비스 제공	일반대중, 정부기관	동호인	특정 이슈와 대상집단에 대한 옹호	조직가 옹호자 촉진자 정보전달자
지역사회의 사회·경제 개발모델	지역주민의 관점에 기초한 개발계획	금융기관, 재단, 외부개발자, 지역주민	저소득집단, 불이익을 받고 있는 집단	지역주민의 소득, 자원, 사회적 지원의 개발 및 교육 수준과 리더십 기술 향상	교사 계획가 관리자 협상가
사회계획 모델	선출된 기관 또는 인간서비스를 계획하는 협의회가 행동을 하기 위한 제안	지역사회 지도자의 관점과 인간서비스 지도자의 관점	선출직 공무원, 기관 책임자, 기관 간의 조직	지역사회의 사회적 욕구 통합과 사회서비스 관계망 조정	조사자 관리자 프로포절 작성자
프로그램 개발과 지역사회 연계모델	지역사회서비스의 효과성 증진을 위한 새로운 프로그램 개발 및 기존 프로그램의 확대, 재조정	프로그램 개발에 재정을 지원하는 사람과 프로그램을 이용하는 수혜자	프로그램 개발에 관여하는 서비스 제공기관의 이사회, 지역사회 대표들	특정 대상이나 지역사회를 위한 서비스 개발	대변인 계획가 관리자 프로포절제안자
정치·사회 행동모델	정책, 정책결정자 등의 변화에 초점을 둔 사회정의 행동	선거권자, 선출직 공무원, 잠재적 참여자	정치적 권한이 있는 시민	정치권력의 형성, 제도의 변화	옹호자 조직가 조사자 조정자
연합모델	연합의 공통의 이해관계에 대응할 수 있는 자원동원, 복합적인 권력기반 구축	선출직 공무원, 재단, 정부기관	특정 이슈에 이해관계가 있는 조직/집단	연합의 구성집단, 특정한 이슈	중재자 협상가 대변가
사회운동 모델	사회정의를 실현하기 위한 행동	일반 대중, 정치제도	새로운 비전을 제시할 수 있는 조직, 지도자	사회정의	옹호자 촉진자

3. 테일러와 로버츠(Taylor & Roberts)의 모델[17]

테일러와 로버츠는 로스만의 기본 3가지 모델을 중심으로 프로그램 개발 및 조정 모델, 지역사회연계모델을 새로 추가하여 5가지 모델을 제시하였다. 특히 후원자와 클라이언트의 의사결정 권한의 정도에 따라 구분하였다는 특징이 있다.

(1) 프로그램 개발 및 조정 모델
• 지역사회의 변화를 효과적이고 효율적으로 유도하기 위해 공공기관을 중심으로 프로그램을 개발하고 조정해나가는 모델이다.
• 서비스는 행정기관이 직접 전달하거나, 민간단체나 협회를 통해 전달할 수 있다.
• 후원자가 전적으로 의사결정을 하고 클라이언트(대상자)는 이들에 의해 기획된 서비스를 제공받는다. 클라이언트의 참여는 매우 제한적이다.

(2) 계획모델
• 로스만의 사회계획모델이 지나치게 합리적이고 과학적인 접근을 지향한다는 점을 지적하며 의사결정에 있어 상호교류와 인간지향적 특성을 추가하고자 한 모델이다.
• 사회계획모델에서와 같이 조사연구와 객관적 분석 등을 통한 지역사회 문제해결에 초점을 맞추고 동시에 의사결정의 과정과 조정 등 과정지향적 실천도 추구한다.
• 여전히 클라이언트의 영향력은 미약하고, 후원자의 영향력이 강한 모델이다.

(3) 지역사회연계모델
• 클라이언트의 개별적 문제를 지역사회에 연계하여 지역사회의 문제를 해결하고자 한다.
• 클라이언트의 문제해결을 위해 지역사회와의 관계형성, 관계개발, 관계조정활동에 상당히 큰 비중을 두면서 지역사회를 대상으로 접근해나가는 것이 핵심적 특징이다.
• 사회복지기관의 다양한 구성원들(행정가, 사회복지사, 이사회, 자원봉사자 등)이 클라이언트의 문제해결을 위해 필요한 연계활동들, 즉 조직 간 관계형성 및 지역사회의 지지 · 자원 확보 등을 통해 접근해나가는 방식이다.
• 클라이언트와 후원자의 영향력이 동등한 모델이다.

(4) 지역사회개발모델

- 지역사회의 자체적 역량을 개발하여 지역사회 문제를 스스로 해결할 수 있도록 지지하고 지원하는 것에 초점을 둔 모형이다.
- 시민참여에 기반을 둔 자조적 활동, 시민역량개발, 자체적 리더십 개발 등을 통해 지역사회개발을 추구하며, 지역복지 실천가에게는 조력가(enabler)의 역할을 강조한다.
- 로스만의 지역사회개발모델과 밀접한 관련이 있다.
- 클라이언트에게 상당히 많은 결정권한이 있는 모델이다.

(5) 정치적 역량강화모델

- 사회적으로 배제된 그룹의 사회적 참여를 지원하고 지지하여 스스로의 권리를 찾고 확대시켜 갈 수 있도록 하는 모형이다.
- 사회적으로 배제된 집단과 그 구성원들에 초점을 두면서 그들의 사회참여 노력을 확대시키는 것에 중점을 두는 지역사회 문제 접근방식이다.
- 사회복지사는 교육자, 자원개발자, 선동가(운동가)의 역할을 한다.
- 로스만의 사회행동모델과 밀접한 관련이 있다.
- 클라이언트에게 100% 결정권한이 있는 모델이다.

테일러와 로버츠의 모델

	프로그램 개발 및 조정 모델	계획모델	지역사회연계 모델	지역사회개발 모델	정치적 역량강화 모델
권한	←────── 후원자의 권한이 강함			클라이언트의 권한이 강함 ──────→	
특징	공공기관 중심 프로그램 개발	조사·연구·분석 강조, 과정지향적 실천	클라이언트의 문제를 지역사회에 연계	역량개발·문제 해결 과정 지원	소외집단의 사회적 참여·권리 강화

4. 포플(Popple)의 모델 ^{22회기출}

포플은 영국의 지역사회복지실천을 보호(care)와 행동(action)의 연속선상에서 8가지로 구분하여 실천모델을 제시하였다. 각 모델은 독립적이라기보다 기법이나 측면에서 중복되기는 하지만 각기 다른 전통과 이데올로기를 바탕으로 한다.

중요도 ★

아직 상세히 출제되진 않았지만 지역사회 통합돌봄 도입과 관련하여 지역사회보호가 강조되면서 최근 시험에 등장하기 시작했다.

로스만의 3가지 모델, 웨일과 갬블의 8가지 모델, 테일러와 로버츠의 5가지 모델은 미국의 경험을 기초로 만들어졌으며, 포플의 모델은 영국의 경험을 바탕으로 만들어졌다.

(1) 지역사회보호(community care)

- 노인, 장애인, 아동 등 지역주민의 복지를 위한 사회관계망과 자발적 서비스를 증진시키는 데에 목적을 둔다. 복지욕구 충족을 위한 자조개념을 개발하는 데에 집중한다.
- 사회복지사는 지역주민이 자원봉사활동의 주도자가 되고, 보호를 제공할 수 있도록 격려하는 역할을 담당한다. 조직가, 자원봉사자로서의 역할을 담당한다.

(2) 지역사회조직(community organization)

- 타 복지기관 간의 상호협력을 증진하여 서비스의 중복을 방지하고, 자원 부재의 현상을 극복하여 복지 전달의 효과성과 효율성을 높이고자 하는 모델이다.
- 사회복지사는 조직가, 촉매자, 관리자로서의 역할을 수행한다.

(3) 지역사회개발(community development)

- 지역사회 구성원들의 삶의 질을 향상시키기 위해 기술과 신뢰를 습득하도록 원조한다.
- 교육을 통해 자조개념을 증진시켜 지역사회의 독자성을 반영하도록 돕는다.
- 사회복지사는 조력가, 촉진가, 지역사회 활동가로서 활동한다.

(4) 사회 · 지역계획(social/community planning)

- 사회적 상황, 사회정책과 사회복지 기관의 서비스를 분석하고 주요 목표 및 우선순위를 설정한다.
- 서비스 프로그램의 기획, 적절한 자원의 동원, 서비스와 프로그램의 집행 및 평가 등에 중점을 둔다.
- 사회복지사는 조력가, 촉진가로서의 역할을 한다.

(5) 지역사회교육(community education)

- 교육과 지역사회 간의 관계를 보다 밀접하고 동등한 관계로 설정하기 위해 노력한다.
- 비판적 사고와 담론을 통해서 억압적 조건이나 상황을 변화시키는 행동 양식을 고양하는 데 초점을 둔다.
- 지역사회 구성원의 경험, 문화, 가치 등을 공유하는 기회를 교육 과정으로 삼을 수 있다.
- 사회복지사는 교육가, 촉진가로서 활동한다.

(6) 지역사회행동(community action)

- 갈등과 직접적 행동을 활용하여 불균등한 권력을 평등하게 만들도록 대응한다.
- 특정 이슈에 대한 권력자와의 협상을 위해 직접적인 행동을 선호한다.
- 사회복지사는 행동가로서 활동한다.

(7) 여권주의적 지역사회사업(feminist community work)

- 지역사회실천에 대해 페미니즘을 적용하는 모델이다.
- 여성 불평등의 사회적 요인에 대해서 집합적인 대응을 통해 여성의 복지를 향상시키는 것을 추구한다.
- 사회복지사는 행동가, 조력자, 촉진가로서의 역할을 한다.

(8) 인종차별철폐 지역사회사업(black and anti-racist community work)

- 지역사회복지실천에서 인종차별에 저항하거나 그들의 권리를 보호하기 위해 상호원조와 조직화에 초점을 둔 모델이다.
- 교육, 주택, 건강, 고용 등의 영역에서 차별을 시정하는 데 목적을 두고, 캠페인, 자조집단 형성, 직접 행동 등 다양한 방식을 전개한다.
- 사회복지사는 행동가, 자원봉사자로서의 역할을 수행한다.

한걸음 더

지역사회복지 실천모델의 특징

① 다양한 모델로 분류
지역사회복지 실천모델은 시대적 상황 및 개별 국가의 경험을 반영하고 있어 단일한 모델보다는 다양한 유형으로 분류되고 있다. 미국의 경우 조직화, 개발, 계획, 사회행동 등을 강조하고 민간주도적인 지역사회복지실천을 중심으로 하며, 영국의 경우 공공부문 중심의 사회복지서비스의 제공 및 실천 활동의 특성을 반영하여 지역사회보호모델이 중요한 모델로 언급된다.

② 사회경제적 배경이나 이데올로기, 사회복지실천의 전문화 경향과 밀접히 연관
신자유주의의 확산과 경쟁원리의 강화로 인해 지역사회실천에 대한 관심이 증대되었고, 이후 지역사회복지실천모델에서 프로그램 개발 및 연계모델 또는 사회행동 등이 중요한 실천 활동의 초점으로 변화되는 경향을 보이고 있다.

③ 지역사회복지 실천모델의 세분화
기존의 지역사회개발모델은 지역사회 사회 · 경제 개발로 구체화 · 세분화되었다.

④ 사회복지사의 역할이 중요
지역사회복지 실천모델의 다양한 분류는 실천 현장에 적합한 적용과 선택에 유용할 것이며, 이를 효과적으로 실행하기 위해서는 사회복지사의 역할이 중요하다.

⑤ 미시적 접근과 거시적 접근이 혼합되어 발전

6장 지역사회복지 실천과정

한눈에 쏙!		중요도
❶ 지역사회복지 실천과정	1. 문제확인	★ ★
	2. 지역사회 사정	★ ★ ★ 22회 기출
	3. 계획 및 실행	★
	4. 평가	

기출경향 살펴보기

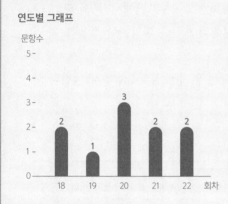

지역사회복지 실천과정

지역사회복지 실천과정과 관련하여 교재마다 구체적인 단계를 어떻게 나누는지, 순서를 어떻게 파악하는지가 조금씩 다르게 서술되어 있어 막상 문제를 풀면 혼란을 느낀다는 수험생들이 더러 있다.

또한, 홍보는 어느 단계에 해당하는 것인지, 문제확인과 포괄적 사정의 차이가 구체적으로 무엇인지 등 파고들기 시작하면 더 헷갈리고, 실제 업무과정에서는 교재에서 배운 것처럼 명확하게 구분되어 진행되지 않고 그 순서가 바뀌기도 하기 때문에 더 모르겠다고 호소하는 질문도 종종 받는다.

실천과정을 순서대로 나열하는 문제, 전후를 흐름을 파악하는 문제, 과정별 과업을 제시한 문제 등이 출제되었을 때에는, 그 문제 안에서 '문제 확인 → 사정 → 계획 → 실행'이라는 큰 틀에서 진행의 흐름을 파악하여 적용할 수 있어야 한다.

다음 〈표〉의 내용은 학자별로 암기할 필요는 없지만 지역사회복지 실천의 전 과정에 대한 이해를 돕기 위해 소개한다.

주요 학자별 실천과정

던햄 (Dunham)	지역사회복지 실천과정은 '문제해결 과정'이다. [과정] 문제 인식 → 문제 분석(진단, 발견) → 계획 → 조치 → 평가 → 다음 단계
리피트 외 (Lippit et al.)	지역사회복지 실천과정은 '변화매개자가 계획된 변화를 성취하기 위해 수행해야 하는 과정'이다. [과정] 변화의 필요성 개발 → 변화관계의 작성 및 수립 → 클라이언트 시스템의 문제 진단 → 대안과 목표의 설정 → 의도를 변화노력으로 전환 → 변화의 일반화와 정착화 → 종료관계의 달성
칸 (Kahn)	지역사회복지 실천과정은 '계획 과정'이다. [과정] 계획의 선동 → 탐색 → 계획과업의 결정 → 정책 형성 → 프로그램화 → 평가와 환류 → 종료관계의 달성
길버트와 스펙트 (Gilbert & Specht)	지역사회복지 실천과정을 '정책형성 과정'의 단계로서 제시한다. [과정] 문제의 발견 → 분석 → 대중홍보 → 정책목표의 설정 → 일반의 지지와 합법성 구축 → 프로그램 설계 → 실천 → 평가와 사정
펄만과 구린 (Perlman & Gurin)	지역사회복지 실천과정을 '사회문제해결모델의 다섯 가지 국면'으로 설명한다. [과정] 문제 정의 → 문제를 개진할 구조와 커뮤니케이션 구축 → 정책대안 분석 및 정책 채택 → 프로그램 계획의 개발과 실시 → 반응조사와 환류 구축

※ 김성철 외, 2020: 129-130.

1 지역사회복지 실천과정

기출회차				
	2	3	4	5
6	7	8	9	10
11	12	13	14	15
16	17	18	19	20
21	22			

강의로 복습하는 기출회독 시리즈

Keyword 142~145

1. 문제확인

지역사회에 내재되어 있거나 표출된 문제들이 무엇인지를 명확히 규명하기 위한 과정이다.

(1) 지역사회 진단

- 문제를 확인하기 위해 문제를 둘러싼 지역사회의 고유한 상황을 파악한다.
- 지역의 상황을 파악하는 초기 단계에서는 개방적인 태도를 가지고, 다양한 가치판단에 따라 상황 파악이 달라질 수 있음을 감안해야 하며, 관련자들과 폭넓은 대화를 실시해야 한다.
- 문제와 관련된 객관적인 문헌과 실증자료를 분석해야 한다.
- 문제의 원인, 과거의 노력 등을 파악한다. 왜 문제가 발생하였는지, 그 문제의 해결을 위해 어떤 노력들을 해왔는지와 그러한 노력에도 왜 문제가 해결되지 않았는지, 문제를 해결하는 데에 있어 장애가 되는 요인은 무엇인지 등을 살펴야 한다.
- 지역주민들이 그 문제를 바라보는 시각, 합의의 여부, 문제해결에 있어 기득권층과 약자층, 이익을 보는 집단과 손해를 보는 집단 등 정치적인 지형을 파악해야 한다.

(2) 표적집단의 확인

- 지역사회 문제를 해결하기 위해서는 표적집단에 대한 충분한 이해가 선행되어야 한다.
- 표적집단은 실천의 대상이 되는 동시에 문제를 내포하고 있어 변화가 필요하다고 간주되는 집단이다. 지역주민 전체가 표적집단이 될 수 있으나 시간과 자원의 제약으로 특정 표적집단을 선정할 필요가 있다.
- 표적집단의 인구학적 특성, 사회·경제적 상태 등과 같은 개인적 요인과 지역사회의 환경과 같은 사회환경적 요인 등을 동시에 고려해야 한다.

중요도 ★ ★

문제확인 단계에서 확인해야 할 사항들이 무엇인지를 중심으로 살펴보자. 이 단계는 잠정적으로 문제라고 생각했던 어떤 사안이 실제로 문제로 나타나고 있는지 (혹은 문제화되고 있는지), 그 심각성이 어느 정도인지, 그 문제를 우리 기관에서 다룰 수 있는지 등을 파악하는 데 주요 초점이 있다고 보면 된다.

표적집단 확인 과정은 표적집단의 규모가 문제의 우선순위 선정에 기준이 될 수 있기 때문에 대체로 문제확인 단계에서 진행된다. 하지만 어느 정도 문제선정이 확정적인 경우에는 문제확인이 끝난 후에 진행되기도 하며, 클라이언트 선정기준 마련을 위해 계획단계에서 진행되기도 한다.

(3) 우선순위 선정

- 지역사회의 상황과 표적집단의 범위, 기관의 가치 · 이념 등을 고려하여 선정한다.
- 지역사회 내에 산재되어 있는 여러 문제들 중 무엇을 우선으로 삼을 것인지를 판단해야 하며, 확인된 문제는 공식화해야 한다.

2. 지역사회 사정 22회기출 🏆

지역사회 사정은 현재의 상황을 진단하기 위한 체계적 과정이며 지역사회의 제반 요소를 확인하는 과정이다. 지역사회 사정은 지역사회의 욕구와 자원을 파악하는 과정이다.

(1) 지역사회 사정의 주요 원칙 및 고려사항 ⭐꼭!

- 지역사회 욕구사정의 목적은 단지 지역의 문제나 욕구를 확인하는 차원이 아니라 궁극적으로 그 욕구를 충족할 수 있는 서비스나 프로그램들의 개발에 활용하기 위한 것이다.
- 지역사회의 다양한 이슈와 문제를 포괄해야 한다.
- 특정 지역사회집단을 목표로 할 수 있고, 지역사회주민, 서비스 전문가, 지도자 등을 광범위하게 포함하기 때문에 다양한 문화, 관점, 특성에 대한 이해가 필요하다.
- 지역사회에 영향을 미치는 사회문제를 확인하고 문제해결의 우선순위를 결정하는 데 초점을 둔다.
- 정보와 이용 가능한 자원에 대한 파악이 필요하다.
- 자료수집과 분석을 통해 공식적이고 체계적인 접근이 필요하다.
- 사정의 목표와 초점을 명확히 한다. 대상집단에 대한 욕구를 파악하는 것이 목표인지, 대상집단이 어떤 서비스를 제공받고 있는지를 파악하는 것이 목표인지 등 각각의 목표와 초점에 따라 사정을 통해 파악하고자 하는 정보의 범위와 내용 등도 달라진다.
- 제한된 자원과 역량을 고려하여 구체적인 쟁점이나 문제에 초점을 맞추어 진행해야 한다.
- 지역주민의 사회 · 경제적 차이와 특별한 욕구 등을 다양한 관점에서 민감하게 고려해야 한다.
- 지역주민의 참여를 중요하게 고려한다.

(2) 지역사회 사정 단계에서 고려해야 할 사항들 ⭐

- 지역사회의 발전 과정: 지역사회가 걸어온 발전 과정을 파악하는 것
- 지역사회의 정치 · 사회 구조: 지역사회의 현실적인 정치 · 사회 구조를 파악하는 것
- 지역사회의 경제적인 상황: 재정자립도, 산업구조 등을 파악
- 지역사회의 사회문화: 지역주민들이 살아가고 있는 삶의 형태를 파악

(3) 지역사회 사정의 유형 ⭐

지역사회 사정의 유형은 사정의 목적, 영역, 초점 등에 따라 다양하게 구분할 수 있고, 이들 유형은 동시에 사용될 수 있다.

① 포괄적 사정

특정한 문제나 표적집단에 한정되기보다는 지역사회 전반을 대상으로 한 사정 유형이다. 지역사회의 전반적인 복지욕구에 대한 자료가 마련되어 있지 않은 경우 공공기관에서 실시할 수 있다. 1차 자료의 생성을 주요 목적으로 한다.

② 문제중심 사정

지역사회에서 우선적으로 해결이 필요한 중요한 영역에 초점을 두는 유형이다.

③ 하위체계 사정

지역사회의 특정 하위체계를 중심으로 사정이 이루어지는 유형이다.

④ 자원 사정

권력, 전문기술, 재정, 서비스 등 인적 · 물적 자원 영역을 검토한다.

⑤ 협력 사정

지역사회 참여자들이 완전한 파트너로서 조사계획, 참여관찰, 분석과 실행 국면 등에 관계되면서 지역사회에 의해 수행되는 사정을 의미한다.

(4) 지역사회 욕구사정을 위한 자료수집 방법 ⭐

비공식/공식 인터뷰, 민속학적 방법, 지역사회포럼, 명목집단기법, 초점집단기법, 델파이기법 등은 질적 접근방법에 해당하며, 서베이, 사회지표분석 등은 양적 접근방법에 해당한다.

① 비공식 인터뷰

지역주민이나 유지들과 자연스러운 만남을 통해 조사의 방향이나 기본 요소들을 가늠해 본다. 자연스러운 의견교환으로 조사대상자의 특정 입장에 상관없이 정보를 수집할 수 있다.

② 공식 인터뷰

지역사회 쟁점에 대한 전문적 지식을 갖고 있다고 판단되는 주요정보제공자들과 사전에 약속을 잡고 대면이나 전화를 통해 인터뷰한다. 조사대상자의 대답을 보다 폭넓게 들을 수 있도록 개방형 질문이 좋으며, 사전에 질문들을 구성해야 한다.

③ 민속학적 방법(주로 참여관찰)

조사자의 현지관찰을 통해 조사대상 지역주민의 삶, 행동, 문화, 가치, 의식 등을 연구자가 수집하는 방법이다. 참여관찰은 조사자가 그 지역에서 지역주민과 같이 생활하면서 관찰한다는 특징이 있다.

④ 델파이기법

전문적인 지식을 가지고 있는 주요 정보제공자들을 활용하는 방법이다. 관련 전문가들을 선정하여 주요 관심사에 대한 설문지를 발송한 후, 회수된 응답 내용을 합의되지 않은 부분과 합의된 부분으로 종합 정리한다. 분석 결과, 합의되지 않은 내용에 대해서는 그 이유와 함께 2차 설문지를 발송하여 의견을 묻는다. 이러한 방식으로 일정 정도의 합의점에 도달할 때까지 분석한 결과를 참고하여 다시 응답하게 하는 절차를 반복한다.

⑤ 명목집단기법

다양한 배경을 가진 지역사회 내 집단의 이익을 수렴하여 욕구를 조사하고 우선순위를 결정하는 방법이다. 의견을 무기명으로 적어 제출하면, 진행자가 유사한 의견들을 정리하여 발표한다. 각 참가자들이 발표된 의견에 우선순위를 매기면 진행자가 취합하여 평균점수를 계산한 뒤 최종 우선순위를 결정한다.

⑥ 초점집단기법

소집단으로 구성되며, 여러 명이 동시에 질의와 응답에 참여할 수 있다. 집중적인 토론에 유용한 지역사회 사정 방법이다. 어떤 문제에 관련된 소수의 사람들을 한 곳에 모아 그 문제에 대한 의견을 개진하도록 하고 참여자들끼리 토론하여 보다 깊이 있게 의견을 듣는 방법이다. 토론, 토의로 진행되어 진행자의

명목집단기법

집단으로 구성되지만 토론과 같은 집단적 활동은 없기 때문에 명목상의 집단, 즉 이름만 집단일 뿐이라는 의미에서 명목집단기법이라고 한다. 누가 어떤 의견을 냈는지, 어떤 의견에 동조하는지 등을 알 수 없기 때문에 한 자리에 모이면서도 상호 간에 영향력을 차단하는 델파이 기법의 장점을 기대할 수 있다.

역량이 중요하다. 대상자들은 주요 정보제공자, 관련 서비스 제공단체 대표, 수혜자(서비스 소비자), 잠정적 수혜자, 지역사회주민 등이 될 수 있다.

⑦ 주요정보제공자기법

주요 정보제공자로부터 대상집단의 욕구 및 서비스 이용상태를 파악하는 방법이다. 여기서 주요 정보제공자는 기관의 서비스 제공자, 전문직 종사자, 지역 내 사회복지단체의 대표자, 공직자 등 지역사회 전반의 문제에 대하여 잘 알고 있는 것으로 인정되는 사람들이다.

⑧ 지역사회포럼

지역주민의 욕구나 문제에 대한 지역주민의 인식을 알 수 있다. 모든 사람에게 공개되어 있다. 참석자들은 지역사회 문제를 확인하고 그 문제의 해결에 관하여 제안을 할 수 있다. 다양한 사람들에 의해 다양한 의견이 제시되지만, 그 때문에 문제의 본질이나 구체적인 욕구를 파악하는 것이 어려울 수 있다. 통제가 어렵다는 한계가 있다. 어떤 특정 인물이나 집단이 포럼을 주도적으로 진행하는 경우 다른 참석자들의 의견이 무시되거나 제한받을 수 있다.

⑨ 공청회

정부의 프로그램이나 계획에 대해 주민들이 의견을 개진할 수 있도록 포럼의 형식으로 진행된다. 참석자들의 견해가 전체 지역주민을 대표하는지를 판단하기 어렵다는 한계가 있다.

⑩ 서베이

욕구조사에서 가장 많이 하는 방법으로, 표준화된 정보 수집을 위해 구조화되거나 반구조화된 질문지를 통해 설문조사를 진행하여 응답을 받는다. 정해진 항목들에 대해서만 답변을 받으므로 다양한 의견을 취합하기 어렵다. 누구를 대상으로 할 것인지, 즉 대상자의 표집이 관건이 된다. 다양한 인구집단 간 의견의 비교 분석이 가능하다.

⑪ 사회지표분석 및 2차 자료의 이용

사회지표분석은 통계청이나 보건복지 관련 기관이나 정부에서 이미 발표한 수치화된 자료나 내용을 활용하여 욕구를 조사하는 방법이다. 타 지역과의 비교가 가능하다. 이 외에도 서비스 이용자 실태조사 자료 등 직접 조사하지 않은 2차 자료를 활용하여 욕구를 파악할 수 있다.

합격자의 한마디

초점집단기법이 문제를 경험한 사람들이나 문제와 관련된 사람들을 위주로 한 직접적 방법이라면, 주요정보제공자기법은 문제와 관련된 지식과 정보를 갖고 있는 사람들이 주 참여자인 간접적 방법입니다. 다만, 뚜렷한 구분 없이 사용되기도 해요.

3. 계획 및 실행

(1) 준비/계획단계

① 목표 설정

• 목표를 설정하여 지역주민이나 클라이언트가 제공받게 될 서비스가 무엇인지, 어느 정도인지, 언제까지인지, 어떻게 받게 될 것인지를 분명히 한다. 설정된 목표는 이후 평가를 위한 기준이 된다.

• 설정된 목표에 따라 프로그램의 내용과 계획, 방법을 구체화한다.

한걸음 더 **목적과 목표의 설정**

• 미션, 목적, 목표 등을 혼합해서 사용하는데 각 용어를 위계적으로 살펴보면, 미션이 가장 포괄적이면서 상위의 개념이고 그 다음은 목적과 목표의 순으로 정리할 수 있다.
• 목적은 미션보다 구체적이어야 하며, 목표는 목적에 통합되어 기술되어야 한다.
• 목적은 변화노력으로부터 기대되는 결과에 관한 일반적인 진술이며, 목표는 각각의 목적을 측정 가능한 용어로 구체적으로 진술하는 것이다.
• 목표는 목적을 세부적으로 설명하는 것이며 구체적이고 측정이 가능해야 한다.
• 목적과 목표를 설정할 때는 클라이언트를 참여시킴으로써 소비자주권주의를 실현한다.
• 일단 목적이 진술되면, 과정목표와 결과목표로 목표를 구체화한다.
  - 과정목표는 무슨 일을 누가 어떻게 할 것인지에 관해 기술한다(클라이언트의 수, 프로그램 수행시간 등의 서비스 투입).
  - 결과목표는 구체적인 결과를 얻는 것에 초점을 맞추며 표적집단을 어떻게 향상시킬 것인지에 대한 내용을 포함한다.

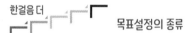

한걸음 더 **목표설정의 종류**

• **목표의 승계**: 목표가 달성되었거나 달성이 불가능한 경우, 환경의 변동으로 목표의 정당성이 상실된 경우, 조직이 존속하기 위하여 새로운 목표를 발견해내는 현상
• **목표의 확장**: 기존 목표에 같은 종류의 새로운 목표를 추가하거나 목표의 범위를 증가시키는 것
• **목표의 축소**: 목표달성에 문제가 발생하거나 불가능할 때 목표를 축소하는 현상
• **목표의 다원화**: 본래의 목표에 성격이 다른 새로운 목표를 추가하는 현상
• **목표의 비중 변동**: 동일한 유형의 목표 사이에 비중이 변동되는 것. 목표 간의 가벼운 변동에 해당

※ 목표의 확장과 목표의 다원화는 목표달성이 낙관적일 때 새로운 목표를 추가한다는 점에서 유사하지만, 추가하는 목표의 성격이 다르다는 점에서 차이가 있다.

② 예산 수립

- 사업에 소요될 것으로 예상되는 비용을 책정하여 예산을 수립한다.
- 수립된 예산과 현재 자원의 규모를 비교하여 자원이 부족한 경우 후원금 모금을 진행하거나 이용료 부과 등을 고려할 수 있다.

품목별 예산, 성과주의 예산, PPBS, 영기준 예산 등 예산 모형에 관한 설명은 사회복지행정론 9장에서 학습한다.

③ 홍보 활동

- 기관의 사업에 참여할 사람들을 유인하기 위한 홍보 활동을 진행한다.
- 홍보 활동을 통해 조직의 영향력을 증대시킬 수 있으며, 관심과 참여를 늘릴 수 있다.
- 조직의 실천의지를 다지고 내부 결속력을 다지는 효과를 꾀할 수 있다.
- 사회행동에서의 홍보 활동은 직간접적인 압력 효과를 낳는다.
- 홍보 활동의 예: 개별 방문, 스티커를 부착한 차량 운행, 홍보물 발송, 영상 상영, 캠페인, 보도자료 작성 및 기자회견 등

(2) 실행단계

- 지역사회복지실천의 다양한 개입 전략과 전술을 고려하여 선택한다.
- 계획에 맞춰 실행한다.
- 계획에 맞춰 자원을 집행하고 프로그램을 실행한다.
- 문제해결의 주체가 되는 지역주민의 참여를 조직화한다.
- 참여자들의 동기를 강화하고 반응을 확인하며, 참여자들 간 갈등을 관리한다.
- 진행상황을 점검하며 상황변화에 대응한다.
- 지역사회의 서비스 공급주체 간 연계 협력을 추진한다.

4. 평가

평가는 지역사회복지실천의 과정 중 가장 나중에 수행되는 단계이다. 지역사회의 변화를 위해 활용된 개입의 과정과 결과를 평가한다. 일반적으로 설정된 목표가 어느 정도 달성되었는가를 알아보기 위한 과정이며, 개입에 대한 가치와 의의를 판단하는 사회적 과정이라 할 수 있다.

평가와 관련한 내용은 사회복지행정론 10장에서 더 자세히 다루고 있다.

(1) 양적 평가와 질적 평가

주로 프로그램의 결과를 평가하는 데에는 양적 평가를, 프로그램의 과정을 평가하는 데에는 질적 평가를 이용한다. 하지만 각각의 단점을 보완하기 위해서 두 가지를 혼합하여 활용하기도 한다.

① 양적 평가

수량화된 자료나 증거를 활용하여 자료 및 결과를 분석하는 방법이다.

- 목표달성 평가: 실천계획 수립단계에서 세웠던 목표들이 어느 정도 달성되었는지를 평가
- 사회지표 평가: 기준으로 삼았던 지표들이 프로그램 진행 후 얼마나 변동되었는지를 토대로 평가

② 질적 평가

관찰, 인터뷰 등 수량화되지 않은 다양한 형태로 자료를 수집하여 평가한다.

- 현장 인터뷰 평가: 참여자들의 경험과 반응 등을 수집하여 평가하는 방법
- 주요사건 분석 평가: 실천 중 발생한 주요 사건에 대한 평가를 수집(특정 전략과 전술, 전략적 행동에 대한 대응, 목표물, 지역주민 및 참여자들에 의해 표출된 느낌과 가치, 집단행동, 협조적 관계의 강도, 지도자의 질, 결과 등을 분석)

(2) 형성평가 및 총괄평가

① 형성평가

프로그램 진행 과정에서 문제점을 발견하여 수정 · 보완하는 데 도움이 되는 정보를 제공하기 위한 평가이다. 실행 과정에서 진행된다는 점에서 과정평가라고도 한다.

② 총괄평가

달성하고자 했던 목표를 얼마나 잘 성취했는가의 여부를 평가하는 데 목적이 있다. 결과나 성과가 주요 평가대상이 되기 때문에 결과평가라고도 한다.

형성평가와 총괄평가 비교

	형성평가	총괄평가
평가의 초점	운영과정 중 평가	성과에 대한 평가
평가의 용도	기관관리자에게 프로그램 운영에 관하여 피드백	정책결정자 및 기획가에게 프로그램의 결과와 영향에 대하여 피드백
평가 항목	• 프로그램이 욕구를 충족시키는 정도 • 대상에 대한 서비스 제공의 적절성 여부 • 서비스의 내용과 양	• 프로그램의 결과 • 프로그램의 영향 • 프로그램의 비용 효과성

※ 참고: 감정기 외, 2011: 177, <표 5-7>.

(3) 과정평가와 결과평가

① 과정평가

프로그램이 종료된 후 그 진행 과정을 살펴봄으로써 프로그램이 성공한 이유 혹은 실패한 이유를 밝히고자 하는 평가이다.

② 결과평가

실질적으로 프로그램이 클라이언트에게 이득이 되었는지가 결과가 되며, 이를 바탕으로 프로그램이 애초에 기대했던 바, 목표했던 바를 달성했는지를 중심으로 분석하여 진행되는 평가이다.

(4) 프로그램 평가 요소(논리모델)

- 투입: 프로그램에 투여되는 인적, 물적 자원을 비롯한 클라이언트의 인구 사회학적 특성
- 전환(활동, 과정): 투입된 요소들이 클라이언트에게 전달되는 과정으로 프로그램에서 제공하는 서비스 및 개입방법 등을 의미
- 산출: 프로그램을 통해 제공된 실적, 결과물
- 성과: 프로그램 종결 후 클라이언트에게서 나타난 변화

지역사회복지실천에서의 사회복지사의 역할

기출경향 살펴보기

이 장의 기출 포인트

5장에서 살펴본 로스만의 실천모델을 바탕으로 각 역할들의 주요 특징을 파악해두어야 한다. 특히 사례에 나타난 역할 혹은 나타나지 않은 역할을 찾는 문제로도 출제되기 때문에 사례제시형 문제에서 정답을 찾는 훈련도 필요하다.

최근 5개년 출제 분포도

연도별 그래프

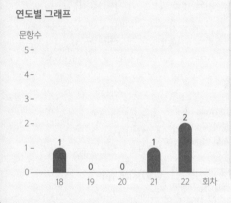

평균출제문항수

0.8 문항

최근 10개년 핵심 키워드

기출회독 146   사회복지사의 역할   10문항

기본개념 완성을 위한 **학습자료 제공**

기본개념 강의, 기본쌓기 문제, O X 퀴즈, 기출문제, 정오표, 묻고답하기, 지식창고, 보충자료 등을 **아임패스**를 통해 만나실 수 있습니다.

사회복지사의 다양한 역할

● 모델별 사회복지사의 역할

- 사회복지사나 기타 지역사회 문제를 해결하기 위해 노력하는 여러 분야의 전문가들이 수행하게 되는 역할은 여러 가지 사회적 조건에 의해서 영향을 받을 수 있으나, 특히 추진하고자 하는 사업의 목적과 형태에 따라 역할과 내용이 달라진다.
- 사회복지사가 수행하는 역할은 〈표〉와 같이 사업유형에 따라 가지각색이 며, 한 유형 중에서도 구체적인 사업의 성격이나 진행 과정에 따라서 역할 이 여러 가지로 규정될 수 있다. 그러나 각 모델 간의 역할은 서로 배타적 이라고 할 수 없고, 다만 강조하는 바가 다르다는 점에 유의하여야 한다.

지역사회개발모델		사회계획모델		사회행동모델	
로스 (Ross)	리피트 (Lippitt)	모리스(Morris)와 빈스톡(Binstock)	샌더스 (Sanders)	그로서 (Grosser)	그로스만 (Grossman)
안내자(guide) **조력가(enabler)** 전문가(expert) 치료자(therapist)	**촉매자(catalyst)** 전문가(expert) 실천가 (implementer) 조사자 (researcher)	계획가 (planner)	전문가 (professional) 분석가(analyst) **계획가(planner)** 조직가 (organizer) 행정가(program administrator)	**조력가(enabler)** **중개자(broker)** **옹호자** **(advocate)** **행동가(activist)**	조직가 (organizer)

※ 굵은 글씨는 각 모델에서 특히 강조되는 역할임.

● 각 모델에서 중첩적으로 나타나는 역할들의 의미

- 지역사회개발에서의 전문가와 사회계획에서의 전문가의 차이

  전문가의 역할은 지역사회복지 실천모델 모두에서 공통적으로 요구되는 역 할로, 지역사회를 분석하고 진단하며, 조사방법에 대한 지식과 기술을 활용 하여 스스로 지역사회가 필요로 하는 조사를 계획하고 행할 수 있어야 하며, 다른 지역사회에서 행해진 조사·연구, 그리고 시범사업 등에 관해 알고 있 어야 한다. 그리고 지역주민들이 조직을 결성하는 방법과 절차에 대해서 전 문가적 지식과 기술을 보유하여, 수행되고 있는 사업에 대해 평가를 한다거 나 그 사업의 과정에 대해서 주민들에게 설명해 줄 수 있어야 한다.

  다만, 지역사회개발모델에서는 전문가의 역할을 전면에 내세우지 않는다. 이는 지역사회 문제해결에 있어 일차적인 전문가는 지역사회주민 당사자들 이라고 보기 때문이다. 하지만, 사회계획모델에서는 지역사회주민들만으 로는 사회문제를 스스로 해결할 수 없으므로 전문가로서의 주도적인 역할

이 강조되는 것이다.

- 지역사회개발에서의 조력가와 사회행동에서의 조력가의 차이

  조력가의 역할은 지역사회복지 실천모델 모두에서 공통적으로 요구되는 역할로, 지역사회조직의 과정을 용이하게 도와주는 사회복지사의 역할을 통칭한다.

  즉, 제반 지역사회복지 모델의 목표 달성을 원활히 하기 위해 필요한 역할로서, 지역사회개발모델에서는 촉매자로서 조직화를 격려하고 좋은 인간관계를 조성하며 공동목표를 강조하며, 사회행동모델에서는 지역주민들이 주도권을 가질 수 있도록 돕는 역할을 수행하게 된다.

● **사례로 보는 사회복지사의 역할**

- 계획가의 역할

  A지역에서 일하는 사회복지사 B는 공부방을 세우려고, 시청에서 근무하는 분들을 만나 예산을 확보하기 위해 노력하고 있다.

- 중개자의 역할

  사회복지사는 중증장애아동을 양육하고 있는 부모의 양육스트레스를 경감시키고자 장애인 주간보호서비스에 대한 정보를 제공하였다. 장애인의 부모는 사회복지사의 정보를 활용하여 주간보호서비스를 이용하게 되었다.

- 옹호자의 역할

  연내 신용카드 소득공제 폐지가 가시화되자 사회복지사는 소득공제 폐지를 반대하는 이들의 서명 명부를 기획재정부에 제출, 납세자의 민의를 전달하였다.

- 조직가의 역할

  사회복지사는 지역 내 환경문제를 해결하기 위해 주부들을 모집하여 환경봉사단을 결성하고, 교육 · 훈련프로그램에 참여하도록 하여 지역사회의 환경문제를 스스로 해결해나갈 수 있도록 원조하였다.

- 조력가의 역할

  사회복지사는 지역주민들과 마을의 문제에 대해 이야기를 하다가 어린이놀이터가 방치되어 우범지대화되어 있다는 것을 알게 되었다. 또한 놀이터 개선을 희망하는 주민들이 있다는 것도 알게 되었다. 사회복지사는 이들 주민들을 조직하여 놀이터 개선사업을 추진하기로 하였다.

1

사회복지사의 역할

기출회차			
2	3	4	5
6	7	8	9	10
11	12	13	14	15
16	17	18	19	20
21	22			

강의로 복습하는 기출회독 시리즈

Keyword 146

중요도 ★ ★

안내자나 조력가는 특징을 파악하는 문제도 종종 출제된다. 각 역할의 특징들을 살펴보면서 키워드를 정리해두어야 한다. 지역사회개발모델에서도 전문가로서의 역할을 수행한다는 점이나 지역사회의 긴장, 갈등 상황에 개입하는 사회치료자로서의 역할도 꼼꼼히 확인하자.

1. 지역사회개발모델에서 사회복지사의 역할 22회 기출 🏆

(1) 안내자로서의 역할 🌟 꼭!

• 1차적인 역할로, 문제해결을 위한 목표를 설정하고, 해결방안을 마련하도록 돕는다.

• 문제해결 과정에서 주도하는 능력을 발휘해야 한다. 자유방임적, 수동적 자세를 취하지 않도록 하며, 잠재된 문제를 주민들이 인지하도록 자극할 수 있어야 한다.

• 지역의 사회·문화에 대한 충분한 지식을 가지고 있어야 하며, 잠재능력을 파악할 수 있어야 하고, 변화 후 장래모습을 예견할 수 있어야 한다.

• 지역사회의 조건에 대하여 객관적인 입장을 취하면서 지역사회를 있는 그대로 수용해야 한다. 다른 지역사회와 비교하거나 현 지역사회에 대해 제3자처럼 비판해서는 안 된다.

• 지역사회 전체에 동일시가 필요하다. 특정 사업에 찬성 또는 반대를 하거나, 지역사회 내의 일부 또는 특정 집단에 대해 배타적인 태도를 취하지 말아야 한다. 이런 점에서 옹호자나 행동가로서의 역할과 다르다.

• 사회복지사가 자신의 목적을 위해 주민을 이용하거나 조종해서는 안 된다.

• 지역사회가 스스로에 대한 책임을 다할 수 있도록 해야 한다.

• 사회복지사는 판단이나 지시를 직접적으로 내리지 않으며, 대신 주민들이 판단을 내릴 수 있도록 자료를 제시해주거나 다양한 견해를 소개한다. 이러한 자신의 역할을 스스로 수용하고 만족할 수 있어야 하며, 자신의 역할을 주민들에게 설명해야 한다.

• 사회복지사는 어떤 해결책을 제안할 수는 있어도 자신의 의견을 강요하거나 고집해서는 안 된다.

• 사회복지사는 자신의 행동을 자제할 수 있어야 하고, 맡은 임무를 원만하게 수행할 수 있는 능력을 길러야 하며, 그렇지 못할 때는 자신의 임무를 멈출 수 있어야 한다.

(2) 조력가로서의 역할 ★꼭!

- 조력자의 역할은 지역사회조직의 과정을 용이하게 하는 역할이다.
- 지역사회주민들이 불만을 표현하면 표출된 불만을 연결하여 집약하는 일을 돕는다. 사회복지사는 개인이 겪는 문제가 지역사회의 문제인지를 확인해야 하며, 지역주민들이 지역사회의 문제를 공동의 노력으로 해결할 수 있음을 인식하도록 도와야 한다.
- 조직화를 격려하는 일을 해야 한다. 즉, 지역사회주민들이 자신들의 불만에 대해 논의하고, 우선순위를 결정하고, 이를 해결하기 위한 조직을 결성하도록 도움을 준다.
- 좋은 인간관계를 조성하는 일을 해야 한다. 주민 상호 간에 신뢰와 협력을 기반으로 한 관계가 수립될 수 있도록 다리를 놓는 일을 해야 한다.
- 공동목표를 강조하는 일을 해야 한다. 지역사회의 역량을 개발하고 강화한다는 궁극적인 목표를 망각하지 않도록 관심을 촉구하고 환기하는 역할을 해야 한다.

(3) 전문가로서의 역할

- 자료를 제공하고 직접적인 충고를 한다.
- 지역사회 단체가 사업을 운영하는 데 필요하고 요구되는 조사자료, 기술적인 경험, 자원에 관한 자료, 방법상의 조언 등을 제공한다.
- 구체적인 내용
  - 지역사회에 대한 분석 및 진단
  - 조사방법에 대한 지식과 기술을 활용
  - 다른 지역사회에서 진행된 조사, 연구, 시범사업 등에 대한 정보를 제공
  - 방법에 관한 조언
  - 기술상의 정보: 기술적인 방안에 관한 자료를 제공하고 자료를 확보할 수 있는 방법도 숙지하고 있어야 함
  - 평가: 사업 과정에 대한 설명 및 평가

(4) 사회치료자로서의 역할 ★꼭!

- 적절한 진단을 통해 규명된 문제의 성격과 특성을 주민들에게 제시하여 이해를 돕는다.
- 주민들이 문제에 대한 성격을 이해함으로써 긴장을 해소하도록 도우며, 협력적인 작업을 방해하는 요인을 제거하도록 돕는다.
- 금기적 사고나 전통적인 태도가 지역사회의 공동 노력을 크게 저해하고, 집단 내 긴장상태를 조성하고, 불화를 일으키는 원인으로 작용할 가능성이

있는 경우에는 이를 변화시키기 위한 활동을 전개한다. 이때 지역사회의 기원이나 역사를 알아야 하고, 현재의 믿음이나 관습에 관한 사회적 근원을 비롯하여 믿음과 실제와의 관계를 알아야 하며, 지역사회의 권력구조, 지역사회 내의 역할과 역할들 간의 관계에 대해서 알아야 한다.

2. 사회계획모델에서 사회복지사의 역할 ^{22회기출} 🏆

(1) 모리스와 빈스톡(Morris & Binstock)의 계획가

① 계획가의 역할
사회적 서비스를 개선하고 사회문제를 완화시키는 주요 수단은 공공기관의 정책을 고치는 것이며, 사회복지사는 이러한 목적을 달성하기 위해서 노력하는 계획가로서의 역할을 수행한다.

② 수행 단계
- 모든 결과와 조치의 지침이 되는 '목표'를 선택하기 위해 인과관계에 관한 계획가의 지식을 활용한다.
- 사회복지사가 원하는 방향으로 변화를 이룩하고 자신의 노력을 효율적으로 전개하며 목적을 성취하는 데 있어서, 자신의 영향력과 자신이 변화시키려고 하는 정책기관의 저항과의 관계를 분석하고 계측한다. 계측을 하기 위해 대상기관 내에 있는 지배세력의 주요 관심사가 무엇인지를 찾아낸다.
- 자신의 영향력을 발휘할 수 있는 자원 중에서 주어진 상황에 가장 적절한 것을 선택한다.
- 자신이 당면하고 있는 문제에 대한 분석을 토대로 자신의 영향력을 방안에 맞게 활용한다. 만약 잘 맞지 않으면 목표를 바꾸거나, 대상기관을 바꾸거나, 자신이 사용하는 자원을 늘리거나 하는 등의 해결책을 찾는다.

(2) 샌더스(Sanders)의 전문가

① 분석가로서의 역할
- 사회문제 분석 및 사회문제에 영향을 미치는 요인들에 관해 조사한다.
- 사회변화를 위한 프로그램 과정을 분석한다.
- 계획 수립의 과정을 분석한다.
- 유도된 변화에 대해 평가한다.

② 계획가로서의 역할

- 물리적이고 물질적인 면보다 인간적인 면을 중시한다.
- 목표를 설정해야 한다. 이는 성과를 평가하는 근거가 되며, 궁극적으로 복지적인 목표를 강조한다.
- 목표를 달성하기 위한 수단을 검토한다.
- 계획을 수립하기 위한 행정 과정에서 어느 정도의 집권적 혹은 분권적 결정에 따를 것인지를 판단한다.

③ 조직가로서의 역할

- 계획의 수립과 실천 과정에서 지역주민이나 단체들을 지역사회에 있는 행동체계에 참여시킨다.
- 지역사회 내의 집단이나 단체를 참여시키기 위해 그들의 역할을 분명히 하고, 그 역할을 효과적으로 수행할 수 있도록 훈련시킨다.
- 주민들의 참여의식을 고취시켜 스스로 조직화할 수 있도록 사기를 진작시키고 능력을 격려한다.

④ 행정가로서의 역할

- 계획에서 설정한 목표의 효율적·효과적 달성을 위하여 인적·물적 자원을 적절히 준비하고 관리한다.
- 계획을 수립하고 지역사회가 이를 수용하게 하거나, 프로그램을 실제 운영하거나, 주민들이 이를 알고 반응을 보이는 단계에서 발휘된다.
- 프로그램을 운영하는 규칙과 절차를 적용하는 데 있어서 항상 달성하고자 하는 목표를 기억해야 한다. 형식적인 면을 강조하지 말고 융통성을 발휘해야 한다.

합격자의 한마디

계획가로서의 역할은 문제해결을 위한 전략과 수단을 검토하는 역할이며, 행정가로서의 역할은 수립된 계획을 실제로 진행해나가는 데 필요한 지원을 하는 역할입니다.

3. 사회행동모델에서 사회복지사의 역할

(1) 그로서(Grosser)의 역할 유형 ☆

중요도 ★ ★

조력가, 중개자, 옹호자 모두 자주 출제되었는데, 특히 중개자의 역할은 네트워크와 관련하여 살펴보기 바란다.

① 조력가의 역할

- 서비스의 수혜자 입장보다 서비스 제공자인 기관의 입장에서 일하는 경향을 비판하고, 불우계층의 복지를 증진시키기 위해 그들 편에 서서 활동을 전개하여야 한다.
- 조력가로서의 역할은 사회행동모델에서의 다른 역할들보다 대체로 중립적

인 입장을 취하며 소극적, 간접적 개입에 국한되는 경향이 있다.
- 지역주민들이 스스로 자신들의 문제와 욕구를 분석하고 목표를 세워 적절한 사업을 추진할 경우 외부로부터 부과된 사업에 참여하는 것보다 더 그 가치를 느끼고 적극적이고 지속적으로 참여할 수 있다. 이에 사회복지사는 주민들이 주도적인 역할을 할 수 있도록 돕는 역할을 수행한다.

② 중개자의 역할

- 사회복지사는 클라이언트와 지역사회의 자원을 연결하는 역할을 수행한다.
- 지역주민이 필요로 하는 자원이 어디에 있다는 것을 가르쳐 줌으로써 이에 접근할 수 있게 해준다.
- 집단적인 중개(collective brokerage)의 차원으로 의미를 확장하여 사회복지사의 단독적인 개입보다는 전주민에게 영향을 주는 행정과 정책의 변화를 추구한다.
- 중개자로서의 역할은 기능주의적 입장으로서의 한계가 지적되기도 한다.

③ 옹호자(대변자)의 역할

- 사회적 갈등의 파당분자(partisan)로서 활동한다.
- 자원의 소재를 알려주는 중개자의 역할에서 더 나아가 클라이언트나 지역사회에 필요한 정보를 직접 수집한다.
- 지역주민 입장의 정당성을 주장하고, 지도력과 자원을 제공한다.
- 사회복지사는 그의 전문적 역량을 오로지 클라이언트의 이익을 위해서 사용한다.

④ 행동가의 역할

갈등적인 상황에서 중립적이거나 수동적인 자세를 거부하는 행동가의 역할을 수행하며 클라이언트의 행동을 조직화한다.

행동가와 옹호자의 차이

- 행동가로서 사회복지사는 지역사회나 거시적 수준에서, 클라이언트의 이익이나 권리가 침해당하는 사회적 조건(사회적 불평등, 차별 등)을 인식하여 클라이언트가 인권을 보호받고 행사할 수 있는 사회를 만들기 위한 활동에 참여하며 사회개혁을 위한 노력을 한다.
- 옹호자로서의 사회복지사는 수혜를 받아야 할 사회적 약자들이 서비스를 받을 수 있는 권리를 박탈당할 때 서비스를 받을 수 있도록 클라이언트나 시민을 직접 변호하는 것이다. 즉, 대상자들이 적절한 서비스를 받을 수 있는 권리를 확보하거나 유지하도록 기관 내 프로그램이나 정책을 변화시키기 위한 적극적인 역할을 수행한다.

중개자의 역할은 지역사회개발모델에서 주민들이 스스로 자원의 소재를 파악하도록 도와주는 전문가의 역할보다 훨씬 적극적인 개입으로 단순히 알려주는 것이 아니라 연결에 초점이 있다.

조력가 〈 중개자 〈 옹호자 〈 행동가 순으로 더 적극성이 강하다.

(2) 그로스만(Grossman)의 역할 유형: 조직가

- 사회행동프로그램을 성취하기 위한 조직가의 과업(역할)에는 기술상의 과업과 이데올로기적 성격을 지닌 과업이 있다.
- 기술상의 과업은 거의 모든 사회복지사가 수행하고 있으며, 이데올로기적 성격을 띤 과업은 일부의 과격한 사회복지사들이 수행하고 있으며, 주로 이데올로기상의 대립이 첨예화되는 흑인집단거주 지역과 가난한 여러 인종 집단이 함께 거주하는 지역에서 행해진다.

① 기술적인 과업

- 문제를 가진 집단과 진지한 토의를 갖는다.
- 사람들을 회합에 끌어들인다.
- 집단행동을 조직화한다.
- 빠른 승리를 얻어내려 한다.
- 사람들의 조직상의 기술과 자신감을 증대시킨다.
- 주민들로 하여금 사회복지기관에 대해 동일시하도록 한다.
- 주민들의 조직적인 행동을 장기적인 프로그램에 포함하게 한다.
- 국가적인 사회행동 노력이 목적을 성취할 수 있도록 돕는다.
- 주민들이 그들의 관심사라고 말하는 바를 달성하기 위해 투쟁하도록 한다.
- 집단구성원들의 생활에 괄목할 만한 변화가 일어나도록 한다.
- 사회행동을 통해서 주민들에게 정치적인 기술을 가르친다.

② 이데올로기적 성격을 지닌 과업

- 체제의 실상을 드러내게 한다. 즉 엘리트의 지배 등이 계속적으로 노출되게 유도한다.
- 주민들이 사회행동에의 참여를 스스로 유익하게 받아들이도록 한다.
- 기존의 권력구조를 해치고 불안정하게 한다.
- 정부에 대해 재정부담을 주어 예산이 과다하게 책정되어 자본주의가 붕괴하도록 한다.
- 지역사회에 계속적인 긴장을 조성한다.
- 주민들이 체제에 대해서 분노를 갖도록 체제의 운영에 실패를 낳게 한다.
- 주민들의 정치적 의식을 증대시킨다.
- 주민들이 스스로의 생활에 관한 통제능력을 키우도록 한다.
- 사회복지기관의 힘을 키운다.

8장 지역사회복지 실천기술 Ⅰ

한눈에 쏙!	중요도
❶ 조직화 기술	
1. 개념 및 특징	★★★
2. 조직화를 위한 과정 및 전략	★★
3. 사회복지사의 역할	★★
❷ 네트워크 기술	
1. 개념 및 특징	★ 22회 기출
2. 네트워크 구성의 원칙	★★
3. 사회자본과 네트워크	★★ 22회 기출
4. 사회복지사의 역할	★
❸ 자원동원 기술	
1. 개념 및 특징	★★
2. 자원동원 기술의 3가지 방식	
3. 사회복지사의 역할	

기출경향 살펴보기

최근 5개년 출제 분포도

연도별 그래프

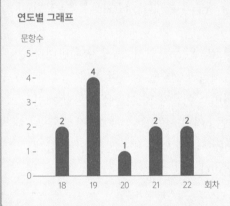

평균출제문항수

2.2 문항

2단계 학습전략

데이터의 힘을 믿으세요!
강의로 복습하는 **기출회독 시리즈**

3회독 복습과정을 통해
최신 기출경향 파악

최근 10개년 핵심 키워드

기출회독 147	조직화 기술	7문항
기출회독 148	네트워크 기술	11문항
기출회독 149	자원동원 기술	5문항

기본개념 완성을 위한 **학습자료 제공**

기본개념 강의, 기본쌓기 문제, ○ X 퀴즈, 기출문제, 정오표, 묻고답하기, 지식창고, 보충자료 등을 **아임패스**를 통해 만나실 수 있습니다.

기출회차				
	2	3	4	5
6	7	8	9	10
11	12	13	14	15
16	17	18	19	20
21	22			

강의로 복습하는 기출회독 시리즈

Keyword 147

1 조직화 기술

1. 개념 및 특징

중요도

조직화는 시급한 쟁점을 중심으로 한다는 점이나 지역주민이 주체이며 토착 지도자, 즉 주민 리더를 양성하는 데에도 관심을 둔다는 점 등은 종종 출제되었고 많이들 헷갈려하는 내용이므로 꼭 기억해두자.

지역조직과 주민조직

대체로 지역조직화에 주민조직화가 포함된 개념이라고 볼 수 있으며, 굳이 구분하지 않고 '조직화'라고 쓰기도 한다.

(1) 개념

- 조직화 기술은 지역사회복지 실천에서 가장 기본적인 기술로서 지역주민들이 지역사회 공동의 문제에 대해 목표를 세우고 문제를 해결하도록 돕기 위해 지역주민들을 결집시키는 것이다.
- 조직화는 분명한 목적을 바탕으로 표적집단은 누구인지, 동조자와 반대자는 누구인지를 파악하여 구체적인 행동 계획과 전술을 세워야 한다.
- 지역사회복지실천에서 주민조직화가 서비스 이용자 및 이들을 지원할 개인 및 체계의 조직에 초점을 둔 개념이라면, 지역조직화는 사람과 장소 등을 포괄하여 지역사회 구성원들이 지역공동체의 이익과 공동선을 위해 함께 소통하고 행동하는 것에 초점을 둔 개념이다.

한걸음 더

합의조직화와 대항조직화(Gitell & Vidal, 1988)

- **합의조직화**: 지역사회개발모델에서의 조직화는 다양한 구성원의 상호호혜적 관계를 기반으로 지역 중심의 조직을 건설하는 것을 강조한다. 갈등이 없고 논쟁적이지 않은 모든 참여자가 동의하는 이슈에 초점을 맞춘다. 긍정적인 사회연결망을 구축하고 지역주민의 능력개발 및 자조를 중요시한다.
- **대항조직화**: 사회행동모델에서의 조직화는 지역사회 내 힘의 불균형을 균형관계로 전환시키기 위해 주민들을 동원하여 행동으로 나아갈 수 있도록 하는 데에 초점을 둔다. 즉 사회행동을 위한 조직화로서 정치적 역량강화와 관련되고, 지역사회운동으로 확대된다.

※ 출처: 지은구 · 조성숙, 2010: 326-327.

(2) 주요 특징 ☆

- 조직화는 지역사회 전체 혹은 일부 집단을 하나의 역동적인 실체로 만들어나가는 과정이다.
- 시급한 쟁점을 중심으로 주민조직을 형성하여 문제를 해결해나가며, 주민들의 잠재력 개발, 역량강화 등을 추진한다.

- 조직화는 장기적 관점으로 이루어진다. 시급한 쟁점을 중심으로 조직되지만, 그 문제가 해결되었다고 해서 해산되는 것이 아니라 이후 지역사회의 다른 문제에 대응하고 예방하기 위해 지속된다.
- 주민들에게 자신들의 역할을 분명히 알도록 하고, 효과적으로 수행해나갈 수 있도록 훈련하는 장이 된다.
- 지역사회에 대한 주인의식과 소속감을 바탕으로 힘을 집결한다.
- 주민들이 스스로 주민조직을 이끌어갈 수 있도록 토착 지도자, 즉 주민 리더의 성장을 돕는다.

2. 조직화를 위한 과정 및 전략

(1) 조직화의 과정 및 과업

조직화도 일반적인 실천과정과 마찬가지로, 사정 및 준비 〉계획 〉실행 등 일련의 단계를 거쳐 진행된다. 학자에 따라서는 준비단계 및 조직화 단계 등 2단계로 구분하기도 하고, 더 세분화하여 5단계로 구분하기도 한다.

- 조직화를 시작하는 단계에서는 지역사회 및 주민 사정을 통해 지역주민들을 이해하고 그들의 관심을 반영하여 지역사회 문제를 규정해야 한다.
- 조직을 구성해가는 과정에서는 지역주민과 신뢰관계를 형성해야 하며, 지역사회의 상황과 주민들의 의견을 반영하여 이슈를 선택해야 한다.
- 사회복지사가 어떤 문제를 해결할 것인지, 무엇을 성취할 수 있을 것인지, 어떤 표적집단을 대상으로 할 것인지 등에 대해 설명할 수 있어야 주민들의 참여를 이끌 수 있다.
- 주민들의 동기를 부여하고 지역사회 활동에의 참여를 유도한다.
- 주민조직의 유지를 위해서는 조직 외부 세력과의 접촉을 늘려나가면서 참여인원과 지원세력을 확대하는 것도 필요하다.

(2) 효과적인 조직화를 위한 전략[18] ⭐

- 주민들의 사적 이익에 대한 관심을 조직화에 활용한다.
- 조직화는 동적인 과정으로 지속적인 관심과 노력을 기울임으로써 질적, 양적 성장을 추구해야 한다.
- 조직가는 갈등과 대결을 의도적으로 만들고 이용할 수 있으며, 이러한 상황과 협상에 익숙해져야 한다.
- 조직화는 쟁점을 중심으로 이루어진다. 쟁점은 시급한 문제로 표현되어야 하며, 구체적이며 실현가능한 내용이 포함되어야 한다.

중요도 ⭐⭐

앞서 살펴본 조직화의 특징을 바탕으로 효과적인 조직화를 위한 전략을 정리해두자.

합격자의 한마디

조직화 과정을 구체적으로 따져볼 필요는 없습니다. 다만, 조직화 과정에서 사회복지사가 고려해야 할 점을 생각해보는 차원에서 읽어보시면 좋습니다.

- 지역사회의 불만을 공통된 불만으로 집약해야 한다.
- 구성원 사이의 신뢰감과 유대감을 형성시키기 위해 정서적 활동을 포함한다.

3. 사회복지사의 역할

중요도 ★ ★

조직화의 개념 및 주요 특징과 연결하여 사회복지사가 조직화에 있어 고려해야 할 사항들이 무엇인지, 어떤 역할을 해야 하는지를 생각해보자.

(1) 사회복지사의 역할

사회복지사는 조직가로서 촉매자, 연계자, 교사, 촉진자 등의 역할을 수행한다. 촉매자로서 사람들이 어떤 문제에 대해 행동하도록 하며, 교사로서 지역주민들이 문제해결을 위한 능력을 개발하도록 하며, 촉진자로서 정보를 제공하고 조직의 중요한 과업을 다뤄나가며, 연계자로서 외부환경과의 연결고리를 구축한다.

(2) 활동 원칙 ★꼭!

- 주민들의 다양한 소리에 민감해야 하며, 지역사회 내에는 다양한 갈등이 존재할 수 있음을 알아야 한다.
- 주민들의 참여를 활성화하기 위해 노력해야 한다.
- 주민들과의 대화 과정에서 경청할 수 있어야 하며, 대인관계기술, 의사소통기술, 상호작용 촉진기술 등이 두루두루 강조된다.
- 조직화가 쟁점을 중심으로 이루어진다고 해서 사회복지사가 과업의 달성에 치중해서는 안 된다. 과업보다 주민이 중심이 되어야 한다.
- 지역사회의 강점과 역량을 찾아내고 발휘될 수 있도록 매개해야 한다.
- 사회복지사는 새로운 제도, 규칙 등에 민감해야 한다.
- 사회복지사는 주민들에 대해 불필요하고 과도한 동정적 태도를 보이지 않도록 유의해야 한다.
- 사회복지사의 활동이 전문가주의로 흐르지 않도록 조심해야 한다.
- 지역조직의 활동은 구성원인 주민들에 의해 결정되고 이루어지며 사회복지사는 그 활동을 돕는 존재라는 점을 분명히 해야 한다. 사회복지사는 반드시 필요하다고 생각되는 경우를 제외하고는 지역조직의 활동에 직접적으로 개입하지 않아야 한다. 주민들이 주체가 된 활동을 통해 승리도 오롯이 주민들의 것이 될 수 있다.

2 네트워크 기술

기출회차				
	2	3	4	5
6	7	8	9	10
11	12	13	14	15
16	17	18	19	20
21	22			

강의로 복습하는 기출회독 시리즈

Keyword 148

1. 개념 및 특징 ^{22회 기출}

(1) 개념

- 네트워크는 지역사회 또는 지역주민에게 필요한 자원이나 서비스를 연결하는 것을 돕는 데 주요 초점이 있다.
- 서비스의 중복과 누락을 피하기 위해 서비스의 패키지화 또는 one-stop-service가 이루어질 수 있도록 한다. 서비스의 중복을 방지하고 자원을 효율적으로 관리하기 위하여 정기적인 모임 및 회의 등을 진행한다.

(2) 특징 ★

- 네트워크를 통해 지역사회 내 다양한 자원이 연계되고 조직되기 때문에 지역사회의 유용한 자원에 대한 정보나 그것을 이용할 지역주민의 능력이 부족할 경우 적절하다.
- 다양한 집단이 독립성을 유지하면서 상호신뢰를 바탕으로 공동의 목적을 달성하기 위해 협력체계를 구축·지속하는 과정에서 지역사회 공동의 문제를 함께 해결해나가는 기반이 된다.
- 지역사회의 결속력을 강화하는 데에 기여한다.
- 한 기관이 독자적으로 진행하기 어려운 사업을 네트워크를 기반으로 추진할 수 있다.
- 상호 신뢰와 호혜성에 기반을 두며, 긴밀한 상호의존 관계를 가지면서도 수평적인 관계가 강조된다.
- 네트워크를 통해 사회자본을 획득하고, 동원할 수 있다.
- 지역사회복지 네트워크는 대부분 자발적으로 형성되지만, 지역사회보장협의체처럼 정부나 공공기관이 그 결성의 주체가 되기도 한다.

중요도 ★

네트워크는 자원동원을 위해 활용되기도 하지만 본래의 초점은 서비스의 조정, 연계, 중복방지에 있다. 네트워크는 사회자본으로서 기능한다는 점도 기억해두자.

조직화 기술과 연계 기술의 차이

연계 기술은 지역사회 내 사람들 간의 관계를 강화함으로써 연계망이라 일컫는 사회적 자산을 형성하는 것이다. 사회적 연계망(social network)은 개인들 간의 접촉의 통로 또는 연결망으로서 교회, 부모-교사회, 헬스클럽, 동료, 이웃 등 다양한 조직과 관련되어 있다. 지역사회복지 실천가의 지역사회복지 활동을 지원하는 연계망은 조직화 기술의 결과로서 나타난다. 예를 들어, 어느 지역에 이주 여성이 이사를 왔다고 했을 때 복지관에서 한국인 가정과 연계해 주어서 서로 돈독하게 지낼 수 있도록 여건을 조성해 주는 것은 연계 기술이다.

반면 주민들이 자체적인 조직을 형성하여 스스로 지역사회 내 문제를 해결하는 주체로서의 역할을 감당할 수 있도록 돕는 것이 조직화 기술이다. 예를 들어 이주 여성들이 많이 모여 사는 지역의 경우 이주 여성들로만 구성된 주민조직을 만들고 이주 여성 중 한 명이 대표가 되어 자신들이 처한 문제점과 그 해결에 대해서 고민하고 시행할 수 있도록 사회복지사가 도울 수 있다.

중요도

네트워크에서 강조되는 자발성, 분권성, 평등성, 유연성 등의 원칙을 기억해두어야 한다.

2. 네트워크 구성의 원칙

(1) 자발성

네트워크는 자발적인 참여를 통해 구성되어야 하며, 강제성을 갖거나 의무적인 참여가 되지 않도록 해야 한다.

(2) 분권성

- 네트워크에 참여하는 조직들 사이에 권력과 자원이 분산되도록 분권화 구조를 취해야 한다.
- 개별 조직 내부에서도 분권화 구조를 형성하여 대표자 간의 네트워크가 아니라 실무자들이 운영의 중심이 될 수 있도록 한다.

(3) 평등성

네트워크를 구성하는 사람들 사이에 권한, 참여, 자원분배 등이 평등하게 이루어질 수 있도록 해야 한다.

(4) 유연성

- 네트워크는 유연하게 구성될 수 있어야 한다.
- 네트워크에 대한 참여뿐만 아니라 탈퇴에 있어서도 선택의 자유가 보장되어야 한다.
- 네트워크에 참여하는 조직이 다른 네트워크에 참여한다고 해서 이에 대해 제약을 가해서는 안 된다.

3. 사회자본과 네트워크 22회기출 🏆

(1) 사회자본의 개념 ⭐^{꼭!}

- 사회자본은 사회공동체 구성원 사이의 협조, 협동을 가능하게 해주는 네트워크, 규범, 신뢰를 통해 구성된다.
- 간혹 네트워크와 사회자본을 같은 것으로 파악하는 경우도 있지만, 네트워크의 형성을 통해 사회자본이 동원될 수 있기 때문에 네트워크는 사회자본을 위한 필요조건이라 할 수 있다. 그리고 이러한 네트워크는 단지 양적 차원뿐만 아니라 질적 차원도 확보되어야, 구성원 간 연대성이 높아야(즉 네트워크의 밀도가 높아야) 사용가능한 사회자본의 총량이 증가하는 독특한 특징을 갖는다.

(2) 사회자본의 특징 ⭐^{꼭!}

- 물적 자본은 누구의 소유인가에 따라 그 이익이 배타적으로 돌아가지만 사회자본은 그 이익이 공유된다.
- 사회자본은 한 번 획득되었다고 해서 유지되는 것이 아니기 때문에 소유주체인 구성원들 사이에 그 자본을 지속적으로 유지하려는 노력을 투입해야 한다.
- 네트워크의 구성원들은 그 네트워크 안에 있기 때문에 당연한 혜택(보상)을 원할 수 있다. 하지만 사회자본은 그 네트워크 안에 있다고 해서 당연히 혜택을 얻을 수 있는 것이 아니기 때문에 지속적인 관계 확인과 교환이 일어나야 사회자본이 유지되고 재생산될 수 있다.
- 물적 자본의 교환은 동시적으로 일어나지만 사회자본은 동시성을 전제로 하지 않는다.
- 사회자본은 많은 사람들이 사용을 하면 할수록 더 축적되기 때문에 사용할수록 그 총량이 감소하는 것이 아니라 증가한다.

4. 사회복지사의 역할¹⁹⁾

(1) 사회복지사의 역할

- 준비단계: 네트워크의 필요성을 고려하면서 기획가로서의 역할을 수행한다. 지역사회를 사정하고 자원을 발굴하는 과정 및 조직 내 혹은 조직 간 의사소통 과정에서 조정자로서의 역할을 한다.
- 구성단계: 네트워크에 참여할 조직, 연계할 조직을 파악하고 접촉하는 과

중요도 ★ ★

네트워크에 관한 문제에 사회자본이 등장하기도 하지만, 사회자본이론으로서 단독으로 출제되기도 하기 때문에 사회자본의 성격을 꼼꼼히 파악해둘 필요가 있다.

중요도 ★

네트워크의 특징과 구성 원칙을 바탕으로 사회복지사의 활동 원칙을 살펴보자.

정으로 정보수집가, 분석가 등의 역할을 수행한다. 타 조직에 대해 연계를 설득할 수 있는 의사소통 기술이 요구된다.

- 실행단계: 새롭게 네트워크를 구축한 경우에는 특히 네트워크의 영역을 구축해야 한다. 네트워크 영역은 문제 혹은 욕구, 대상집단, 실천기술, 지역범위, 자원출처 등을 요소로 하며, 참여조직들 간에 이에 대한 정의가 합의되어야 한다. 또한 조직들 간 관계를 확인하고 역할분담을 명확히 한다. 사회복지사는 이 단계에서 조정가, 협상가, 중개자 등의 역할을 수행하게 된다.
- 관리단계: 네트워크 내에서 나타날 수 있는 갈등, 소외, 위계화 등의 문제를 민감하게 살펴보면서 네트워크를 유지하는 과정이다. 사회복지사는 참여조직 간 친밀감, 신뢰감, 응집력을 높이고 상호호혜적 관계가 발전될 수 있도록 노력해야 한다.

(2) 활동 원칙 ⭐꼭!

- 사회복지사는 네트워크 형성의 필요성을 인식하고, 평소에도 다양한 인물과 기관과 관계를 형성해두기 위해 노력해야 한다.
- 사회복지사는 네트워크의 목표를 분명히 해야 한다.
- 참여조직들 간 공통된 사업이 있을수록 네트워크가 활발히 일어날 수 있기 때문에 전략적 사업을 선정하는 것이 필요하다.
- 사회복지사는 네트워크 구성원들이 자발적이고 적극적으로 책임과 역할을 수행할 수 있도록 이끌어야 한다.
- 사회복지사는 네트워크 구성원들의 특성과 욕구 등을 고려하여 융통성 있게 유지해나가야 한다.
- 사회복지사는 네트워크의 유지 및 강화를 위해 네트워크에 방해되는 요인들을 확인하고 극복할 수 있는 방안을 생각해야 한다.
- 다른 사회복지사와의 관계를 통해 다른 네트워크와의 협조 가능성을 열어두어야 한다.

3 자원동원 기술

기출회차

	2	3	4	5
6		8	9	10
11	12	13	14	15
16	17	18	19	20
21	22			

강의로 복습하는 기출회독 시리즈

Keyword 149

1. 개념 및 특징

(1) 개념

- 자원동원 기술은 지역사회주민의 욕구충족과 문제해결을 위해 자원이 필요한 경우 자원을 발굴하고 동원하는 기술이다.
- 자원은 주로 금전, 물품, 공간 등 물적 자원과 다양한 분야의 전문가 등 인적 자원으로 구분하지만, 정보, 문화, 제도 등도 자원으로서 보기도 한다.
- 자원동원 기술은 이미 있는 자원을 활용한다는 것 외에 새로운 자원을 발굴한다는 점에서 자원개발 기술 또는 자원동원·개발 기술이라고 하기도 한다.

(2) 특징 ★꼭!

- 비영리조직은 스스로 재정과 자원을 확충하기에 한계가 있기 때문에 자원동원은 사업에 필요한 자원을 안정적으로 공급하기 위해 필수적이다.
- 잠재적 기부자를 발굴한다. 기관의 목적과 사업을 적극적으로 알려 기부에 대한 관심과 동기부여를 촉진시킨다.
- DM 발송, 이벤트, 인터넷, 대중매체 활용, 공익연계마케팅(CRM) 등 다양한 홍보·마케팅 전략을 고려한다.

2. 자원동원 기술의 3가지 방식

(1) 지역사회의 조직 및 구조를 활용하거나 강화하는 방식

- 지역사회의 기존 조직을 활용한다. 각종 시민단체, 전문가단체, 친목단체 등을 동원한다. 조직의 형태에 관계없이 이미 조직 활동을 하고 있는 사람들일수록 지역사회의 문제해결에 적극적일 가능성이 높다. 참여 가능성이 높은 조직과 만나서 동참할 것을 권유하며, 이해관계와 신념을 공유할 수 있는 조직을 발견하여 네트워크를 구성한다. 조직의 자율성을 지키면서 동등한 자격으로 참여하며, 공동의 목표를 강조한다.

중요도 ★ ★

주로 자원동원의 개념 및 특징이 다뤄지는데, 공익연계마케팅도 가끔 단독으로 출제된다.

합격자의 한마디

앞서 배운 연계기술이 서비스나 자원의 연결 또는 조정에 초점이 있다면 자원동원은 새로운 자원의 발굴 및 확보의 의미가 더 커요. 다만 기존의 네트워크를 통해 자원동원도 가능해요.

잠깐!

공익연계마케팅(CRM)
기업과 기관이 연계하여 기업의 상품수익 일부를 기관에 후원/기부하는 방식이다. 기업은 이미지 제고를 통해 상품의 판매를 촉진할 수 있고, 기관 및 단체에서는 기금 및 자원을 마련할 수 있다.

- 지역사회 내 다양한 관계망을 활용한다.
- 지역사회 내 지도자를 발견하여 활용한다. 지역사회에서 존경받는 영향력 있는 지도자를 발굴하여 협조를 구하면 주민들과 공감대 형성이 가능하다. 또한 갈등 요인을 사전에 예방할 수 있는 효과도 얻을 수 있다.

(2) 지역주민을 개인 차원에서 설득하는 방식

- 지역주민들을 만나서 그들이 느끼는 문제와 욕구를 확인하고 규명한다.
- 지역주민들이 참여에 소극적이거나 회피하는 경우, 원인을 찾아 극복한다.
- 주민들과 대화 시 대화의 중심을 문제와 문제해결에 둠으로써 주민들의 주의를 환기한다.
- 지역주민들의 개인적 선호도를 적극 활용한다.
- 접촉이 개별적이고 직접적인 것이 되도록 노력한다.
  > **예** 모임에 참여해달라는 초청장을 다수에게 우편발송하지 않고 개별적으로 초청장을 직접 전달한다.

(3) 지역주민들이 적극적으로 집단활동에 참여하는 방식

- 주민들과 처음 대면할 때 최소한 모임의 목적에 동의하고 모임 활동을 지지해준다.
- 모임 참여에 대한 계속적인 동기부여를 해준다.

3. 사회복지사의 역할

- 다양한 이벤트 및 모금운동 등의 기획을 통한 후원자를 개발한다.
- 후원자 및 자원봉사자에 대해 지속적으로 관리한다.
- 사회복지공동모금회 및 기업 등의 후원사업 일정과 내용을 파악하여 프로포절을 작성·제출한다.

주요 특징 및 사례 비교

조직화	**주요 특징** • 주체는 주민(일부 계층이 아닌 지역사회 전체) • 지역사회 내 갈등과 대립의 의도적 활용 • 토착 지도자, 주민 대표 발굴 강조 • 시급한 쟁점을 중심으로 주민조직 규합 **사례** [기출번호 17-05-10] A사회복지사는 지역사회 내 저소득 장애인의 취업문제를 해결하는 과정에서 당사자들이 문제의식을 갖게 하고, 그들 스스로 문제해결능력을 향상시키기 위해 노력하였다.
네트워크	**주요 특징** • 인적 · 물적 자원의 효율적 관리 • 서비스 중복 및 누락 방지, 클라이언트 중심의 통합적 서비스 제공 • 클라이언트에게 필요한 자원 및 서비스 연결 • 네트워크 내 수평적 관계 강조, 상호 신뢰 및 호혜성 기반 • 주민참여 확대 및 지역사회의 사회자본 확대 **사례** [기출번호 09-05-20] 효율적 자원관리를 목적으로 정기회의를 통해 공동으로 서비스 계획을 수립하고, 개별 기관의 정체성은 유지하면서 팀 접근 서비스를 시도해나간다.
자원동원	**주요 특징** • 자원봉사자, 후원자 등 자원의 새로운 발굴을 강조 • 기존의 네트워크 활용도 포함 **사례** [기출번호 21-05-16] A사회복지사는 독거노인이 따뜻한 겨울을 보낼 수 있도록 지역 내 종교단체에 예산과 자원봉사자를 지원해 줄 것을 요청하였다.

9장 지역사회복지 실천기술 Ⅱ

한눈에 쏙!

중요도

❶ 옹호 기술

1. 개념 및 특징	★
2. 옹호의 유형	★
3. 옹호의 전술	★★

❷ 역량강화 기술

1. 개념 및 특징	
2. 임파워먼트를 위한 방법	★
3. 사회복지사의 역할	★ 22회기출 🏆

❸ 기타 실천기술

1. 지역사회교육 기술	
2. 협상 기술	★
3. 타 조직과의 협력 기술	★
4. 비폭력 전술	

기출경향 살펴보기

이 장의 기출 포인트

이 장에서는 옹호의 의미와 유형 및 옹호를 위해 사용되는 전략 등 옹호 기술이 주로 출제되어 왔지만, 최근에는 지역사회복지실천에서의 역량강화 기술에 관한 출제도 높아지고 있다.

최근 5개년 출제 분포도

연도별 그래프

문항수

회차	문항수
18	2
19	2
20	1
21	0
22	1

평균출제문항수

1.2 문항

최근 10개년 핵심 키워드

기출회독 150	옹호 기술	5문항
기출회독 151	역량강화 기술	3문항

1 옹호(대변) 기술

기출회차

	2	3	4	5
6	7	8	9	10
11	12	13	14	15
16	17	18	19	20
21	22			

강의로 복습하는 기출회독 시리즈

Keyword 150

1. 개념 및 특징

중요도 ★

옹호는 단순히 클라이언트에게 정보나 문제해결 방법을 알려주는 데 그치지 않고 적극적이고 직접적으로 클라이언트의 입장을 대변한다는 점을 기억해두어야 한다.

(1) 개념

• 사회정의를 지키고 유지하려는 목적으로 지역주민이나 지역사회의 입장에서 직접적으로 대변, 보호, 개입, 지지하는 일련의 행동을 의미한다.

• 지역주민이 서비스를 받을 자격이 충분함에도 불구하고 특정 기관으로부터 서비스를 받지 못하는 경우나 특정 집단에게 불리한 영향을 미치는 쟁점들을 변화시키는 데 개입하는 활동 등이다.

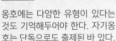

합격자의 한마디

사회복지사가 직접 대변한다는 것은 사회복지사가 직접 표적체계에 문제 상황을 알리고 해결을 위한 적극적인 행동을 취하는 것을 의미합니다. 그래서 '직접 대변한다는 것이 직접적 개입이란 의미는 아님'에 주의해야 합니다.

(2) 특징

• 지역주민이나 지역사회를 대신하여 지역주민의 이익 또는 권리를 변호하고 방어하는 것으로, 특히 지역주민들이 취약한 상태일 때 적절하다.

• 효과적인 옹호를 위해서는 적극적이고 단호한 태도를 견지할 필요가 있다. 하지만, 모든 활동에 있어서 경직된 태도를 유지해야 하는 것은 아니다.

2. 옹호의 유형

중요도 ★

옹호에는 다양한 유형이 있다는 것도 기억해두어야 한다. 자기옹호는 단독으로도 출제된 바 있다.

(1) 자기옹호

• 클라이언트 개인 및 집단이 스스로 자신을 옹호하는 활동이다.

• 때로는 자조집단 및 지지집단을 구성해서 활동한다.

• 사회복지사의 활동: 행정적, 기술적 지원·격려, 정보 제공

(2) 개인옹호 및 가족옹호

• 클라이언트가 스스로 자신을 옹호할 수 없을 때 사회복지사가 개인이나 가족을 대신하여 진행하는 옹호 활동이다.

• 클라이언트가 사회복지사에게 의존하지 않도록 주의해야 함과 동시에 사회복지사가 클라이언트의 결정을 대신하지 않도록 유의해야 한다.

- 사회복지사의 활동: 교도소에 수감 중이거나 질병으로 입원 중인 경우 등 스스로를 돌볼 수 없는 개인(혹은 가족)에 대한 욕구 파악 및 사정

(3) 집단옹호

- 희생자 집단을 위한 옹호 활동이다.
- 유사한 문제를 경험하는 클라이언트들로 구성된 집단의 공동 문제를 해결하기 위한 활동이다.
- 사회복지사의 활동: 집단사회복지실천기술 적용, 의사소통

(4) 지역사회 옹호

- 소외된 혹은 같은 문제를 경험하는 지역주민들을 위한 활동이다.
- 지역주민들이 스스로 지역사회를 옹호하기도 하고, 지역사회를 대신하여 다른 사람들이 옹호하기도 한다.
- 사회복지사의 활동: 조직화

(5) 정책/정치 옹호

- 사회정의와 복지를 증진시키기 위해서 입법영역, 행정영역, 사법영역에서 다양한 형태로 전개되는 활동이다.
- 사회복지사의 활동: 특정 법안의 통과를 제안하거나 저지하기 위한 로비 활동, 사법 과정에서 증인으로 나서는 클라이언트를 보호하고 정보를 제공하는 기술

(6) 체제변환적 옹호

- 근본적인 제도상의 변화를 위해 구성원들과 함께 사회체제 전체에 영향을 끼치기 위한 활동이다. **예** 여성운동, 장애인이동권보장을 위한 옹호활동 등
- 사회복지사의 활동: 조직화, 캠페인, 홍보 등

3. 옹호의 전술

중요도

옹호의 전술은 비교적 최근 시험에 상세히 다뤄지기 시작한 내용들이다. 설득, 청원 등은 단독으로 출제된 바 있다.

사회복지사가 옹호활동을 펼치게 되는 상황이나 클라이언트의 유형은 매우 다양하기 때문에 옹호를 위해 활용되는 전술도 다양하며, 여러 전술을 복합적으로 펼치기도 한다. 여기에서는 주로 활용되고 있는 전술들을 소개한다.

(1) 설득 ⭐

추가적인 정보를 제공하거나 잘못된 정보를 바로 잡아 표적체계가 기존의 결정과는 다른 결정을 내릴 수 있도록 한다. 혹은 표적체계의 결정을 이해할 수 있지만 사회복지사가 제시한 입장에도 일리가 있음을 알려 해당 문제에 대한 논쟁을 재점화하여 재검토되도록 이끌 수 있다.

(2) 표적을 난처하게 하기

해당 기관 앞에서 시위하기, 해당 기관의 잘못을 밝히는 전단지를 배포하거나 언론을 통해 알리는 활동을 통해 표적을 난처하게 할 수 있다.

보충자료
정치적 압력 전술

(3) 정치적 압력

정치적 권력을 이용하여 변화를 끌어내는 방법이다. 클라이언트는 곧 유권자이기 때문에 시·도의원을 만나 지역의 문제에 대해 논의할 수 있다. 정치적 압력 전술은 사회행동의 핵심 전술 중 하나로 정부로 하여금 어떤 행정조치를 시행 또는 포기하게 한다거나 새로운 정책을 강구하게 할 때에 활용된다.

보충자료
정치적 의사결정 모델

(4) 탄원서 서명

유동인구가 많은 지역에서 탄원서에 주민들의 서명을 받아 해당 문제를 지지하거나 공감하는 사람이 많다는 것을 알리는 방법이다. 탄원서는 시의회의 정기회의에 제출하거나 공청회에서 제시하는 것이 효과적이다.

(5) 청원 ⭐

특정 조직이나 기관이 일정한 조치를 요청하기 위해 다수인의 서명지를 제출하는 것이다. '청원법'에 따라 피해의 구제, 공무원의 위법·부당한 행위에 대한 시정이나 징계의 요구, 법률 등의 제·개정 및 폐지, 공공의 제도 또는 시설의 운영, 그 밖에 국가기관 등의 권한에 속하는 사항 등에 한하여 청원을 할 수 있다.

(6) 청문·고충처리·이의신청

- 청문: 행정처분 전 당사자, 증인, 이해관계인 등의 의견을 듣고 증거를 제출받아 사실조사를 진행
- 고충처리: 기관 내부에서 직원이나 클라이언트의 불만 등을 수리하여 처리
- 이의신청: 국가기관 행위의 위법 또는 부당성에 대해 그 취소나 변경을 관계 법령에 따라 신청하는 일로 법령상 심사청구, 재심사청구, 심판청구, 불복신청 등을 포함

기출회차				
	2	3	4	5
6	7	8	9	10
11	12	13	14	15
16	17	18	19	20
21	22			

강의로 복습하는 기출회독 시리즈

Keyword 151

2 역량강화 기술[20]

1. 개념 및 특징

(1) 개념

- 지역사회복지에서 역량강화는 지역주민의 강점을 인정하고 주민들이 스스로 삶을 결정할 수 있도록 역량을 강화하는 데에 초점을 두며, 지역구성원들이 가진 능력에 대한 믿음을 전제로 한다.
- 역량강화의 궁극적인 목적은 주민들의 삶의 질 향상에 있다.
- 역량강화는 지역주민이 자신의 권한과 능력을 발견·획득해가는 과정과 결과로 파악할 수 있다.
  - 과정으로서의 임파워먼트는 지역주민들이 자신의 삶에 대해 자주적 통제력을 획득하고, 삶의 질을 높이는 데 필요한 자원에 접근하려는 시도를 의미한다.
  - 결과로서의 임파워먼트는 주민들의 노력과 지역사회 실천가들의 개입에 따른 효과로 주민들이 지역사회에 대해 더 많은 통제력과 자원에 대한 접근성을 갖게 됨을 의미한다.

(2) 특징

- 역량강화 개념은 생태학적 관점과 강점관점에 근거하여 개인과 환경 간의 상호작용에 대한 이해와 이에 따른 개입을 추진한다.
- 역량강화는 개인의 심리적 적응과 회복뿐만 아니라 가족, 집단, 지역사회를 비롯해 사회구조적 차원의 개입 등 다체계적 수준의 개입이 가능하다.
- 역량강화는 클라이언트의 의식향상을 지향한다.
- 지역주민의 삶의 질이나 능력을 향상시키는 데 있어서 억압요소나 방해요소를 제거하기 위한 과정이다.
- 지역주민이 자신의 문제를 객관적으로 인식하고, 자신과 환경의 변화를 통하여 주체적으로 문제를 해결해나가는 것을 지향한다. 또한 사회복지사와의 관계에서도 주체적인 역할이 강조된다.
- 지역사회의 억압이나 불합리한 제도에 맞서 지역사회 또는 지역주민이 처

해있는 어려움을 해결하는 방법은 '치료'를 통해서가 아니라 '파워의 획득'을 통해 가능하다고 본다.

- '파워'란 원하는 것을 얻을 수 있는 능력, 타인의 사고 · 느낌 · 행동에 영향을 미칠 수 있는 능력, 자원배분에 영향을 미칠 수 있는 능력 등을 말한다.
- 파워의 획득 또는 파워의 부여는 자신의 환경에 효과적이고 창조적으로 참여하는 것으로, 결정에 참여하는 선택권을 갖는다는 것을 의미한다.
- 파워가 반드시 실질적인 파워를 갖거나 실질적 통제를 행사하는 것이어야 한다는 것은 아니다.
- 지역사회와 지역주민은 파워를 획득할 수 있는 충분한 잠재적 능력을 가지고 있으며, 이를 위한 강점을 가지고 있다는 관점을 기반으로 한다.

2. 임파워먼트를 위한 방법

중요도

지역사회의 역량을 강화하기 위한 방법들을 파악해두자. 특히 비판의식 제고는 수험생들이 많이 놓쳤던 것 중 하나이다.

(1) 비판의식 제고
지역주민들이 문제의 원인이 자신에게 있는 것이 아니라 자신들을 억압하는 사회구조적 문제가 있음을 인식할 수 있도록 하는 과정으로 주민들이 비판의식을 갖도록 한다.

(2) 자기 목소리 내기(자기주장)
주민들이 인식한 사회구조적 문제에 대해 공개적으로 자신들의 목소리를 내어 주장을 펼칠 수 있도록 돕는 과정이다.

(3) 공공의제로 만들기
문제의 원인을 대중이 제대로 인식할 수 있도록 쟁점을 효과적으로 정리하여 소개하고 쟁점이 공공의제가 될 수 있도록 틀을 만들어간다. 즉, 공공의제로 만드는 과정에서 일반 지역주민들은 문제를 인식하고 비판의식을 키워나가며 역량을 강화할 수 있다.

(4) 권력 키우기
조직화, 자원동원, 법적 행동 등을 통해 주민들의 권력을 키운다.

(5) 역량 건설
클라이언트의 역량을 강화하기 위한 조직을 설립하고 주장을 효과적으로 표명하기 위한 캠페인 등의 사회행동을 전개하는 과정을 포함한다. 이를 통해 목표 완수라는 성공을 이루고 무력감을 극복할 수 있도록 한다.

(6) 사회자본 창출하기

지역사회 구성원의 사회적 관계에 바탕을 둔 사회자본의 창출을 도움으로써 협력과 연대감을 향상하는 데 기여한다. 협력과 연대를 통한 사회자본은 지역주민의 역량강화를 위한 자원이 된다.

3. 사회복지사의 역할

중요도

역량강화의 특징을 바탕으로 사회복지사가 어떤 역할을 해야 하는지에 대해 살펴보자.

- 사회복지사는 클라이언트가 자신의 삶에 대한 전문가임을 인정하고 민주적이고 상호협력적인 관계를 구축해야 하며, 클라이언트의 적극적인 참여를 도와야 한다.
- 역량강화는 클라이언트의 문제는 자원체계가 부족한 것뿐이라고 보기 때문에 사회복지사는 클라이언트의 자원부족, 정보부족, 사회구조적 문제 등에 대해 다차원적으로 접근해야 한다.
- 사회복지사는 문제가 아닌 강점에 초점을 두어 클라이언트의 자원을 강화 및 확장할 수 있도록 돕는다.
- 사회복지사는 클라이언트가 서비스 수혜자가 아닌 권리를 갖고 행사할 수 있는 서비스 소비자, 서비스 청구자임을 인식해야 한다.
- 사회복지사는 도움을 필요로 하는 사람들, 사회적으로 불이익을 당한 사람들, 권리를 박탈당한 사람들의 편에 서서 권리를 되찾고 행사할 수 있도록 도와야 한다.
- 사회복지사는 클라이언트의 내재적 강점을 파악하는 것과 동시에 사회환경적 변화를 모색하기 위해 적극적으로 노력해야 한다.
- 역량강화는 총체적 접근을 지향하기 때문에 사회복지사는 다양한 관점과 이론에 대한 지식을 바탕으로 실천현장에 활용할 수 있어야 한다.

기출회차

	2	3	4	5
6	7	8	9	10
11	12	13	14	15
16	17	18	19	20
21	22			

강의로 복습하는 기출회독 시리즈

1. 지역사회교육 기술

- 지역사회와 지역주민들에게 정보를 제공하며 기술을 가르치는 것으로, 주민들에 대한 의식향상, 정보제공, 훈련 등을 포함한다.
- 사회복지사가 이를 효과적으로 수행하기 위해서는 무엇보다 다양하고 정확한 정보와 지식을 함양하고 있어야 하며, 명확히 전달하고 이해시키기 위한 의사소통 기술을 갖춰야 한다.
- 지역주민에 대한 상담 기능을 수행한다.
- 지역주민의 관심사에 관련된 다양한 행사를 계획하고 시행한다.
- 지역사회 실정에 맞는 교육과정으로 지역사회개발에 선도적 역할을 담당한다.
- 다양한 교육 프로그램으로 지역주민이 능력을 개발하고 지역사회의 문제해결에 신념을 갖도록 한다.
- 지역주민의 역량강화를 위해 주민들 스스로 자신들을 위한 교육 아젠다를 개발할 수 있도록 원조한다.
- 지역주민 상호 간 대화를 촉진시키고 지역 연대감을 향상시킨다.
- 조직화를 위해 지역사회에 대한 이해, 주민들의 공동체 인식 형성 등의 지역사회교육을 진행하기도 한다.

중요도

협상에서 고려해야 할 사항들을 다룬 문제가 이따금씩 출제되고 있다.

2. 협상 기술

(1) 협상의 상황

- 단지 문제 상황을 알리는 것만으로는 원하는 결과를 기대하기 어려울 때, 상대를 완전히 승복하게 할 수 없을 때에 협상이 필요하다.
- 협상은 주민조직의 입장과 요구를 관철시키는 상황으로 상대방을 이끌어내는 데에 목적이 있다.
- 협상에서는 주민조직의 대표들과 상대방의 대표들 간에 서로 요구사항이 제시되고 타협을 진행하게 된다.

- 협상 상황에서는 자신의 결정이 상대방이 취할 수 있는 선택권에 어떤 효과를 주는지를 분석하는 것이 중요하다.

(2) 프루이트(Pruitt)가 제시한 협상 기술

- 협상에 시한을 두어야 한다.
- 요구하는 입장을 확고히 해야 한다.
- 언제, 어떻게 양보해야 할지를 배워야 한다.
- 상대방의 제안에 신중하게 대응해야 한다.
- 협상이 끊기지 않고 계속 진행되도록 한다.
- 중재자의 개입 여부를 고려해야 한다.

3. 타 조직과의 협력 기술

사회행동조직이 타 조직과 협력관계를 맺기 위한 방법으로는 협조, 연합, 동맹의 세 가지 유형을 꼽을 수 있다.

(1) 협조(cooperation)

타 조직과 최소한의 협력관계를 유지하는 유형이다. 자체의 계획대로 운동을 전개하면서 필요에 따라 일시적인 협력을 하는 것이다. 이에 참여하는 조직들은 사회운동의 효과는 늘리면서 자체의 기본적인 목표나 계획을 바꾸지는 않는다.

(2) 연합(coalition)

참여하는 조직들 간에 이슈와 전략을 합동으로 선택하는 보다 조직적인 협력관계이다. 이 관계 속에서 참여하는 조직들은 각각 대표자를 선정하여 운영위원회 같은 조직을 구성하고 회의를 소집하여 공동의 관심사에 대해 합의한다.

(3) 동맹(alliance)

가장 고도의 조직적인 협력관계로서, 유사한 목적을 지닌 조직들이 영구적이고 전문적인 대규모의 조직관계망을 갖는 것이다. 이와 같은 동맹관계는 회원조직들의 회원을 훈련하고 캠페인을 준비하는 등 전문적인 활동을 필요로 하는 경우에 매우 바람직한 협력관계라고 할 수 있다.

중요도 ★

타 조직과의 협력 전략은 협력의 강도에 따라 구분할 수 있어야 한다. 최근 출제는 없지만 이전에는 간혹 출제된 내용이다.

보충자료

상호행동 수준에 따른 협력체계 구축 유형

협력관계 유형 비교

	협조관계	연합관계	동맹관계
목적	특정 이슈에 관해 유사한 목표를 가진 조직들의 일시적인 연결	• 계속적이나 느슨하게 구조화된 협력관계 • 조직의 자율성을 최대화하면서 힘을 증대시킴	기술적인 정보를 제공하고 로비활동에 역점을 두는 전문가를 둔 영속적인 구조
의사결정	사안에 따라 임시적으로 계획	• 선출된 대표들이 정책을 결정하지만 각 개별조직들의 비준이 있어야 함 • 각 조직이 모든 행동에 참여하지 않아도 됨	회원조직으로부터 승인이 필요하지만 결정할 수 있는 힘은 중앙위원회나 전문직원이 갖게 됨
지속성	• 언제든지 협력관계는 중단될 수 있음 • 협력관계를 위한 최소한의 노력이 요구됨	참여조직들은 특정 캠페인에 참여 여부를 선택할 수 있으나 협력구조는 지속됨	• 중앙위원회나 직원에 의해 장기적인 활동이 수행됨 • 동맹 자체를 지속시키기 위한 활동이 진행되기도 함

※ 참조: 최일섭 · 이현주, 2006: 241.

4. 비폭력 전술

• 사회적 대결(직접 행동)의 하나이다.
• 수동적으로 복종하는 것을 의미하는 것이 아니라, 복종을 거부하고 굴복하지 않을 때 힘이 나오게 됨을 전제로 한다.
• 목적뿐만 아니라 수단에 있어서도 도덕적, 윤리적 정당성을 확보해야 함을 의미하는 것이다.
• 투쟁에 참여하지 않는 일반대중, 일반주민에게 좋은 도덕적 이미지를 남길 수 있다.
• 연설을 하거나 묵묵히 체포에 응하는 등의 방법이 있다.

> **예** 시민 불복종: 시민조직의 회원들은 당국으로 하여금 그들에게 체포 등의 공권력을 사용하도록 하면서 이를 통해 법이나 정책이 공정치 못하다는 것을 상징적으로 보여준다.

한걸음 더

법적 행동과 사회적 대결

보충자료

**법적 행동과
사회적 대결**

시험 초창기에는 법적 행동과 사회적 대결의 차이점, 사회적 대결의 유형 등이 출제되기도 했지만, 최근에는 다뤄지지 않아 여기서는 간략히 개념만 소개한다. 자세한 내용은 보충자료에 담아두었다.

- 법적 행동과 사회적 대결 모두 사회행동적 차원에서의 전략이다. 법적 행동이 간접적인 방식이라면, 사회적 대결은 직접적인 방식으로 진행되어 직접 행동이라고도 한다.
- 법적 행동은 민사소송, 행정소송, 행정심판 등을 통해 법적 절차에 따라 권리를 인정받는 것이다. 법적 근거를 통해 사회행동의 정당성을 확보하고 대중적인 지지와 호응을 얻어낼 수 있지만, 시간과 비용의 제약이 크며 승소를 하더라도 실질적인 효과나 이득이 없을 수 있다.
- 사회적 대결에는 집회, 공청회, 청원, 불매운동, 파업 등이 있다. 일반 대중에게 사회행동의 이유를 알리고 지지를 얻을 수 있으며, 사회행동의 대상이 되는 표적체계에 대해 실질적인 타격을 입힐 수 있다. 단, 지나치게 과격하거나 윤리적 문제가 제기될 때, 지지부진하게 장기전으로 흐를 때 등에는 지지자들의 이탈이 일어날 수 있고 대중적 관심도 떨어질 수 있다.

10장 지역사회복지 네트워크의 실제

기출경향 살펴보기

지역사회보장계획의 연혁, 목적 및 특징, 원칙, 수립내용, 수립절차 등 세부적인 사항들을 모두 암기하고 있어야 답을 찾을 수 있는 문제가 출제되고 있으므로 꼼꼼하게 정리해야 한다. 해마다 지역사회보장협의체와 지역사회복지협의회를 헷갈려하는 수험생들이 꽤 많은데 꼭 구분해서 기억해두기 바란다.

최근 5개년 출제 분포도

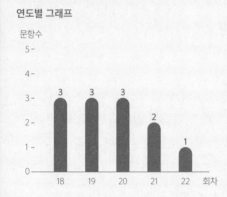

연도별 그래프

평균출제문항수

2.4 문항

2단계 학습전략

데이터의 힘을 믿으세요!
강의로 복습하는 **기출회독 시리즈**

3회독 복습과정을 통해
최신 기출경향 파악

최근 10개년 핵심 키워드

기출회독 **152**	지역사회보장계획	11문항
기출회독 **153**	지역사회보장협의체	9문항
기출회독 **154**	사회복지협의회	5문항

기본개념 완성을 위한 **학습자료 제공**

기본개념 강의, 기본쌓기 문제, ○ X 퀴즈, 기출문제, 정오표, 묻고답하기, 지식창고, 보충자료 등을
아임패스를 통해 만나실 수 있습니다.

기출회차				
	2	3	4	5
6	7	8	9	10
11	12	13	14	15
16	17	18	19	20
21	22			

강의로 복습하는 기출회독 시리즈

Keyword 152, 153

1 지역사회보장계획

1. 지역사회보장계획의 의의 등

중요도 ★ ★

보장계획이 언제부터 시작되었는지는 역사 관련 문제에서도 종종 등장했다. 보장계획의 의의와 목적 등을 살펴보자. 특히 민과 관의 협력을 도모하는 장치라는 점, 그래서 다양한 복지 주체의 연계·협력을 추진한다는 점, 4년 마다 수립하는 중·장기적 접근 이라는 점 등은 중요한 특징이다.

지역사회보장계획은 지역사회복지 서비스의 수요 파악 및 공급 역량을 통해 지역의 복지과제를 종합적으로 계획하여 추진하기 위해 마련된 제도로, 2015년 「사회보장급여의 이용·제공 및 수급권자 발굴에 관한 법률」(약칭: 사회보장급여법)이 시행됨에 따라 그 범위를 사회보장으로 넓혔다.

(1) 지역사회보장계획의 추진 및 경과 ⭐꼭!

• 참여정부의 지방분권 정책에 따라 중앙정부의 권한이 지방으로 이양되고 지방자치가 활성화되면서 지방의 자율성과 책임성이 강화되었고, 민간 복지부문도 활성화되는 사회적 변화에 맞춰 중앙정부의 기획에 따라 지방정부가 정책을 집행하는 기존의 형태에서 벗어나 지방정부가 직접 지역의 특성에 민감한 서비스를 개발해야 할 필요성이 제기되었다.

• 이러한 흐름에서 2003년 사회복지사업법 개정을 통해 2005년 7월 31일부터 시·도지사 또는 시·군·구청장은 4년마다 지역사회복지계획과 연차별 시행계획을 수립하도록 의무화하였다.

• 2007~2010년 제1기 계획이 진행되었고, 2019년~2022년 제4기 계획이 진행되고 있다.

• 사회복지사업법상의 지역사회복지계획으로 운용되어 오다 2015년 7월부터 시행된 「사회보장급여의 이용·제공 및 수급권자 발굴에 관한 법률」에 따라 '지역사회보장계획'으로 변화되었다.

합격자의 한마디

법률의 제정 연도 및 시행 연도, 보장계획의 실제 시행연도가 다 달라 주의해야 해요.
2003년 7월 사회복지사업법 개정 으로 신설 → 2년의 경과기간 후 2005년 7월 법조항 시행으로 각 시·군·구에 지역사회복지협의 체 마련 → 2007년 1기 계획 시행

(2) 지역사회보장계획 도입의 의의

• 지역의 사회보장에 대한 정책 마련 및 실행을 제도적으로 명문화하여 보장한다.

• 지역 내 인적·물적 자원을 확보·관리하고, 부족한 부분을 채울 수 있는 행정적·재정적 계획을 수립한다.

• 확보된 사회자원을 어떻게 전달하며, 누구에게 배분할 것인지에 대한 계획

을 수립한다.
- 다양한 민간 단체 · 법인 · 시설 등의 참여를 통해 공공과 민간 간 연계 · 협력을 도모한다.

(3) 지역사회보장계획의 목적
- 통합성: 중앙정부와 시 · 도 등으로부터 시작되는 상위 계획사업들을 고려하여 지역 차원에서 통합성이 이루어지는 실행계획을 수립한다.
- 참여성: 계획의 수립 · 시행 · 평가 등에서 주민의 참여 및 민간의 참여를 유도한다.
- 협력성: 공공 기관과 민간 기관의 연계 · 협력을 비롯한 다양한 복지 주체 간의 네트워크를 구축한다.

(4) 지역사회보장계획 시행에 따른 변화
- 지역의 실정에 적합한 복지정책의 실현이 가능해졌다.
- 사회보장에 관한 중앙정부의 방향과 지방자치단체의 방향이 연계되도록 하였다.
- 지역사회 내 공공과 민간의 연계를 모색하는 기틀이 마련되었다.
- 수요자(이용자) 중심의 실천이 강화될 수 있게 되었다.
- 보다 지속적이고 장기적인 복지정책의 구현이 가능해졌다.

2. 지역사회보장계획의 수립 🏆 ^{22회 기출}

(1) 수립에 관한 규정 ⭐ ^{꼭!}
- 시 · 도지사 및 시장 · 군수 · 구청장은 지역사회보장계획을 4년마다 수립하고, 매년 지역사회보장계획에 따라 연차별 시행계획을 수립하여야 한다.
- 사회보장기본법에 따른 사회보장에 관한 기본계획과 연계되도록 하여야 한다. 지역보건법에서는 지역보건의료계획이 사회보장 기본계획 및 지역사회보장계획과 연계되도록 규정하고 있다.
- 시 · 도지사 또는 시장 · 군수 · 구청장은 지역사회보장계획을 수립할 때 필요하다고 인정하는 경우에는 사회보장 관련 기관 · 법인 · 단체 · 시설에 자료 또는 정보의 제공과 협력을 요청할 수 있다.
- 보장기관(관계 법령 등에 따라 사회보장급여를 제공하는 국가기관과 지방자치단체)의 장은 지역사회보장계획의 수립 및 지원 등을 위하여 지역 내 사회보장 관련 실태와 지역주민의 사회보장에 관한 인식 등에 관하여 필요

중요도

4년마다 수립되면서도 연차별 시행계획을 수행한다는 점, 사회보장 기본계획 및 지역보건의료계획과 연계되도록 해야 한다는 점은 자주 다뤄진 내용이다. 수립절차를 나열하는 문제나 수립원칙에 관한 문제도 출제된 바 있다.

한 조사(지역사회보장조사)를 실시할 수 있으며, 시ㆍ도지사 및 시장ㆍ군수ㆍ구청장은 지역사회보장계획 수립 시 지역사회보장조사 결과를 반영할 수 있다.

(2) 수립의 원칙

수립의 원칙은 법률에 따라 정해진 것은 아니지만, 지역사회보장계획의 성격을 토대로 다음과 같은 원칙을 살펴볼 수 있다.

- 지역성: 지역 고유의 특성이 반영되도록 해야 한다.
- 과학성: 주민의 욕구조사 등 객관적인 분석을 통해 과학적 기초자료를 마련해야 한다.
- 연속성
  - 지역사회보장계획은 4년 단위의 중ㆍ장기 계획이므로 연차별 시행계획의 성과 등을 평가하여 매년 사업의 타당성 및 적절성을 점검하면서 사업의 연속성을 확보해야 한다.
  - 사회보장에 관한 기본계획과의 연계를 통해 사회보장의 정책 및 실천의 연속성을 확보해야 한다.
  - 시ㆍ도 계획과 시ㆍ군ㆍ구 계획이 유기적으로 연결되도록 해야 한다.
- 실천성: 지역사회보장계획은 행정적, 재정적 계획을 토대로 하여 실천가능성을 확보해야 한다.
- 자율성: 계획 자체는 법적으로 의무화되어 있지만, 각 지역의 욕구에 따라 계획의 방향을 세운다는 측면에서 자율성이 보장된다.
- 참여성: 계획의 수립ㆍ시행, 평가 등의 과정에 주민을 비롯한 지역복지 활동 주체들의 참여가 필수이다.

(3) 지역사회보장계획의 수립 절차 ⭐꼭!

시ㆍ군ㆍ구 계획

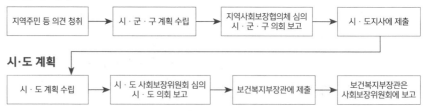

① 시ㆍ군ㆍ구 지역사회보장계획
- 시장ㆍ군수ㆍ구청장은 지역주민 등 이해관계인의 의견을 들은 후 연차별

시행계획을 포함하여 해당 시 · 군 · 구 지역사회보장계획을 수립한다.

- 지역사회보장협의체의 심의와 해당 시 · 군 · 구 의회의 보고를 거친다.
- 시 · 도지사에게 제출해야 한다.
  - 시 · 군 · 구 지역사회보장계획은 시행연도의 전년도 9월 30일까지, 그 연차별 시행계획은 시행연도의 전년도 11월 30일까지 각각 제출

② 시 · 도 지역사회보장계획

- 시 · 도지사는 제출받은 시 · 군 · 구 지역사회보장계획을 지원하는 내용 등을 포함한 시 · 도 지역사회보장계획을 수립한다.
- 시 · 도 사회보장위원회의 심의와 해당 시 · 도 의회의 보고를 거친다.
- 보건복지부장관에게 제출해야 한다.
  - 시 · 도 지역사회보장계획은 시행연도의 전년도 11월 30일까지, 그 연차별 시행계획은 시행연도의 1월 31일까지 각각 제출
- 보건복지부장관은 제출된 계획을 사회보장위원회에 보고하여야 한다.

사회보장위원회
(사회보장기본법 제20조)
사회보장에 관한 주요 시책을 심의 · 조정하기 위하여 국무총리 소속으로 사회보장위원회를 둔다.

3. 지역사회보장계획의 심의기관

(1) 시 · 군 · 구 지역사회보장협의체 ★꼭!

- 시장 · 군수 · 구청장은 지역의 사회보장을 증진하고, 사회보장과 관련된 서비스를 제공하는 관계 기관 · 법인 · 단체 · 시설과 연계 · 협력을 강화하기 위하여 해당 시 · 군 · 구에 지역사회보장협의체를 둔다.
- 보장기관의 장은 지역사회보장협의체의 효율적 운영을 위하여 필요한 인력 및 운영비 등 재정을 지원할 수 있다.
- 사회보장급여법에 규정한 사항 외에 지역사회보장협의체 및 실무협의체의 조직 · 운영에 필요한 사항은 보건복지부령에 따라 해당 시 · 군 · 구 조례로 정한다.

중요도 ★★★

심의기관 중 지역사회보장협의체는 반드시 살펴봐야 할 내용이다. 지역사회보장협의체는 민관협력을 위해 시 · 군 · 구 단위에 설치되는 공공영역의 기관으로 시 · 군 · 구 계획을 심의하는 역할을 한다는 점 꼭 기억해두자.

① 심의 · 자문 사항

- 시 · 군 · 구의 지역사회보장계획 수립 · 시행 및 평가에 관한 사항
- 시 · 군 · 구의 지역사회보장조사 및 지역사회보장지표에 관한 사항
- 시 · 군 · 구의 사회보장급여 제공에 관한 사항
- 시 · 군 · 구의 사회보장 추진에 관한 사항
- 읍 · 면 · 동 단위 지역사회보장협의체의 구성 및 운영에 관한 사항
- 그 밖에 위원장이 필요하다고 인정하는 사항

② 위원

- 위원장 1명을 포함한 10명 이상 40명 이하의 위원으로 구성한다. 위원의 임기는 2년이며, 단 위원장은 한 차례만 연임할 수 있다. 공무원인 위원의 임기는 그 재직기간으로 한다.
- 다음의 사람 중 시·군·구청장이 임명 또는 위촉한다.
  - 사회보장에 관한 학식과 경험이 풍부한 사람
  - 지역의 사회보장 활동을 수행하거나 서비스를 제공하는 기관·법인·단체·시설의 대표자
  - 비영리민간단체에서 추천한 사람
  - 읍·면·동 단위 지역사회보장협의체의 위원장(공동위원장이 있는 경우 민간위원 중에서 선출된 공동위원장)
  - 사회보장에 관한 업무를 담당하는 공무원

③ 실무협의체

- 지역사회보장협의체의 업무를 효율적으로 수행하기 위하여 지역사회보장협의체에 실무협의체를 둔다.
- 실무협의체는 위원장 1명을 포함하여 10명 이상 40명 이하의 위원으로 구성한다.

④ 실무분과

- 실무협의체의 위원장은 지역의 사회보장 관련 기관·법인·단체·시설 간 연계·협력을 강화하기 위하여 실무분과를 구성·운영할 수 있다.
- 실무분과의 운영에 관한 세부적인 사항은 시·군·구의 조례로 정할 수 있다.

⑤ 읍·면·동 지역사회보장협의체

- 특별자치시장 및 시장·군수·구청장은 읍·면·동 단위로 읍·면·동의 사회보장 관련 업무의 원활한 수행을 위하여 해당 읍·면·동에 읍·면·동 단위 지역사회보장협의체를 둔다. 조직·운영에 필요한 사항은 해당 보건복지부령에 따라 해당 특별자치시 및 시·군·구 조례로 정한다.
- 위원은 읍·면·동별로 각 10명 이상으로 한다.
- 관할 지역의 저소득 주민·아동·노인·장애인·한부모가족·다문화가족 등 사회보장사업에 의한 도움을 필요로 하는 사람 발굴 업무, 사회보장 자원 발굴 및 연계 업무, 지역사회보호체계 구축 및 운영 업무, 그 밖에 관할 지역 주민의 사회보장 증진을 위하여 필요한 업무 등을 지원한다.

(2) 시 · 도 사회보장위원회

시 · 도지사는 시 · 도의 사회보장 증진을 위하여 시 · 도 사회보장위원회를 둔다.

① 심의 · 자문 사항

- 시 · 도의 지역사회보장계획 수립 · 시행 및 평가에 관한 사항
- 시 · 도의 지역사회보장조사 및 지역사회보장지표에 관한 사항
- 시 · 도의 사회보장급여 제공에 관한 사항
- 시 · 도의 사회보장 추진과 관련한 중요 사항
- 읍 · 면 · 동 단위 지역사회보장협의체의 구성 및 운영에 관한 사항(특별자치시에 한정)
- 사회보장과 관련된 서비스를 제공하는 관계 기관 · 법인 · 단체 · 시설과의 연계 · 협력 강화에 관한 사항(특별자치시에 한정)
- 그 밖에 위원장이 필요하다고 인정되는 사항

> **잠깐!**
> 특별자치시(세종시)에는 행정구역상 '시 · 군 · 구'가 없기 때문에 시 · 군 · 구 단위의 지역사회보장협의체가 없다.

② 위원

- 위원장 1명을 포함하여 15명 이상 40명 이하의 위원으로 구성한다.
- 다음의 사람 중 시 · 도지사가 임명 또는 위촉한 사람으로 구성한다.
  - 사회보장에 관한 전문적 지식이나 경험을 가진 사람
  - 사회보장 관련 기관 및 단체의 대표자
  - 사회보장을 필요로 하는 사람의 이익 등을 대표하는 사람
  - 지역사회보장협의체의 대표자
  - 비영리민간단체에서 추천한 사람
  - 사회복지공동모금지회에서 추천한 사람
  - 읍 · 면 · 동 단위 지역사회보장협의체의 위원장(특별자치시에 한정, 공동위원장이 있는 경우 민간위원 중에서 선출된 공동위원장)
  - 사회보장에 관한 업무를 담당하는 공무원

다음 중 어느 하나에 해당하는 사람은 지역사회보장협의체 및 시·도 사회보장위원회의 위원이 될 수 없다.

1. 미성년자
2. 피성년후견인, 피한정후견인
3. 파산선고를 받고 복권되지 아니한 사람
4. 법원의 판결에 따라 자격이 상실되거나 정지된 사람
5. 금고 이상의 실형을 선고받고 그 집행이 끝나거나(집행이 끝난 것으로 보는 경우를 포함한다) 집행이 면제된 날부터 3년이 지나지 아니한 사람
6. 금고 이상의 형의 집행유예를 선고받고 그 유예기간 중에 있는 사람
7. 제5호 및 제6호에도 불구하고 「사회복지사업법」 제2조제1호의 사회복지사업 또는 그 직무와 관련하여 「아동복지법」 제71조, 「보조금 관리에 관한 법률」 제40조부터 제42조까지 또는 「형법」 제28장·제40장(제360조는 제외)의 죄를 범하거나 이 법을 위반하여 다음 각 목의 어느 하나에 해당하는 사람
   가. 100만원 이상의 벌금형을 선고받고 그 형이 확정된 후 5년이 지나지 아니한 사람
   나. 금고 이상의 형의 집행유예를 선고받고 그 유예기간이 끝난 날부터 7년이 지나지 아니한 사람
   다. 금고 이상의 실형을 선고받고 그 집행이 끝나거나(집행이 끝난 것으로 보는 경우를 포함한다) 집행이 면제된 날부터 7년이 지나지 아니한 사람
8. 제5호부터 제7호까지에도 불구하고 「성폭력범죄의 처벌 등에 관한 특례법」 제2조의 성폭력범죄(「성폭력범죄의 처벌 등에 관한 특례법」 제2조제1항제1호는 제외) 또는 「아동·청소년의 성보호에 관한 법률」 제2조제2호의 아동·청소년대상 성범죄를 저지른 사람으로서 형 또는 치료감호를 선고받고 확정된 후 그 형 또는 치료감호의 전부 또는 일부의 집행이 끝나거나(집행이 끝난 것으로 보는 경우를 포함) 집행이 면제되거나 집행의 유예기간이 끝난 날부터 10년이 지나지 아니한 사람

4. 지역사회보장계획의 내용

중요도 ★

시·군·구 계획과 시·도 계획의 내용은 중첩적인 부분도 많아 구분해서 외우기가 쉽지는 않다. 시·군·구보다 시·도가 더 상위에 있고, 더 광범위한 내용을 포괄할 수 있다는 측면을 토대로 살펴보기 바란다.

(1) 시·군·구 계획에 포함되어야 하는 사항 ★^{꼭!}

- 지역사회보장 수요의 측정, 목표 및 추진전략
- 지역사회보장의 목표를 점검할 수 있는 지표(지역사회보장지표)의 설정 및 목표
- 지역사회보장의 분야별 추진전략, 중점 추진사업 및 연계협력 방안
- 지역사회보장 전달체계의 조직과 운영
- 사회보장급여의 사각지대 발굴 및 지원 방안
- 지역사회보장에 필요한 재원의 규모와 조달 방안
- 지역사회보장에 관련한 통계 수집 및 관리 방안
- 지역 내 부정수급 발생 현황 및 방지대책
- 그 밖에 대통령령으로 정하는 사항

(2) 시 · 도 · 특별자치도 계획에 포함되어야 하는 사항

- 시 · 군 · 구의 사회보장이 균형적이고 효과적으로 추진될 수 있도록 지원하기 위한 목표 및 전략
- 지역사회보장지표의 설정 및 목표
- 시 · 군 · 구에서 사회보장급여가 효과적으로 이용 및 제공될 수 있는 기반 구축 방안
- 시 · 군 · 구 사회보장급여 담당 인력의 양성 및 전문성 제고 방안
- 지역사회보장에 관한 통계자료의 수집 및 관리 방안
- 시 · 군 · 구의 부정수급 방지대책을 지원하기 위한 방안
- 그 밖에 지역사회보장 추진에 필요한 사항

(3) 특별자치시 계획에 포함되어야 하는 사항

- 위의 (1) 시 · 군 · 구 계획의 사항
- 사회보장급여가 효과적으로 이용 및 제공될 수 있는 기반 구축 방안
- 사회보장급여 담당 인력의 양성 및 전문성 제고 방안
- 그 밖에 지역사회보장 추진에 필요한 사항

5. 지역사회보장계획의 시행 및 평가

(1) 시행 및 변경

- 시 · 도지사 또는 시장 · 군수 · 구청장은 지역사회보장계획을 시행하여야 하며, 계획의 시행을 위해 필요하다고 인정하는 경우에는 사회보장 관련 민간 법인 · 단체 · 시설에 인력, 기술, 재정 등의 지원을 할 수 있다.
- 시 · 도지사 또는 시장 · 군수 · 구청장은 사회보장의 환경 변화, 사회보장에 관한 기본계획의 변경 등이 있는 경우에는 지역사회보장계획을 변경할 수 있다.

(2) 시행결과의 평가

- 보건복지부장관은 시 · 도 지역사회보장계획의 시행결과를, 시 · 도지사는 시 · 군 · 구 지역사회보장계획의 시행결과를 각각 보건복지부령으로 정하는 바에 따라 평가할 수 있다.
- 시 · 도지사는 평가를 시행한 경우 그 결과를 보건복지부장관에게 제출하여야 하며, 보건복지부장관은 이를 종합 · 검토하여 사회보장위원회에 보고하여야 한다.

합격자의 한마디

지역사회보장계획의 시행결과에 대한 평가는 의무사항은 아니에요.

- 중앙행정기관의 장은 시·도지사 및 시장·군수·구청장에게 사회보장 사업의 수행에 필요한 비용을 지원할 수 있으며, 이 경우 평가결과를 반영할 수 있다.

6. 지역사회보장균형발전지원센터

- 보건복지부장관은 시·도 및 시·군·구의 사회보장 추진 현황 분석, 지역사회보장계획의 평가, 지역 간 사회보장의 균형발전 지원 등의 업무를 효과적으로 수행하기 위하여 지역사회보장균형발전지원센터를 설치·운영할 수 있다.
- 보건복지부장관은 지역사회보장균형발전지원센터의 운영을 관련 전문기관에 위탁할 수 있다.

2 사회복지협의회

기출회차

		2	3	4	5
6	7	8	9	10
11	12	13	14	15
16	17	18	19	20
21	22			

강의로 복습하는 기출회독 시리즈

Keyword 154

1. 사회복지협의회의 역할

(1) 특징[21] ★꼭!

중요도

협의회의 성격, 역할, 기능에 대해 출제되지만, 문제의 초점은 주로 앞서 배운 지역사회보장협의체와 구분할 수 있는가에 있다.

- 사회복지협의회는 조사연구, 각종 복지사업의 조성, 사회복지 사업 및 활동에 대한 조직적인 협의·조정, 사회복지에 대한 국민의 참여 촉진 등을 통해 사회복지의 증진과 발전에 기여하고자 한다.
- 사회복지협의회는 민간 사회복지 증진을 위한 협의조정, 정책개발, 조사연구, 교육훈련, 자원봉사활동의 진흥, 정보화 사업, 사회적 취약계층을 위한 사업 등을 수행한다.
- 한국사회복지협의회, 시·도협의회 및 시·군·구협의회는 사회복지사업법에 따른 사회복지법인으로 한다.

합격자의 한마디

사회복지협의회는 사회복지사업법에 관련 규정이 마련되어 있는 법정단체입니다. 그러나 법정단체라고 해서 국가기관(공공기관)인 것은 아닙니다!

(2) 주요 업무 ★꼭!

사회복지협의회는 다음의 업무를 수행한다. (사회복지사업법 제33조)

- 사회복지에 관한 조사·연구 및 정책 건의
- 사회복지 관련 기관·단체 간의 연계·협력·조정
- 사회복지 소외계층 발굴 및 민간 사회복지 자원과의 연계·협력
- 대통령령으로 정하는 사회복지사업의 조성 등
  ※ 대통령령으로 정하는 사회복지사업(동법 시행령 제12조): 사회복지에 관한 교육훈련, 사회복지에 관한 자료수집 및 간행물 발간, 사회복지에 관한 계몽 및 홍보, 자원봉사활동의 진흥, 사회복지사업에 관한 기부문화의 조성, 사회복지사업에 종사하는 사람의 교육훈련과 복지증진, 사회복지에 관한 학술 도입과 국제사회복지단체와의 교류, 보건복지부장관이 위탁하는 사회복지에 관한 업무, 시·도지사 및 중앙협의회가 위탁하는 사회복지에 관한 업무, 시·도지사/시장·군수·구청장/중앙협의회 및 시·도협의회가 위탁하는 사회복지에 관한 업무, 그 밖에 중앙협의회/시·도협의회/시·군·구협의회의 목적 달성에 필요하여 각각의 정관에서 정하는 사항

(3) 기능

① 지역사회의 복지증진과 관련된 사실 발견
- 지역사회가 당면한 근본문제에 대한 연구나 장기적인 조사 실시
- 다른 연구기관들과의 공동연구 수행

② 사회복지기관들의 조정과 협력
- 사회복지기관들 간의 회합과 회의를 개최
- 기관 간의 문제를 해결하기 위한 연구위원회 구성

③ 지역사회복지의 센터 역할
- 사회복지에 관한 중요회의 주최, 사회복지정책 수립
- 공동의 복지활동을 위한 계속적인 도구의 역할

④ 사회복지기관 간의 서비스 조정 활동
- 사회복지에 관해 필요한 정보 교류와 위탁 서비스
- 자원봉사자 관리, 사회서비스 교환

⑤ 사회복지기관의 업무의 질적 수준을 높임
집단적인 방법으로 공동조사, 업무기준에 관한 연구, 출판 · 배포 및 공동토의, 회의나 회합을 통한 경험을 교환하여 질적인 수준을 높이는 데 기여

⑥ 정보제공, 교육 및 홍보
사회복지기관 명부 및 간행물의 발간

⑦ 사회행동
- 공공의 이슈에 대한 입장을 밝힘
- 취약 계층의 복지에 관한 입법 대안을 제시하며 독자적인 활동을 하거나 기관 · 단체들과 공동의 활동 전개

2. 사회복지협의회의 유형[22]

중요도 ★

한국사회복지협의회의 주요 사업은 무엇인지를 묻는 문제가 종종 출제된다. <사회복지법제론>의 사회복지사업법에서도 이 내용이 출제된 바 있다.

사회복지협의회 조직은 주민 주체의 원칙에 기초한 시 · 군 · 구 지역을 기본 단위로 하면서 시 · 도 및 전국에서 조직되어야 한다.

- 전국 단위 한국사회복지협의회(중앙협의회), 시·도 사회복지협의회, 시·군·구 사회복지협의회 등으로 조직되어 있다.
- 시·도 및 시·군·구 협의회의 조직은 임의규정이었으나, 2025년부터 시·도 및 시·군·구 협의회도 각 단위에 필수적으로 조직하도록 개정되었다(사회복지사업법 2024. 1. 2. 개정 및 2025. 1. 3. 시행).

(1) 한국사회복지협의회 ★꼭!

① 연혁
1952년 사단법인 한국사회사업연합회로 설립되어 1961년 한국사회복지사업 연합회로 개칭하였으며, 1970년 사회복지법인 한국사회복지협의회로 개칭하였다. 1983년 사회복지사업법 개정으로 법정단체가 되었다. 2009년 기타 공공기관으로 지정되었다.

② 목적
사회복지에 관한 조사·연구와 각종 복지사업에 대한 국민의 참여를 촉진시킴으로써 우리나라의 사회복지 증진과 발전에 기여한다.

③ 주요 사업
- 사회복지에 관한 조사·연구 및 정책건의
- 사회복지 관련 기관·단체 간의 연계·협력·조정
- 사회복지 소외계층 발굴 및 민간사회복지자원과의 연계·협력
- 대통령령으로 정하는 사회복지사업의 조성 등
  - 사회복지에 관한 교육훈련
  - 사회복지에 관한 자료수집 및 간행물 발간
  - 사회복지에 관한 계몽 및 홍보
  - 자원봉사활동의 진흥
  - 사회복지사업에 관한 기부문화의 조성
  - 사회복지사업에 종사하는 자의 교육훈련과 복지증진
  - 사회복지에 관한 학술도입과 국제사회복지단체와의 교류
  - 보건복지부장관이 위탁하는 사회복지에 관한 업무

(2) 광역단체 사회복지협의회(시·도)
- 1984년부터 일부 지역에 조직되기 시작하였다.
- 한국사회복지협의회의 정관에 의거하여 조직되어 활동하다가 1998년 사회

복지사업법의 개정과 함께 사회복지법인으로 인정됨에 따라 한국사회복지협의회의 지원 없이 지방사회복지협의회로 독립되어 운영하는 체제로 변화됨으로써 그 기능이 강화되었다.
- 광역시·도 단위에 설립되어 지역사회와 밀접한 사회복지 문제 해결에는 접근하기 어려운 한계가 있다.

(3) 지역사회복지협의회(시·군·구)

① 현황
- 광역단체 사회복지협의회가 시·군·구 단위 사회복지 기관 및 시설과의 협의·조정 역할에 한계가 있자 지역주민들의 자생적 필요성에 의해 1995년 원주시 사회복지협의회가 가장 먼저 조직되었다. 이후 지역사회복지협의체의 실시, 지역사회복지계획의 수립 등 사회복지사업법의 개정에 따라 지역사회복지협의회의 조직이 증가하게 되었다.
- 시·군·구 협의회는 2003년 사회복지사업법 개정을 통해 법적 근거가 마련되었다(2005. 7. 31. 시행).

② 기능 및 역할
지역사회복지협의회는 지역사회복지의 대표적인 협의·조정기관으로서, 주민에게 복지서비스 제공, 다양한 사회복지기관들의 욕구 달성, 기능 강화 등을 위해 정보를 제공하며 서비스를 조정하는 자주적인 민간 조직이라 할 수있다. 이러한 지역사회복지협의회의 기능을 살펴보면 지역사회복지활동 기능, 연락·조정·협의 기능, 지원·유지 기능 등을 들 수 있다.
- 지역사회복지활동 기능: 지역주민의 욕구 및 지역사회 문제를 파악하고 주민의 자발적인 참여를 유도, 주민의 복지 권리 옹호
- 연락·조정·협의 기능: 지역사회복지 기관 및 단체들 간의 상호연계·협력을 통하여 민간복지역량을 강화하고 중복적으로 진행되는 사업을 조정하여 민간자원의 효율적 활용도모
- 지원·유지 기능: 조사·연구, 정책 개발 및 제안, 교육·훈련, 정보 제공 및 출판·홍보, 자원 조성 및 배분, 국제교류의 전개 등 지원·유지

③ 지역사회복지협의회의 주요 원칙
- 주민욕구 중심의 원칙: 광범위한 주민의 생활실태·복지과제 등을 파악하도록 노력하고 그 욕구에 입각한 활동을 수행해야 한다.
- 주민활동 주체의 원칙: 주민의 지역복지에 대한 관심을 높이고 그 자주적

인 대응을 기초로 한 활동을 수행해야 한다.

- 민간성의 원칙: 민간조직의 특성을 살려서 주민욕구와 지역의 복지과제에 대응하는 개척성, 즉흥성, 유연성을 발휘한 활동을 수행해야 한다.
- 공·사 협력의 원칙: 공·사의 사회복지 및 보건·의료·교육·노동 등 관계기관, 단체, 주민 등의 협력과 역할분담에 따른 계획적이고 종합적인 활동을 수행해야 한다.
- 전문성의 원칙: 지역복지의 추진조직으로서 조직화, 조사, 계획 등에 관련 하여 전문성을 발휘하는 활동을 수행해야 한다.

11장 지역사회복지실천의 추진체계 Ⅰ

한눈에 쏙!   중요도

❶ 지방분권화와 지역사회복지

1. 지방분권화의 개념 및 과정 — 22회 기출

2. 사회복지 관련 지방분권화의 주요 과정

3. 지방분권화가 지역사회복지에 미치는 영향 ★ ★

❷ 공공 사회복지 전달체계 개편

1. 공공 전달체계 개편의 필요성

2. 주요 공공 전달체계 ★ — 22회 기출

❸ 사회복지전담공무원

1. 소속 및 업무

2. 연혁

기출경향 살펴보기

이 장의 기출 포인트

최근에는 지방자치제도의 도입 및 특징 등에 관한 문제도 눈에 띄게 출제되고 있다. 지방분권화에 따른 긍정적 영향과 부정적 영향을 살펴보는 문제도 간헐적으로 출제되고 있으며, 공공 전달체계의 동향을 살펴보는 것까지 놓치지 말아야 한다.

최근 5개년 출제 분포도

연도별 그래프

문항수

5 -	
4 -	
3 -	3 3
2 -	2 2 2
1 -	
0	18 19 20 21 22 회차

평균출제문항수

2.4 문항

2단계 학습전략

데이터의 힘을 믿으세요!
강의로 복습하는 **기출회독 시리즈**

3회독 복습과정을 통해
최신 기출경향 파악

최근 10개년 핵심 키워드

기출회독 155	지방분권화	8문항
기출회독 156	지역사회복지 관련 동향 및 향후 과제	9문항

기본개념 완성을 위한 **학습자료 제공**

기본개념 강의, 기본쌓기 문제, O X 퀴즈, 기출문제, 정오표, 묻고답하기, 지식창고, 보충자료 등을 **아임패스**를 통해 만나실 수 있습니다.

	기출회차			
	2	**3**	4	5
6	**7**	**8**	**9**	**10**
11	**12**	**13**	**14**	**15**
16	**17**	**18**	**19**	**20**
21	**22**			

강의로 복습하는 기출회독 시리즈

Keyword 155

1 지방분권화와 지역사회복지

1. 지방분권화의 개념 및 과정 22회기출 🏆

(1) 개념
• 지방분권화란 중앙정부의 권한이 지방정부로 이양되어 지방의 권한이 강화되는 것을 의미한다.
• 지방자치는 지방자치단체가 그 지방의 행정사무를 자율적으로 처리하는 것을 말한다. 지방자치단체의 자치와 지역주민의 자치가 결합된 것으로, 지역주민들의 자치라는 점에서 풀뿌리 민주주의로 불린다.

(2) 도입 과정
• 1949년 지방자치법이 제정되었지만 시장과 도지사를 대통령이 임명했기 때문에 완전한 지방자치는 아니었다. 1960년 4.19 혁명 이후 선거 대상이 기초 및 광역 단체장까지 확대되었지만 1961년 5.16 군사정변으로 지방의회가 강제 해산되었다.
• 1987년 6월항쟁 이후 개헌이 진행되면서 1987년 지방자치법이 부활하였고, 1991년 6월 지방의회 선거, 1995년 6월 지방자치단체장 선거 등을 치르면서 1995년 7월 1일부로 지방자치제도가 전면적으로 실시되었다.

잠깐!

2021년에 지방자치법의 전부개정이 이루어졌다. 주민의 정책결정 참여 강화, 지방의회에 조례안 제정 및 개폐에 대한 직접 청구 가능, 주민의 감사청구 연령 만18세 이상으로 낮춤, 자치단체 및 지방의회 운영에 대한 정보 공개 의무화, 국가와 지자체 간 협력 및 지역 균형발전에 관한 정책 심의를 위한 중앙지방협력회의 설치 등을 주요 골자로 한다.

(3) 의의
• 지방정부의 자율성 및 책임성 강화
• 지역의 특성에 맞는 정책 수립
• 경쟁에 따른 지역 간 균형 발전을 꾀함
• 지방의 발전을 통한 중앙의 발전 도모
• 지역주민의 참여 기회 확대를 통한 권력의 분산
• 지방자치제를 통한 정치적 민주주의 정신 함양

2. 사회복지 관련 지방분권화의 주요 과정

- 2003년 사회복지사업법 개정: 지역사회복지계획 수립의 의무화, 민관협치를 위한 지역사회복지협의체 도입
- 2003년 참여정부의 대통령자문 정부혁신지방분권위원회를 중심으로 '참여정부 지방분권 추진 로드맵'에 따라 지방이양 및 국고보조 사업의 정비 추진
- 2004년 사회복지서비스 관련 국고보조 사업의 지방이양을 위한 국고보조금 정비방안 확정
- 2005년부터 국고보조 사업을 지방으로 이양
  - 중앙에서 지방으로 이전하는 기존의 재원 중 큰 비중을 차지하는 국고보조금 제도의 비효율과 낭비요인에 대한 지적이 일면서 일부는 국고보조금 사업으로 유지하되, 일부는 지방이양 대상 사업으로 구분하여 2014년까지 한시적 분권교부세로 지원(이후 2015년부터 보통교부세로 통합)
  - 지방이양 사업: 반복적 집행성격의 시설사업, 경상운영비 지원사업 등
    - **예** 노인시설운영, 장애인시설운영, 장애인복지관운영, 사회복지관운영, 정신요양시설, 사회복귀시설, 장애인복지관, 장애인재가복지센터, 장애인주간보호시설, 공동생활가정, 경로당, 노인시설, 아동시설의 운영비 등
- 이후 지역별 복지수준의 격차 및 복지시설의 재정 안정성 확보 등을 이유로 장애인거주시설, 노인시설(양로), 정신요양시설 운영사업은 2015년부터 중앙정부 사업으로 환원

3. 지방분권화가 지역사회복지에 미치는 영향

중요도

지방분권화가 사회복지 부문에 미친 영향을 생각해봐야 한다. 또한 지방분권화의 긍정적 영향을 부정적 영향과 구분할 수 있어야 한다.

(1) 긍정적 영향 ★꼭!

- 지방분권은 지방정부의 자율성을 확대시킬 수 있으며, 지역주민의 새로운 욕구나 변화된 욕구에 민감하게 반응하여 지역의 특성에 맞는 복지정책의 수립을 가능하게 한다.
- 지방정부의 권한과 책임성을 강화시킨다. 지방정부의 권한과 책임성 강화는 지방정부가 지역주민의 욕구에 보다 적극적으로 대응하게 한다.
- 중앙정부의 경우 전체 국민의 복지 증진에 초점을 두고 보편적, 일반적 서비스를 제공하고자 하는 경향이 있기 때문에 지역의 다양성, 특수성이나 지역주민의 욕구를 적극적으로 반영하기가 쉽지 않다. 반면 지방자치제·지방분권화는 지역사회주민들에게 밀착된 서비스, 즉 주민들의 욕구에 적합한 서비스를 제공하는 데 효과적일 수 있다.

(2) 부정적 영향 ★꼭!

- 중앙정부의 사회복지 책임성 약화나 사회복지서비스 공급 축소에 대한 우려도 있다. 즉, 중앙정부가 맡아야만 하는 사회복지의 역할을 축소시키는 부정적 영향을 초래할 수 있다.
- 지방정부가 개발정책에 우선순위를 두고 복지정책에 대해서는 상대적으로 소홀히 한다면 복지예산이 감소될 가능성도 있다.
- 지방자치단체들 간에 재정력의 격차가 존재하는 상황에서, 지방분권화를 통해 기존의 재정력 격차가 확대되면 재정이 취약한 지방정부의 경우 복지예산의 감축이 이루어질 수도 있다. 이러한 경우 지역 간 복지수준의 격차와 불평등을 심화시킬 수 있다.
- 지방자치단체 간의 경쟁심화로 지역 이기주의가 증대될 수도 있다.

(3) 과제

- 복지재정의 불평등과 복지수준의 격차를 줄일 수 있는 정책이 필요하다.
- 중앙정부와 지방정부 간의 유기적 관계를 유지하고 역할 분담이 명확하게 이루어져야 한다.
- 사회복지 재정 확대, 재정 확보를 위한 중앙정부로부터의 지원과 노력이 필요하다.
- 지역주민의 삶의 질 향상을 위해서 지방정부뿐만 아니라 적극적인 주민참여와 민간부문의 역량강화가 필요하다.
- 지역사회 수준에서 사회복지를 주도적으로 기획하고 집행할 수 있는 다양한 제도적 장치와 환경을 마련할 필요가 있다.

한걸음 더 ┌─ **지역사회복지 환경의 변화에 따라 민간 사회복지 부문에 요구되는 역할**

- 공공부문의 서비스를 보완하는 서비스 개발 및 강화
- 종사자들의 직무능력 개발과 책임성 강화
- 지역사회 종교 · 시민단체 등과의 상호협조
- 복지관련 연계망 구축기반 마련
- 공공부문에 대한 견제와 협력

2 공공 사회복지 전달체계 개편

기출회차

	2	3	4	5
6	7	8	9	10
11	12	13	14	15
16	17	18	19	20
21	22			

강의로 복습하는 기출회독 시리즈

Keyword 156

1. 공공 전달체계 개편의 필요성

- 지역주민의 사회복지서비스에 대한 통합적이고 포괄적인 접근성 강화를 통해 복지체감도 증대를 꾀한다.
- 기존의 사회서비스 전달에 있어서 제기되던 중복과 누락의 문제를 방지하기 위한 효율적인 복지시스템을 구축한다.
- 주민의 욕구에 부합하는 맞춤형 복지서비스를 제공한다.
- 다양한 욕구를 복합적으로 갖고 있는 주민에 대해 포괄적으로 대응한다.
- 주민의 복지서비스를 담당할 인력을 확보한다.
- 지역의 자원발굴과 서비스 연계에 있어 공공의 기능을 강화한다.

2. 주요 공공 전달체계 ^{22회 기출}

중요도 ⬤★

언제 어떤 전달체계가 시작되었는지는 3장 역사 부분에서 이미 본 내용들이기 때문에 복습하는 마음으로 보면서 각 전달체계의 특징도 한번쯤 살펴보자. <사회복지행정론>에서도 같은 내용이 다뤄진다.

(1) 추진경과

- 보건복지사무소 시범사업(1995. 7.~1999. 12.), 사회복지사무소 시범사업(2004. 7.~2006. 6.)을 거쳐 2006년 7월부터 8대 서비스를 포괄하는 주민생활지원서비스 전달체계 확립
- 2010년 사회복지통합관리망(행복e음) 구축
- 2012년 시·군·구 '희망복지지원단' 운영으로 통합사례관리 시행
- 2013년 사회보장정보시스템 완전 개통
- 2016년 읍·면·동 복지허브화 사업 발표
- 2017년 주민자치형 공공서비스 구축사업
- 2018년 지역사회 통합돌봄 계획 발표(1단계: 2019년부터 지자체별 선도사업 실시 및 확충 → 2단계: 2023~2025년 제공기반 구축 → 3단계: 2026년 이후 통합돌봄 보편화)
- 2019년 서울·경기·대구·경남 등 사회서비스원 시범운영(→ 17개 광역자치단체로 확대 예정)

(2) 주요 내용

① 희망복지지원단

- 복지체감도 증대를 위한 전달체계 개편의 일환으로 2012년부터 구성·운영된 희망복지지원단은 복합적 욕구를 가진 대상자에게 통합사례관리를 통해 공공·민간의 급여·서비스·자원 등을 맞춤형으로 연계·제공하는 통합서비스를 제공하고 있다.
- 통합사례관리 활성화를 통해 차상위계층이 빈곤층이 되는 것을 예방하고, 자활대상자 등의 탈빈곤 지원에 초점을 맞추며 전체 지역주민의 다양한 복지수요에 능동적으로 대응하는 것을 목표로 한다.
- 통합사례관리, 지역 내 공공·민간자원 관리, 긴급복지, 개별 사례관리 및 방문형 서비스 연계체계 구축, 읍·면·동 행정복지센터의 복지업무 지도·감독 등을 수행한다.
- 운영체계
  - 읍·면·동 행정복지센터에서 복합적인 욕구를 가진 사례관리 대상자를 희망복지지원단으로 의뢰하면, 희망복지지원단은 사례관리 대상자에 대한 심층욕구조사, 통합사례관리회의 실시 및 종합서비스 제공계획 수립, 모니터링 등을 실시
  - 읍·면·동 행정복지센터와 방문형서비스 체계화 등을 통한 사후관리 지원체계 연계협력
  - 지역사회복지협의체를 중심으로 공공 및 민간 협력 강화를 통한 지역단위 통합서비스 제공체계를 구축
  - 행복e음, 복지자원관리시스템을 활용하여 대상자를 통합관리

② 사회보장정보시스템(행복e음)

- 복지사업의 관리를 사업별 관리에서 개인별·가구별 통합관리체제로 전환(2010년 1월부터 운영)하였다.
- 공적자료의 연계를 통해 사업별로 상이하던 대상자 선정 기준을 표준화·간소화하였다.
- 주요 내용
  - 복지대상자 자격 및 이력 관리: 국민기초생활보장, 기초연금, 영유아보육, 장애인연금, 긴급복지 등 복지사업별 수급자 선정을 위한 신청, 조사, 결정, 사후관리 등 지자체 복지행정 업무처리를 지원
  - 복지급여 지급 관리: 복지급여를 받을 수 있는 대상자에게 생계급여, 주거급여, 기초연금, 각종 수당 등 복지사업별로 수급 가능한 급여를 계산

하여 지급

- 부정수급 차단 및 수급 대상자 발굴 등: 복지대상자의 부적정한 수급을 사전 예방하거나 사후 점검하며, 필요시 환수 등의 업무처리를 지원. 어려움에 처했으나 제도를 잘 몰라 신청을 하지 않는 대상자를 발굴하여 복지혜택을 받을 수 있도록 지원

③ 사회보장정보시스템(범정부)

사회보장정보시스템(행복e음, 범정부)의 관리·운영은 한국사회보장정보원에서 진행한다.

- 모든 정부 부처의 복지사업 정보를 연계하여 개인별·가구별 복지서비스 이력관리, 중복·부적정 수급 방지, 중앙부처 복지사업 정보 제공, 복지사업 업무처리 등을 지원하는 시스템이다.
- 2012년 8월 11개 부처 198개 사업을 대상으로 1단계 시스템을 개통하였다.
- 2013년 2월 18일 전 부처 복지사업을 대상으로 완전 개통하였다.
- 복지사업 대상자와 수급이력 정보를 연계하여 정확한 복지대상자 선정을 토대로 수요자 중심의 서비스를 제공한다.
- 복지서비스가 누락되거나 중복되지 않고, 꼭 필요한 국민들에게 맞춤형으로 제공될 수 있도록 기반을 조성한다.

④ 읍·면·동 복지허브화

- 2014년 시범사업 실시 후 2016년 읍·면·동 주민센터를 권역별로 묶은 행정복지센터를 통해 복지서비스의 허브 역할을 수행하게 한다.
- 방문상담, 사각지대 발굴, 사례관리 기능 강화 및 민간 전문인력 투입을 통한 민·관 협력에 초점을 둔다.

⑤ 주민자치형 공공서비스 구축사업

- 2017년 자치분권 로드맵 발표 후 시범사업을 추진하였다.
- 2018년 주민자치형 공공서비스 구축 추진계획 수립으로 본격 도입되었다.
- 읍·면·동 찾아가는 보건복지팀 설치로 찾아가는 보건복지서비스를 확대하였다.
- 보건복지 통합 사례관리를 추진하였다.
- 주민참여형 서비스 제공의 기반을 마련하였다.

⑥ 사회서비스원

- 공공부문이 돌봄 서비스를 직접 제공하여 지역사회 내에서 서비스를 제공하는 선도적 역할을 수행함으로써 사회서비스의 공공성 강화 및 서비스의

품질 향상을 꾀하였다.

- 요양보호사, 장애인 활동보조원, 어린이집 교사 등 사회서비스 근로자를 직접 고용해 이들에 대한 처우 및 노동환경 개선을 추진하였다.
- 시 · 도지사가 공익법인으로 설립한 뒤 지방자치단체로부터 국공립 어린이집, 공립요양시설 등을 비롯한 사회서비스 국공립 시설을 위탁받아 운영한다.
- 지역사회 통합돌봄(커뮤니티케어)을 위한 종합재가센터를 설치하여 재가서비스를 직접 제공하고, 장기요양, 노인돌봄, 장애인 활동지원 등 각종 지역사회 돌봄서비스를 통합 연계하여 제공한다.

3 사회복지전담공무원

기출회차			
2	**3**	4	5
6	7	8	**9**	10
11	12	13	14	15
16	17	**18**	19	20
21	22		

강의로 복습하는 기출회독 시리즈

1. 소속 및 업무

(1) 소속

• 사회복지를 담당하는 공무원은 일반행정직과 사회복지직으로 구분할 수 있는데, 그 중 사회복지전담공무원은 사회복지직으로 채용되어 업무를 수행하는 공무원을 말한다.

• 사회복지직렬은 2급 이상의 사회복지사 자격증을 가진 사람만 응시할 수 있다. 시·도, 시·군·구청, 읍·면·동 행정복지센터, 사회보장사무 전담기구 등에서 근무한다.

(2) 업무

사회복지를 필요로 하는 지역주민에 대한 상담, 실태조사 및 가정환경을 파악하는 업무를 수행한다. 저소득층 복지지원 관리, 자활지원 관리, 국민기초생활보장 수급 관리, 의료급여 관리, 사회복지시설 관리, 노인복지, 아동복지, 장애인복지, 긴급복지지원 등 공공부조 및 사회서비스와 관련된 업무를 수행한다고 볼 수 있다.

2. 연혁

• 1987년 저소득 취약계층에게 전문적인 복지서비스를 제공하기 위하여 사회복지전문요원이라는 이름으로 최초 배치되었다.

• 1992년 사회복지사업법의 개정을 통해 사회복지전담공무원에 대한 법적 근거를 마련하였다(현재는 「사회보장급여의 이용·제공 및 수급권자 발굴에 관한 법률」에서 규정하고 있음).

• 1999년 사회복지전문요원의 일반직 전환 지침을 마련하여 2000년부터 실제 사회복지전문요원의 직렬이 별정직에서 일반직으로 전환되었다.

12장 지역사회복지실천의 추진체계 Ⅱ

한눈에 쏙!		중요도

❶ 지역사회복지관
- 1. 사회복지관의 역할
- 2. 역사
- 3. 운영의 기본 원칙 ★
- 4. 설치·운영 ★★
- 5. 사업의 대상 ★★
- 6. 사업내용 ★★★ 22회 기출

❷ 사회적 경제
- 1. 사회적 경제의 개념 및 특징 ★
- 2. 사회적 경제의 등장 및 발전
- 3. 사회적 경제 주체 ★★ 22회 기출

❸ 공동모금
- 1. 공동모금의 의의 및 특성
- 2. 우리나라 사회복지공동모금회 ★★ 22회 기출

❹ 자활사업
- 1. 자활사업의 목적
- 2. 주요 자활사업 프로그램
- 3. 자활사업 추진기관 ★

❺ 자원봉사 및 자원봉사센터
- 1. 자원봉사활동의 개념 및 필요성
- 2. 자원봉사자의 관리 및 운영과정
- 3. 자원봉사활동기본법의 주요 내용
- 4. 자원봉사센터 ★

❻ 지역아동센터
- 1. 설치 및 추진체계 등
- 2. 운영 프로그램

기출경향 살펴보기

이 장의 기출 포인트

예전에는 사회복지관이나 사회복지공동모금회의 기본적인 특징을 파악하는 문제가 주로 출제되어 안정적으로 점수를 획득할 수 있었지만, 최근에는 좀 더 구체적인 사항들이 출제되고 있으며, 사회적 경제 주체에 관한 문제나 다양한 기관들에 대한 종합적인 문제가 출제되면서 정답률이 낮아지는 경향이 있다.

최근 5개년 출제 분포도

연도별 그래프

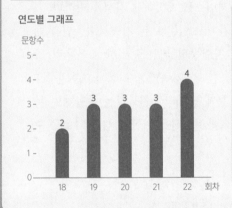

평균출제문항수

3.0 문항

2단계 학습전략

데이터의 힘을 믿으세요!
강의로 복습하는 **기출회독 시리즈**

3회독 복습과정을 통해
최신 기출경향 파악

최근 10개년 핵심 키워드

기출회독 157	사회복지관	10문항
기출회독 158	사회적 경제의 주체	8문항
기출회독 159	사회복지공동모금	6문항
기출회독 160	기타: 지역자활센터, 자원봉사센터	2문항

기본개념 완성을 위한 **학습자료 제공**

기본개념 강의, 기본쌓기 문제, ○Ⅹ 퀴즈, 기출문제, 정오표, 묻고답하기, 지식창고, 보충자료 등을 **아임패스**를 통해 만나실 수 있습니다.

기출회차

	2	3	4	5
6	7	8	9	10
11	12	13	14	15
16	17	18	19	20
21	22			

강의로 복습하는 기출회독 시리즈

Keyword 157

지역사회복지관

1. 사회복지관의 역할

- 사회복지사업법상 사회복지관은 지역사회를 기반으로 일정한 시설과 전문인력을 갖추고 지역주민의 참여와 협력을 통하여 지역사회의 복지문제를 예방하고 해결하기 위하여 종합적인 복지서비스를 제공하는 시설을 말한다.
- 사회복지관은 사회복지서비스 욕구를 가지고 있는 모든 지역사회주민을 대상으로 보호서비스, 재가복지서비스, 자립능력 배양을 위한 교육훈련 등 그들이 필요로 하는 복지서비스를 제공한다. 가족기능 강화 및 주민상호 간 연대감 조성을 통한 각종 지역사회 문제를 예방·치료하는 종합적인 복지서비스 전달기구로서 지역사회주민의 복지증진을 위한 중심적 역할을 수행한다.

한걸음 더

직접서비스기관과 간접서비스기관의 구분

- 사회복지관, 지역자활센터와 같이 클라이언트에게 서비스를 직접적으로 제공하는 기관을 직접서비스기관이라 하고, 자원봉사센터, 공동모금회, 사회복지협의회 등 클라이언트에게 서비스를 직접 제공하지 않는 기관을 간접서비스기관이라 한다.
- 던햄은 직접서비스기관을 소비자가 있다는 의미에서 소비자서비스기관으로, 간접서비스기관을 소비자가 없다는 의미에서 비소비자서비스기관이라고 칭했다.

2. 역사

- 1906년 원산 인보관 운동에서 사회복지관사업 태동
- 1921년 서울에 최초로 태화여자관 설립
- 1926년 원산에 보혜여자관 설립
- 1930년 서울에 인보관 설치
- 1976년 한국사회복지연합회 설립(22개 사회복지관)

- 1983년 사회복지사업법 개정으로 사회복지관 운영 국고보조
- 1988년 사회복지관 운영ㆍ국고보조사업지침 수립
- 1989년 주택건설촉진법 등에 의해 저소득층 영구임대아파트 건립 시 일정 규모의 사회복지관 건립을 의무화
- 1989년 사회복지법인 한국사회복지관협회 설립
- 2012년 사회복지사업법 개정으로 사회복지관의 설치 등에 관한 규정 신설

3. 운영의 기본 원칙

중요도

중점적으로 출제되는 내용은 아니지만 사회복지관이 기본적으로 어떤 성격을 갖는지, 어떤 사명을 갖는지 등을 이해하는 데 바탕이 되는 내용들이므로 살펴볼 필요가 있다.

(1) 지역성
지역사회의 특성과 지역주민의 문제나 욕구를 신속하게 파악ㆍ반영하여 지역사회 문제를 해결하고, 이에 따른 서비스를 제공하여야 하며, 주민이 적극적으로 참여하도록 유도함으로써 주민의 역할과 책임을 조장하여야 한다.

(2) 전문성
다양한 지역사회 문제에 대처하기 위한 일반적 프로그램과 특정한 문제를 해결할 수 있는 전문적 프로그램이 병행될 수 있도록 지식과 기술을 보유한 전문 인력이 사업을 수행하고, 이들 인력에 대한 지속적인 재교육 등을 통해 전문성을 증진하도록 하여야 한다.

(3) 책임성
사업수행에 따른 효과성과 효율성을 입증하고 책임을 다하려는 다각적 노력을 기울여야 한다.

(4) 자율성
다양한 복지서비스를 효율적으로 제공하기 위하여 복지관 능력과 전문성이 최대한 발휘될 수 있는 자율적인 운영이 될 수 있도록 하여야 한다.

(5) 통합성
사업을 수행함에 있어 지역 내 공공 및 민간 복지기관 간에 연계성과 통합성을 강화시켜 지역사회복지 체계를 효율적이고 효과적으로 운영하도록 하여야 한다.

(6) 자원활용

지역주민의 욕구에 따라 다양한 기능인력과 재원을 필요로 하므로 지역사회 내의 복지자원을 최대한 동원, 활용하여야 한다.

(7) 중립성

정치활동, 영리활동, 특정 종교활동 등으로 이용되지 않도록 해야 한다.

(8) 투명성

사회복지관은 자원을 효율적으로 이용하고 운영과정의 투명성을 유지하여야 한다.

중요도 (★ ★)
저소득층 밀집지역 우선 설치, 운영위원회의 역할, 후원금의 용도 외 사용금지 등은 종종 등장하는 내용이다.

4. 설치 · 운영

(1) 설치

① 설치의 우선 순위

시 · 도지사 및 시장 · 군수 · 구청장이 사회복지관을 설치하고자 할 때에는 저소득층 밀집지역에 우선 설치하되, 사회복지관이 일부 지역에 편중되지 않도록 한다.

② 설치 · 운영 주체

- 국가나 지방자치단체가 직접 설치 · 운영할 수 있으며, 사업의 전문성 제고를 위해 사회복지법인 및 비영리법인에 위탁하여 운영할 수도 있다.
- 지방자치단체 외의 자도 시 · 군 · 구청장에 신고하여 설치 · 운영할 수 있다.

(2) 운영

① 사업계획의 수립

사회복지관의 사업계획 수립 시에는 지역주민의 복지욕구에 대한 조사, 주민 간담회 및 공청회 등을 통하여 지역주민은 물론 시민단체, 관계 행정기관 등 지역사회 구성원들의 의견을 충분히 수렴하여 반영하도록 한다.

② 행정기관 연계

시 · 도지사 및 시장 · 군수 · 구청장은 사회복지관이 지역사회보장협의체에

참여하여 일선 행정기관과 연계하는 등 업무수행에 있어서 민·관의 파트너
십 형성을 통한 관리 및 운영의 실효성이 높아질 수 있도록 적극 장려한다.

③ 자원봉사자의 교육 및 활용

- 사회복지관의 장은 주민참여를 통해 사회복지관 사업의 효율을 높이기 위
  하여 사업의 전문분야별로 전문지식과 기술을 가진 자원봉사자를 발굴하여
  교육 후 활용하도록 한다.
- 자원봉사자에 대해서는 사회복지관 사업에 대한 예비지식을 사전에 충분히
  숙지하도록 하여 책임을 갖게 하고, 항상 계획적이고 조직적으로 활용할
  수 있는 방안을 모색해야 한다.

④ 비용의 수납

- 사회복지관의 사업수행은 주민의 의타심을 방지하고 사업의 효과를 높이기
  위하여 사업에 소요되는 최소한의 실비를 이용자로부터 수납할 수 있다.
  다만, 실비이용료 수납 프로그램에 대하여는 국민기초생활보장 수급권자
  등 무료 이용자를 20% 내외로 한다.
- 수납된 실비이용료는 사회복지관의 세입예산에 편입하여 실비이용료를 받
  는 사업의 자체비용에 충당하고, 그 외에 남은 금액에 대하여는 국민기초생
  활보장 수급권자 등 저소득층을 위한 사업에 우선적으로 사용하여야 한다.

⑤ 시설운영위원회

- 설치목적: 사회복지시설 운영의 민주성·투명성 제고 및 생활자 권익 향상
  등을 위해 사회복지시설 운영위원회를 설치·운영함
- 구성: 위원회는 위원장 1인을 포함하여 5인 이상 15인 이하의 위원으로 구
  성(시설의 장, 시설 거주자/이용자 대표, 시설 거주자의 보호자 대표, 시설
  종사자의 대표, 해당 시·군·구 소속의 사회복지업무를 담당하는 공무
  원, 후원자 대표 또는 지역주민, 공익단체에서 추천한 사람, 그 밖에 시설
  의 운영 또는 사회복지에 관하여 전문적인 지식과 경험이 풍부한 자 중에서
  관할 시장·군수·구청장이 임명 또는 위촉하며, 시설장의 친인척 등 시설
  장과 특수관계가 명확한 자는 위원에서 제외)
- 심의사항: 시설운영계획의 수립·평가에 관한 사항, 사회복지프로그램의
  개발·평가에 관한 사항, 시설종사자의 근무환경 개선에 관한 사항, 시설
  거주자의 생활환경 개선 및 고충처리 등에 관한 사항, 시설 종사자와 거주
  자의 인권보호 및 권익증진에 관한 사항, 시설과 지역사회와의 협력에 관
  한 사항, 그 밖에 시설의 장이 운영위원회의 회의에 부치는 사항

(3) 후원금 관리

• 후원금은 무상으로 받은 금품 및 기타의 자산을 말한다.
• 사회복지법인의 대표이사와 시설의 장은 후원금의 수입·지출 내용과 관리에 명확성이 확보되도록 하여야 한다.

① 후원금의 수입 및 사용내용 통보 등에 관한 사항

• 법인의 대표이사 및 시설의 장은 후원금을 받을 때에는 각각의 법인 및 시설별로 후원금전용계좌등(법인명의의 후원금전용계좌나 시설의 명칭이 부기된 시설장 명의의 계좌)을 구분하여 사용하여야 하며, 미리 후원자에게 후원금전용계좌등의 구분에 관한 사항을 안내하여야 한다.
• 모든 후원금의 수입 및 지출은 후원금전용계좌등을 통하여 처리하여야 한다.(물품 형태의 후원금은 제외)
• 법인의 대표이사와 시설의 장은 연 1회 이상 해당 후원금의 수입 및 사용내용을 후원금을 낸 법인·단체 또는 개인에게 통보하여야 한다.(법인이 발행하는 정기간행물 또는 홍보지 등을 통한 일괄통보 가능)
• 법인의 대표이사와 시설의 장은 결산보고서를 제출할 때에 후원금수입 및 사용결과보고서(전산파일 포함)를 관할 시·군·구청장에게 제출하여야 한다.
• 시·군·구청장은 제출받은 후원금수입 및 사용결과보고서를 제출받은 날부터 20일 이내에 인터넷 등을 통하여 3개월 동안 공개하여야 하며, 법인의 대표이사 및 시설의 장은 해당 법인 및 시설의 게시판과 인터넷 홈페이지에 같은 기간 동안 공개하여야 한다.(단, 후원자의 성명 및 법인의 명칭은 공개하지 않음)

② 용도 외 사용금지

• 법인의 대표이사와 시설의 장은 후원금을 후원자가 지정한 사용용도 외의 용도로 사용하지 못한다.
• 보건복지부장관은 후원자가 사용용도를 지정하지 아니한 후원금에 대하여 그 사용기준을 정할 수 있다.

중요도

사회복지관의 서비스는 누구나 이용할 수 있지만, 저소득층 등을 우선적으로 한다는 점 기억해두자. 우선하는 사업대상을 고르는 문제도 단독으로 출제된 바 있다.

5. 사업의 대상

• 사회복지관 사업의 대상은 사회복지서비스 욕구를 가지고 있는 모든 지역주민으로 한다.

- 다만, 다음의 지역주민에게는 우선적으로 제공해야 한다.
  - 국민기초생활보장 수급자, 차상위계층
  - 장애인, 노인, 한부모가족, 다문화가족
  - 직업 및 취업 알선이 필요한 주민
  - 보호와 교육이 필요한 유아 · 아동 및 청소년
  - 그 밖에 사회복지관의 사회복지서비스를 우선 제공할 필요가 있다고 인정되는 사람

6. 사업내용 ^{22회 기출} 🏆

중요도 ★ ★ ★

사회복지관과 관련하여 가장 자주 등장하는 내용이 바로 사업내용에 관한 문제이다. 3가지 기능과 함께 각 사업분야의 내용들을 살펴보도록 하자.

- 사회복지사업법에 따라 사회복지관은 지역복지증진을 위하여 다음의 사업을 실시할 수 있다.
  - 지역사회의 특성과 지역주민의 복지욕구를 고려한 서비스 제공 사업
  - 국가 · 지방자치단체 및 민간 부문의 사회복지서비스를 연계 · 제공하는 사례관리 사업
  - 지역사회 복지공동체 활성화를 위한 복지자원 관리, 주민교육 및 조직화 사업
  - 그 밖에 복지증진을 위한 사업으로서 지역사회에서 요청하는 사업
- 사회복지관에서는 사무분야 및 사업분야별로 이를 수행할 수 있는 직원을 각각 두거나 겸직하도록 할 수 있다.
- 사회복지관의 관장은 지역사회의 특성과 지역주민의 복지욕구를 고려한 사업을 선택하여 복지사업을 수행해야 한다. 또한 지역주민의 복지욕구에 대한 조사, 관계 행정기관 및 단체의 의견을 수렴하여 매년도의 사회복지관 복지사업계획을 수립해야 한다.

사회복지관의 기능 및 사업(사회복지사업법 시행규칙 제23조의2, 별표3)

기능	사업분야	사업 및 내용
사례관리 기능	사례발굴	지역 내 보호가 필요한 대상자 및 위기 개입대상자를 발굴하여 개입계획 수립
	사례개입	지역 내 보호가 필요한 대상자 및 위기 개입대상자의 문제와 욕구에 대한 맞춤형 서비스가 제공될 수 있도록 사례개입
	서비스 연계	사례개입에 필요한 지역 내 민간 및 공공의 가용자원과 서비스에 대한 정보 제공 및 연계, 의뢰

		1. 가족관계증진사업: 가족원간의 의사소통을 원활히 하고 각자의 역할을 수행함으로써 이상적인 가족관계를 유지함과 동시에 가족의 능력을 개발·강화하는 사업
서비스 제공 기능	가족기능 강화	2. 가족기능보완사업: 사회구조 변화로 부족한 가족기능, 특히 부모의 역할을 보완하기 위하여 주로 아동·청소년을 대상으로 실시되는 사업 3. 가정문제해결·치료사업: 문제가 발생한 가족에 대한 진단·치료·사회복귀 지원사업 4. 부양가족지원사업: 보호대상 가족을 돌보는 가족원의 부양부담을 줄여주고 관련 정보를 공유하는 등 부양가족 대상 지원사업 5. 다문화가정, 북한이탈주민 등 지역 내 이용자 특성을 반영한 사업
	지역사회 보호	1. 급식서비스: 지역사회에 거주하는 요보호 노인이나 결식아동 등을 위한 식사제공 서비스 2. 보건의료서비스: 노인, 장애인, 저소득층 등 재가복지사업대상자들을 위한 보건·의료관련 서비스 3. 경제적 지원: 경제적으로 어려운 지역사회 주민들을 대상으로 생활에 필요한 현금 및 물품 등을 지원하는 사업 4. 일상생활 지원: 독립적인 생활능력이 떨어지는 요보호 대상자들이 시설이 아닌 지역사회에 거주하기 위해서 필요한 기초적인 일상생활 지원서비스 5. 정서서비스: 지역사회에 거주하는 독거노인이나 소년소녀가장 등 부양가족이 없는 요보호 대상자들을 위한 비물질적인 지원 서비스 6. 일시보호서비스: 독립적인 생활이 불가능한 노인이나 장애인 또는 일시적인 보호가 필요한 실직자·노숙자 등을 위한 보호서비스 7. 재가복지봉사서비스: 가정에서 보호를 요하는 장애인, 노인, 소년·소녀가정, 한부모가족 등 가족기능이 취약한 저소득 소외계층과 국가유공자, 지역사회 내에서 재가복지봉사서비스를 원하는 사람에게 다양한 서비스 제공
	교육문화	1. 아동·청소년 사회교육: 주거환경이 열악하여 가정에서 학습하기 곤란하거나 경제적 이유 등으로 학원 등 다른 기관의 활용이 어려운 아동·청소년에게 필요한 경우 학습 내용 등에 대하여 지도하거나 각종 기능 교육 2. 성인기능교실: 기능습득을 목적으로 하는 성인사회교육사업 3. 노인 여가·문화: 노인을 대상으로 제공되는 각종 사회교육 및 취미교실운영사업 4. 문화복지사업: 일반주민을 위한 여가·오락프로그램, 문화 소외집단을 위한 문화프로그램, 그 밖에 각종 지역문화행사사업
	자활지원 등 기타	1. 직업기능훈련: 저소득층의 자립능력배양과 가계소득에 기여할 수 있는 기능훈련을 실시하여 창업 또는 취업을 지원하는 사업 2. 취업알선: 직업훈련 이수자 기타 취업희망자들을 대상으로 취업에 관한 정보제공 및 알선사업 3. 직업능력개발: 근로의욕 및 동기가 낮은 주민의 취업욕구 증대와 재취업을 위한 심리·사회적인 지원프로그램 실시사업 4. 그 밖의 특화사업
지역 조직화 기능	복지 네트워크 구축	지역 내 복지기관·시설들과 네트워크를 구축함으로써 복지서비스 공급의 효율성을 제고하고, 사회복지관이 지역복지의 중심으로서의 역할을 강화하는 사업 – 지역사회연계사업, 지역욕구조사, 실습지도
	주민 조직화	주민이 지역사회 문제에 스스로 참여하고 공동체 의식을 갖도록 주민 조직의 육성을 지원하고, 이러한 주민협력강화에 필요한 주민의식을 높이기 위한 교육을 실시하는 사업 – 주민복지증진사업, 주민조직화 사업, 주민교육
	자원 개발 및 관리	지역주민의 다양한 욕구 충족 및 문제해결을 위해 필요한 인력, 재원 등을 발굴하여 연계 및 지원하는 사업 – 자원봉사자 개발·관리, 후원자 개발·관리

잠깐!

1992년부터 설치, 운영되어 오던 재가복지봉사센터가 2010년부터 종합사회복지관의 재가복지봉사 서비스로 흡수·통합되었다.

2 사회적 경제

기출회차

	2	3	4	5
6	7	8	9	10
11	12	13	14	**15**
16	**17**	**18**	**19**	**20**
21	**22**			

강의로 복습하는 기출회독 시리즈

Keyword 158

1. 사회적 경제의 개념 및 특징

중요도 ★

사회적 경제 주체는 비영리조직이 아니기 때문에 영리를 추구한다는 점은 기본적으로 기억해두자.

• 기존의 이윤의 극대화를 최고 가치로 하는 시장경제와 달리 사회적 가치를 추구하는 경제활동을 의미한다.

• 양극화 해소, 일자리 창출 등 공동이익과 사회적 가치의 실현을 위해 사회적 경제조직이 상호협력과 사회연대를 바탕으로 사업체를 통해 수행하는 경제활동이다.

• 자본주의 시장경제에서 드러나는 문제를 해결하고 일자리 주거 육아 교육 등 인간 생애와 관련된 영역에서 경쟁과 이윤을 넘어 상생과 나눔의 삶의 방식을 실현하고자 한다.

• 사회적 경제의 개념은 각 나라마다, 제도마다 다르지만, 대체적으로 민주적 의사결정, 사회적 목적 추구, 지분에 근거하지 않는 경제적 성과배분, 국가에 독립된 조직 등을 공통된 원리로 꼽을 수 있다.

2. 사회적 경제의 등장 및 발전

• 서구 사회에서는 자본주의 시장경제에 따라 나타난 빈부격차, 불평등, 환경문제 등 사회적 문제가 제기되면서 1800년대 협동조합, 상호부조조합, 사회적 기업 등의 형태를 띠는 조직들이 나타나기 시작했다.

• 우리나라에서는 1920년대 두레조합, 농민협동조합 등이 그 시작이라고 볼 수 있다. 이후 1990년대 후반 IMF를 겪으며 빈부격차, 고용불안, 실업문제 등의 문제에 초점을 둔 사회적 기업의 필요성이 제기되고 사회적 경제에 관한 관심도 높아짐에 따라 2007년에는 사회적기업 육성법이 제정·되었고, 2012년에는 협동조합 기본법이 제정·시행되었다.

3. 사회적 경제 주체 22회 기출

현재 우리나라의 대표적인 사회적 경제 주체로는 사회적 기업, 마을기업, 협동조합, 자활기업 등을 꼽을 수 있다.

(1) 사회적 기업 꼭!

① 설립 등

• 취약계층에게 사회서비스 또는 일자리를 제공하거나 지역사회에 공헌함으로써 지역주민의 삶의 질을 높이는 등의 사회적 목적을 추구하면서 재화 및 서비스의 생산 · 판매 등 영업활동을 하는 기업이다.

• 「사회적기업 육성법」(고용노동부 관할)에 따라 고용노동부 장관의 인증을 받은 기관으로, 고용노동부 장관은 고용정책심의회의 심의를 거쳐 인증을 진행한다.

• 인증요건
  – 법인, 조합, 회사, 특별법에 따라 설립된 법인 또는 비영리민간단체 등의 조직형태를 갖출 것
  – 유급근로자를 고용하여 재화와 서비스의 생산 · 판매 등 영업활동을 할 것
  – 취약계층에게 사회서비스 또는 일자리를 제공하거나 지역사회에 공헌함으로써 지역주민의 삶의 질을 높이는 등 사회적 목적의 실현을 조직의 주된 목적으로 할 것
  – 서비스 수혜자, 근로자 등 이해관계자가 참여하는 의사결정 구조를 갖출 것
  – 영업활동을 통한 수입이 기준 이상일 것 (수입 기준: 사회적기업 인증을 신청한 날이 속하는 달의 직전 6개월 동안 영업 총수입이 총 노무비의 100분의 50 이상)

② 주요 특징

• 의의: 취약계층에 대한 지속가능한 일자리 제공, 지역사회 활성화, 사회서비스 확충, 윤리적 경영문화 확산 및 착한 소비문화 조성 등

• 영리기업과 비영리기업의 중간 형태: 영리기업이 주주나 소유자를 위해 이윤을 추구하는 것과는 달리, 사회적 기업은 사회서비스를 제공하고 취약계층에게 일자리를 창출하는 등 사회적 목적을 조직의 주된 목적으로 추구한다.

• 사회적기업에 대해서는 경영지원, 교육훈련 지원, 시설비 지원, 인건비를

비롯한 재정지원, 공공기관의 우선구매, 조세감면 및 사회보험료 지원 등이 이루어질 수 있다.

③ 사회적 기업 관련 계획

- 사회적기업 육성 기본계획: 고용노동부장관은 사회적기업을 육성하고 체계적으로 지원하기 위하여 고용정책심의회의 심의를 거쳐 기본계획을 5년마다 수립해야 한다.
- 시 · 도별 사회적기업 지원계획: 시 · 도지사는 기본계획과 연계하여 관할 구역의 사회적기업을 육성하고 체계적으로 지원하기 위한 계획을 수립하고 시행해야 한다.

(2) 협동조합 ★꼭

① 설립 등

- 재화 또는 용역의 구매 · 생산 · 판매 · 제공 등을 협동으로 영위함으로써 조합원의 권익을 향상하고 지역사회에 공헌하고자 하는 사업조직이다.
- 「협동조합 기본법」(기획재정부 관할)에 따라 설립한다.
- 사회적협동조합: 지역주민들의 권익 · 복리 증진과 관련된 사업을 수행하거나 취약계층에게 사회서비스 또는 일자리를 제공하며 영리를 목적으로 하지 않는 협동조합(비영리법인)을 말한다.
- 5인 이상의 조합원 자격을 가진 자가 발기인이 되어 정관을 작성하고 창립총회의 의결을 거친 후 주된 사무소의 소재지를 관할하는 시 · 도지사에 신고함으로써 설립한다.
- 임원: 이사장 1명을 포함한 3명 이상의 이사와 1명 이사의 감사

② 주요 특징

- 협동조합은 공직선거에서 특정 정당을 지지 · 반대하는 행위 또는 특정인을 당선되도록 하거나 당선되지 않도록 하는 행위를 해서는 안 된다.
- 기본원칙
  - 협동조합은 업무 수행 시 조합원 등을 위해 최대한 봉사해야 한다.
  - 자발적으로 결성하여 공동으로 소유하고 민주적으로 운영되어야 한다.
  - 투기를 목적으로 하는 행위와 일부 조합원의 이익만을 목적으로 하는 업무와 사업을 해서는 안 된다.
- 협동조합은 설립 목적을 달성하기 위해 필요한 사업을 자율적 정관으로 정하되 다음 사업을 포함해야 한다.

- 조합원과 직원에 대한 상담, 교육·훈련 및 정보 제공 사업
- 협동조합 간 협력을 위한 사업
- 협동조합의 홍보 및 지역사회를 위한 사업

③ 협동조합 관련 계획

- 기획재정부장관은 협동조합에 관한 정책을 총괄하고 협동조합의 자율적인 활동을 촉진하기 위한 기본계획을 3년마다 수립해야 한다.
- 기본계획의 수립 및 변경에 관한 사항의 심의를 비롯한 협동조합의 정책에 관한 주요 사항을 심의하기 위해 기획재정부 장관 소속으로 협동조합정책심의위원회를 둔다.

(3) 자활기업 ★꼭!

① 설립 등

- 「국민기초생활보장법」(보건복지부 관할)에 따른 자활지원 사업의 하나로서 보장기관의 인정을 받아 설립한다.
- 조합 또는 부가가치세법상 사업자의 형태를 갖추고 수급자 또는 차상위자를 2인 이상 포함하여야 한다.
- 광역자활기업: 광역 단위의 자활사업 추진을 위해 광역자치단체에서 인정한 자활기업으로, 관할 시·도 내에서 2개 이상의 기초자치단체의 자활기업이 협력하여 구성하거나 2개 이상의 기초자치단체의 수급자 등이 참여하여 신규 설립한다.
- 전국자활기업: 전국 단위의 자활사업 추진을 위해 보건복지부에서 인정한 자활기업으로, 2개 이상의 광역자치단체를 포함하는 자활사업의 추진을 목적으로 하여 2개 이상의 광역자치단체 내의 자활기업 및 자활근로사업단으로 구성한다.

② 지원 내용 및 요건

- 보장기관은 자활기업에 직접 또는 자활복지개발원, 지역자활센터 및 광역자활센터를 통해 자활을 위한 사업자금 융자, 국유지·공유지 우선 임대, 국가 및 지자체 사업의 우선 위탁, 운영에 필요한 경영·세무 등의 교육 및 컨설팅을 비롯한 수급자의 자활촉진을 위한 각종 사업을 지원할 수 있다.
- 보장기관이 지원할 수 있는 자활기업은 그 구성원 중 수급자가 5분의 1 이상이면서 수급자 또는 차상위자가 3분의 1 이상이어야 한다.
- 자활기업의 모든 참여자에 대하여 최저임금 이상의 임금 지급이 가능하여

야 한다.

- 자활기업 근로일수가 조건이행기준을 충족하여야 한다(주당 3일, 22시간 이상).
- 자활근로사업단의 자활기업 전환 시 사업의 동일성을 유지한다.
- 창업 전 교육 및 보수 교육을 이수한다.

(4) 마을기업 ★^{꼭!}

① 설립 등

- 마을기업은 지역주민 또는 단체가 해당 지역의 인력, 향토, 문화, 자연자 원 등 각종 자원을 활용하여 생활환경을 개선하고 지역공동체를 활성화하 며 소득 및 일자리를 창출하기 위하여 운영하는 기업을 말한다. 「도시재생 활성화 및 지원에 관한 특별법」(약칭: 도시재생법)가 근거 법률이다.
- 설립규정은 행정안전부 「마을기업 육성사업 시행지침」을 따른다. 설립요건 은 공동체성, 공공성, 지역성, 기업성 등에 관한 사항으로 이루어져 있다.
- 지정요건과 운영요건을 구분하여 지정 시에는 '지정요건'을, 운영 시에는 '지정요건'과 '운영요건'을 모두 충족하도록 하고 있다. 구체적인 기준은 마 을기업의 유형에 따라 다르다.

도시재생법에 따라 마을기업, 사 회적 기업, 사회적협동조합 등 지 역주민 단체는 도시재생사업의 시 행자로 지정될 수 있다. 국가 또는 지방자치단체는 도시재생 활성화 를 위해 마을기업, 사회적기업, 사 회적협동조합 등의 지역활성화사 업 사전기획비, 운영비 등의 전부 또는 일부를 보조하거나 융자할 수 있다.

② 운영원칙(마을기업 육성사업 시행지침)

- 마을기업은 공동체를 중심으로 한 자발적 참여, 민주적 운영, 상호신뢰를 바탕으로 공동체 회복 및 사회통합에 이바지해야 함
- 호혜와 협력을 기반으로 지역 내에서 다양한 공헌 및 상생을 위한 활동을 통해 공익적 및 공공적 가치를 창출하여야 함
- 지역을 근거로 활동하는 사람들이 주도하여 지역문제를 해결하기 위한 사 업계획을 수립하고 지역 내의 자원과 인력 등을 활용하여 지역 활성화에 기 여하여야 함
- 시장 경쟁력이 있는 사업계획을 수립하고 안정적인 매출 및 수익을 통해 지 속가능성을 확보함으로써 지역경제 활성화에 노력하여야 함

기출회차

	2	3	4	5
6	7	8	9	10
11	12	13	14	15
16	17	18	19	20
21	22			

강의로 복습하는 기출회독 시리즈

Keyword 159

3 공동모금

1. 공동모금의 의의 및 특성

(1) 목표

- 자발적 기부문화 정착을 통한 삶의 질 향상과 지역사회의 변화를 추구한다.
- 사회복지에 있어서 민간부문의 자원을 동원하는 핵심적 전략으로, 민간복지 발전에 필요한 재원을 자율적으로 마련하고 이를 복지사업에 배분하는 민간복지운동이다.

(2) 의의

- 무분별한 자선사업의 난립을 막고 지역주민이 신뢰할 수 있는 민간모금단체를 조직한다.
- 지역주민의 참여기회를 제공함으로써 자원봉사 정신을 함양시킬 수 있다.
- 사회복지서비스 프로그램의 전문성 제고에 기여할 수 있다.
- 단순히 사회복지에 필요한 재원을 마련하여 국가가 담당하지 못하거나, 담당하기를 꺼리는 분야를 지원하는 것만이 아니라, 민간차원에서 자율성과 효율성을 담보하면서 공익적인 사업을 독자적으로 기획하고 수행할 수 있도록 한다.

(3) 특성

① 봉사활동으로서 민간운동의 특성을 띤다

- 사회구성원인 주민들의 상부상조 정신, 공동체 의식을 바탕으로 자유로운 입장에서 기부하는 기부금을 민간복지 부분을 위해 활용하고, 민간 활동으로서의 특색을 발휘할 수 있다.
- 사회연대, 상부상조의 정신을 바탕으로 지역주민의 자주적 봉사활동으로 전개되는 중요한 민간복지활동이다.

② 지역사회를 중심 기반으로 한다

- 민간의 자발적인 노력과 협조정신에 의하여 지역사회의 사회복지사업이 자율적인 활동에 의해 이루어지도록 해야 한다.
- 지역주민들에 의해 설립된 지역공동모금회는 기부자(거주자), 그 지역사회에 있는 수혜자(민간복지조직들)의 협력에 의하여 자주적으로 그 지역의 특성에 맞추어 지역사회의 복지증진을 도모할 수 있다.

③ 효율성을 높이고 모금을 일원화시킬 수 있다

- 모금의 일원화를 통하여 기부금 모집에 대한 노력, 시간, 경비를 절약할 수 있어 통합적인 조정을 도모할 수 있다.
- 기부금을 배분받는 시설·단체의 개별모금을 단순히 금지하여 일원화를 시키는 것이 아니라 개별모금의 필요성을 없애는 것이 공동모금의 본래 의도이다.

④ 공표한다

- 모금 실시에 앞서 각 회원 시설 및 단체들로부터 신청된 필요액을 심사하여 배분계획을 세우고 모금 목표액을 결정한다. 이 내용을 공표함으로써 기부자인 지역주민에게 필요액에 관한 이해를 구함과 동시에 모금결과에 대해서도 공표하고, 기부금 배분이 종료된 후에도 그 결과를 새로이 공표한다.
- 공표하는 것은 모금 활동의 책임성, 투명성 뿐만 아니라 사회복지사업의 사회화를 위해서도 중요하다.

⑤ 전국적인 협조를 도모할 수 있다

- 공동모금제도는 지역성을 특성으로 하지만 전국적으로 일제히 전개하는 것이 바람직하다.
- 지역 이기주의로 전락할 경우 상부상조의 정신과는 모순되기 때문에 지역의 자주적 활동이 상호 협조하여 전개될 때 사회연대정신 고양이라는 사명을 이룩할 수 있다.

(4) 공동모금의 사회적 기능

① 합리적인 기부금 모금을 통한 사회복지 자금의 조성

공동모금회는 지역성과 효율성 및 일원화의 특성을 바탕으로 합리적 모금을 통한 민간사회복지 자금조성이라는 하나의 사회적 기능을 수행하는 것이다.

② 국민의 상부상조 정신의 고양

공동모금의 바탕이 되는 것은 상부상조 정신이며, 홍보활동을 통해 이타주의, 인도주의, 사회적 연대의식 등이 표출되도록 하며, 이를 결집시켜 상부상조 정신을 고양시키고 더 나아가 지역사회를 강화하는 수단으로서의 기능을 수행한다.

③ 사회복지에 관한 이해의 보급과 여론 형성

공동모금회는 모든 것을 공표함으로써 사회복지에 관한 이해를 보급하고 여론을 형성할 수 있다. 배분계획과 그 결과에 관한 설명을 통해 기부자가 거주하는 지역사회, 좁게는 기부자의 이웃에 있어서 사회복지의 현상과 문제점에 관련된 구체적이고 확고한 이해를 구할 수 있다.

④ 민주시민으로서의 권리와 책무 수행

공동모금 운동은 봉사자의 조직적인 활동에 의해 추진된다. 자원봉사활동은 민주시민으로서 도덕적인 권리의 수행임과 동시에 자발적인 봉사활동의 자유가 모든 사람에게 주어진다는 점을 고려할 때, 봉사활동은 타인을 위한 자기희생이 아니라 민주시민으로서 누리는 권리의 행사라고 할 수 있다.

(5) 공동모금의 장 · 단점[23]

① 장점
- 공동모금은 개별모금에 비해 효율적인 모금과 합리적이고 형평성 있는 배분이 가능하다.
- 사회복지사업에 많은 사람이 참여한다.
- 개별 사회복지기관은 모금활동에 투여하는 경비를 절약할 수 있다.
- 기부자에게 계속적인 관심을 갖게 한다.
- 기부자에게 지역사회에 대한 책임감을 갖게 하고, 기부자에게 기부금이 유효하게 사용된다는 확신을 주기 쉽다.
- 적절한 예산과 결산은 사회복지사업계획의 효율을 높인다.
- 광범위한 교육선전활동은 사회복지에 대한 지식과 관심을 널리 보급한다.
- 합동의 계획과 활동 · 조정 · 기준의 개선, 지역사회보장계획의 건전한 발전을 실제적으로 장려한다.

② 단점
- 금전에만 관심이 기울어 사회복지라는 정신과 동기가 퇴색될 수 있다.

- 가입기관의 계획, 정책 및 운영에 대한 간섭의 가능성이 있다.
- 기업가 등 고액 기부자와의 관계로 인해 사회행동이 어려울 수 있다.

2. 우리나라 사회복지공동모금회

중요도 ★★
우리나라 사회복지공동모금회의 설치 및 운영과 관련한 전반적인 사항을 다룬 문제가 출제된다.

(1) 구성 및 운영

① 설립
- 사회복지사업 및 기타 사회복지활동 지원에 필요한 재원을 조성하기 위하여 기부금품의 모집을 목적으로 사회복지공동모금회법에 따라 설립된다.
- 공동모금회는 정관을 작성하여 보건복지부장관의 인가를 받아 등기함으로써 설립되며, 사회복지사업법에 따른 사회복지법인이다.

합격자의 한마디

공동모금회는 국가기관이 아닌 민간 사회복지법인이며, 각 지역에 있는 모금회는 개별 법인이 아닌 중앙공동모금회에 속한 지회라는 점 기억해둡시다.

② 구성
전국공동모금회와 17개 시 · 도지회로 구성되어 있다.

보충자료
우리나라 공동모금회의
발전 과정

③ 운영
- 사회복지공동모금사업, 모금한 재원의 배분 및 운용 · 관리, 모금과 관련된 조사 · 연구 · 홍보 · 교육훈련 등의 사업과 지회의 운영 및 그 사업과 관련된 국제교류 및 협력증진사업 등을 수행한다.
- 임기 3년의 임원(1회 연임 가능)으로 회장 1인, 부회장 3인, 15인 이상 20인 이하(회장 · 부회장 및 사무총장 포함)의 이사와 감사 2인을 둔다.
- 사회복지공동모금회에는 정관에서 정하는 중요사항을 의결하기 위하여 이사회를 두고, 업무를 처리하기 위하여 사무총장 1인과 필요한 직원 및 기구를 둔다. 또, 모금회의 기획 · 홍보 · 모금 · 배분업무에 관한 사항을 심의하기 위하여 해당 분야의 전문가와 시민대표 등으로 구성되는 기획분과실행위원회, 홍보분과실행위원회와 모금분과실행위원회 및 배분분과실행위원회를 둔다.
- 모금회의 사업에 필요한 경비는 사회복지공동모금에 의한 기부금품, 법인 또는 단체가 출연하는 현금 · 물품 · 그 밖의 재산, 배분받은 복권수익금, 기타 수입금으로 조성한다.

(2) 주요 모금방법
공동모금회의 모금사업은 연중 계속하여 진행되지만 사랑의 온도계와 같이 특정 기간동안 집중모금을 진행하거나 시민 걷기대회와 같은 특별사업을 통해 모금하기도 한다. 실제로 연중모금보다 연말집중모금이 더 많이 이루어지고 있으며, 기업모금이 가장 큰 비중을 차지하고 있다.

① 개인모금
아너소사이어티, 착한가게, 직장인나눔캠페인, 온라인 기부

② 기업모금
기업 방문 및 자문을 통한 맞춤형 기업사회공헌, 공익연계마케팅, 연말 집중모금 캠페인, 물품 기부

③ 방송모금
방송에서 사연을 소개하여 모금하는 방식

> **에** 서울시와 서울사회복지공동모금회의 민·관협력사업인 '희망온돌 따뜻한 겨울나기'를 위해 '2021 따뜻한 겨울나기 언택트(U.N.T.ACT)모금 생방송'을 마포TV 유튜브로 진행했다.

④ 지정기부
특정 대상 및 분야에 지원을 희망하는 기부자의 의도 반영, 기부자의 관심과 참여 활성화 유도

⑤ 복권 발행
모금회는 사회복지사업이나 그 밖의 사회복지활동을 지원하기 위한 재원을 조성하기 위해 보건복지부 장관의 승인을 받아 복권을 발행할 수 있다.

(3) 주요 배분사업 ⭐꼭!

① 신청사업
사회복지 증진을 위하여 자유주제 공모형태로 복지사업을 신청 받아 배분하는 사업(프로그램사업과 기능보강사업으로 구분)

② 기획사업
배분대상자로부터 제안 받은 내용 중에서 선정하여 배분하는 시범적이고 전문적인 사업 또는 모금회가 그 주제를 정하여 배분하는 사업

③ 긴급지원사업

재난구호 및 긴급구호, 저소득층응급지원 등 긴급히 지원해야 할 필요가 있는 경우에 배분하는 사업

④ 지정기탁사업

사회복지 증진을 위하여 기부자가 기부금품의 배분지역·배분대상자 또는 사용용도를 지정한 경우 그 지정취지에 따라 배분하는 사업

(4) 배분대상 ★꼭!

① 배분대상

사회복지사업 기타 사회복지활동을 행하는 비영리 법인·기관·단체 및 시설(개인신고시설 포함), 사회복지서비스를 필요로 하는 개인

② 배분제외대상

- 동일한 사업으로 국가·지방자치단체 또는 다른 기관으로부터 지원을 받았거나 받기로 확정된 사업(다만, 모금회 배분분과실행위원회의 심의결과 지원이 필요하다고 인정되는 경우에는 예외로 함)
- 법령상 금지된 행위에 사용되는 비용
- 정치·종교적 목적에 이용될 수 있는 경우
- 수익을 주된 목적으로 하는 사업
- 공직선거법에 위반되는 경우
- 모금회의 제재조치에 따른 배분대상 제외기간에 배분신청한 경우
- 모금회 배분분과실행위원회의 심의결과 배분대상 제외 필요성이 인정되는 사업 또는 비용

(5) 심사기준 및 과정

① 심사기준

- 기관평가: 신뢰성, 사업수행능력
- 사업평가: 적합성, 실현가능성, 투입요소 적절성, 투입비용
- 기타평가: 홍보노력 및 지역자원 활용, 자구계획

② 심사과정

예비심사, 서류심사, 면접심사, 현장심사

잠깐!

긴급지원사업의 경우, 개인 대상 배분사업이라도 사회복지사업 기타 사회복지활동을 행하는 비영리 법인·기관·단체·시설 및 공공기관을 통해 신청할 수 있다.

잠깐!

제시된 표준 심사기준은 사업의 특성에 따라 일부 항목이 가감될 수 있으며, 사업의 특성에 따라 일부 심사과정을 추가 또는 생략할 수 있다.

기출회차				
	2	3	4	5
6	7	8	9	10
11	12	13	14	15
16	17	18	19	20
21	22			

강의로 복습하는 기출회독 시리즈

Keyword 160

4 자활사업

1. 자활사업의 목적

- 국민기초생활보장제도로서 근로능력자의 기초생활을 보장하며, 근로역량 배양 및 일자리 제공을 통한 탈빈곤 및 빈곤예방을 지원하기 위한 제도이다.
- 자활사업을 통해 근로능력이 있는 저소득층이 스스로 자활할 수 있도록 기능습득을 지원하고 근로기회를 제공한다.

2. 주요 자활사업 프로그램[24]

(1) 자활사례관리

- Gateway(진입): 자활사업 참여자의 구체적인 자활경로를 세우고 이를 이행하기 위하여 기본 지식과 소양을 익히는 사전 단계이다. 상담, 기초교육, 욕구조사에 기반하여 개인별 자립경로와 개인별 자활지원계획을 수립한다.
- 자활사례관리: 자활사업 참여자의 개인별 자활지원계획에 바탕을 두어 상담, 근로기회 제공, 자활근로를 통한 일에 대한 의욕·자존감 고취 등을 모니터링하고 자립에 필요한 각종 서비스를 연계하여 지원한다.

(2) 자활근로사업

① 사업 방향 및 영역

- 한시적인 일자리 제공이 아닌, 저소득층이 노동시장에서 취업이나 창업을 통해 경제활동을 영위하는 데 필요한 기초능력을 배양하고 자립 장애요인을 제거하는 데에 초점을 둔다.
- 간병, 집수리, 청소, 폐자원재활용, 음식물재활용사업 등 5대 전국표준화사업을 중점 사업으로 추진하되, 정부양곡배송사업, 영양플러스, 환경정비, 세차, 세탁, 영농 등 지역별 특화사업을 개발한다.

② 사업 내용 및 유형

- 자활근로사업은 참여자의 자활능력과 사업유형에 따라 근로유지형, 사회서비스형, 인턴 · 도우미형, 시장진입형으로 구분하며, 근로유지형 자활사업은 전체 자활근로사업의 30% 미만으로 운영한다.
- 자활근로 참여기간은 최대 60개월로 제한된다. 자활근로에 재참여하게 된 경우에는 이전 참여기간과 합산하되, 근로유지형 자활근로는 연속 참여기간 제한을 두지 않는다.

근로유지형	• 현재의 근로능력 및 자활의지를 유지하면서 향후 상위 자활사업 참여를 준비하는 형태 • 노동강도가 약하나 지역사회에 필수적인 공공서비스 제공사업 중심
사회서비스형	• 수익성은 떨어지나 사회적으로 유용한 일자리 제공으로 참여자의 자활능력 개발과 의지를 고취하여 향후 시장진입을 준비하는 사업 • 지역자활센터에 위탁 수행 및 지자체에서 직접 수행 가능
인턴 · 도우미형	자활근로를 하면서 기술 · 경력을 쌓은 후 취업을 통한 자활을 도모하는 취업유도형 사업 • 인턴형: 수급자의 자활유도가 용이한 기술(전기, 용접, 미용, 요리, 정비, 운전, 제과 · 제빵 등)을 습득할 수 있는 업체 및 인건비 지원 종료 후 참여자 채용을 확약한 업체 • 도우미형: 구청 또는 동주민센터의 복지도우미, 지역자활센터의 자활도우미
시장진입형	• 매출액이 총 사업비의 30% 이상 발생하고, 일정기간 내에 자활기업 창업을 통한 시장진입을 지향하는 사업(5대 전국표준화사업 및 지역별 특화 사업) • 지역자활센터에 위탁 수행 및 지자체에서 직접 수행 가능

(3) 자활기업

- 2인 이상의 수급자 또는 차상위자가 상호협력하여, 조합 또는 사업자의 형태로 탈빈곤을 위한 자활사업을 운영하는 업체(사회적 경제 주체의 하나)를 말한다.
- 보장기관은 시장진입형 자활근로사업의 기술향상 · 경험축적 등 수행능력을 제고하고, 기존 자활기업 성공사례를 벤치마킹하여 자활기업으로 육성 및 지원한다.

(4) 자산형성지원사업

일하는 수급가구 및 비수급 근로빈곤층의 자활을 위한 자금 마련을 지원하는 제도로 참여자가 매월 일정하게 저축하면 정부 및 지자체가 지원금을 추가로 지원한다.

희망키움통장 I	• 일하는 생계·의료급여 수급 가구(자) 중, 신청 당시 가구 전체의 총 근로 (사업) 소득이 기준중위소득 40%의 60% 이상인 가구 • 본인저축액 + 근로소득장려금(정부지원)
희망키움통장 II	• 소득인정액이 기준 중위소득 50% 이하인 주거·교육급여 수급 가구 및 기타 차상위계층으로서 현재 근로활동 중이며 근로(사업) 소득이 있는 가구 • 본인저축액 + 근로소득장려금(정부지원)
내일키움통장	• 최근 자활근로사업단에 1개월 이상 성실히 참여 중인 자 • 본인저축액 + 내일키움장려금 + 내일키움수익금(차등지원) + 내일근로장려금(정부지원)
청년희망키움통장	• 생계수급 가구 중, 신청 당시 근로(사업) 소득이 발생하는 만 15~39세 이하의 청년 • 근로소득공제금(정부지원) + 근로소득장려금(정부지원)
청년저축계좌	• 소득인정액이 기준 중위소득 50% 이하인 주거·교육급여 수급 가구 및 기타 차상위계층으로 현재 근로활동 중이며 근로(사업) 소득이 있는 만 15세~39세 이하의 청년 • 본인저축액 + 근로소득장려금(정부지원)

중요도

자주 출제되지는 않지만 자활센터가 어떤 역할을 하는지는 한번쯤 살펴보고, 기존의 중앙자활센터가 한국자활복지개발원으로 변경되었다는 점 정도는 확인해 두자.

잠깐!

지역자활센터 및 광역자활센터는 지역 내에 사회복지법인 등 비영리법인이 없거나 자활사업에 적합하지 않다고 판단될 경우 지자체에서 직접 운영할 수 있다.

3. 자활사업 추진기관

(1) 지역자활센터(시·군·구)

① 설립 및 목적

• 사회복지법인, 사회적협동조합 등 비영리법인과 단체 등은 보장기관에 신청하여 지역자활센터로 지정을 받아 설립된다.(신청 → 시·군·구 → 시·도 → 보건복지부 → 심사 후 결정)
• 기초수급자 및 차상위계층의 자활 촉진에 필요한 사업을 수행한다.
• 근로능력 있는 저소득층에게 집중적·체계적인 자활지원서비스를 제공함으로써 자활의욕 고취 및 자립능력 향상을 지원한다.

② 주요 사업

• 자활의욕 고취를 위한 교육
• 자활을 위한 정보제공, 상담, 직업교육 및 취업알선
• 생업을 위한 자금융자 알선
• 자영창업 지원 및 기술·경영 지도
• 자활기업의 설립·운영 지원
• 그 밖에 자활을 위한 각종 사업

(2) 광역자활센터(시 · 도)

① 설립 및 목적

- 사회복지법인, 사회적협동조합 등 비영리법인과 단체 등은 보장기관에 신청하여 시 · 도 단위 광역자활센터로 지정을 받아 설립된다. (신청 → 시 · 도 → 보건복지부 → 심사 후 결정)
- 광역 단위의 자활사업 인프라 구축을 통해 종합적이고 효율적으로 자활사업을 추진하여 자활사업의 효과성을 제고하고 활성화를 도모한다.
- 광역 단위의 공동사업 추진, 자활정보 제공, 전문적 교육 · 훈련을 진행하여 자활성공사례를 배출하도록 한다.

② 주요 사업

- 시 · 도 단위의 자활기업 창업지원
- 시 · 도 단위의 수급자 및 차상위자에 대한 취업 · 창업 지원 및 알선
- 지역자활센터 종사자 및 참여자에 대한 교육훈련 및 지원
- 지역특화형 자활프로그램 개발 · 보급 및 사업개발 지원
- 지역자활센터 및 자활기업에 대한 기술 · 경영 지도
- 그 밖에 자활촉진에 필요한 사업으로서 보건복지부장관이 정하는 사업

(3) 한국자활복지개발원

① 설립 및 구성 등

- 수급자 및 차상위자의 자활촉진에 필요한 사업을 수행하기 위해 설립된 재단법인이다.
- 2019년 국민기초생활보장법 개정으로 기존의 중앙자활센터를 한국자활복지개발원으로 변경하였다.
- 2020년 보건복지부 산하 기타공공기관으로 지정되었다.
- 임원: 원장 1명을 포함한 11명 이내의 이사와 감사 1명으로 구성(원장을 제외한 이사와 감사는 비상임)

② 주요 사업

- 자활지원사업의 개발 및 평가
- 자활 지원을 위한 조사 · 연구 및 홍보
- 광역자활센터, 지역자활센터 및 자활기업의 기술 · 경영 지도 및 평가
- 자활 관련 기관 간의 협력체계 구축 · 운영

- 자활 관련 기관 간의 정보네트워크 구축 · 운영
- 취업 · 창업을 위한 자활촉진 프로그램 개발 및 지원
- 고용지원서비스의 연계 및 사회복지서비스의 지원 대상자 관리
- 수급자 및 차상위자의 자활촉진을 위한 교육 · 훈련, 광역자활센터 등 자활 관련 기관의 종사자 및 참여자에 대한 교육 · 훈련 및 지원
- 국가 또는 지방자치단체로부터 위탁받은 자활 관련 사업
- 그 밖에 자활촉진에 필요한 사업으로서 보건복지부장관이 정하는 사업

(4) 자활기관협의체

- 시 · 군 · 구청장은 자활지원사업의 효율적인 추진을 위해 지역자활센터, 직업안정기관, 사회복지설의 장 등과 상시적인 협의체계를 구축한다.
- 자활기관협의체의 위원장은 시 · 군 · 구청장으로 하며, 위원은 직업안정기 관, 상공회의소 및 소상공인지원센터, 사회복지시설, 사회적기업, 사회적 협동조합, 마을기업 및 자활기업을 비롯한 자활사업을 실시하는 기관 또는 시설의 대표 등으로 구성한다.

기출회차				
	2	3	4	5
6	7	8	9	10
11	12	13	14	15
16	17	18	19	20
21	22			

강의로 복습하는 기출회독 시리즈

Keyword 160

5 자원봉사 및 자원봉사센터

1. 자원봉사활동의 개념 및 필요성

(1) 자원봉사의 개념

- 인간의 자발적인 의지(will)와 욕망(desire)을 나타내는 라틴어 'voluntas'에서 나온 것이다.
- 복지향상을 위해 휴머니즘과 사회연대의식에 기초하여 자발적으로 비공식적 또는 공식적 자원봉사기관에서 계획되고 의도된 실천노력이다.

(2) 자원봉사의 필요성

- 자원봉사활동은 사회복지 일반교육의 기초가 되어왔으며, 인간적 성숙의 장으로 혹은 사회복지교육·훈련활동으로서 중요시되고 있다.
- '여가만족·자아실현' 등과 같은 인간의 기본적 욕구를 충족시켜 정신적 안정과 자기충실감을 가질 수 있게 함과 동시에 여가를 건전하게 사용하므로 여러 가지 사회문제를 예방하고 생의 보람과 희망을 가질 수 있다.
- 인간성 회복과 가정기능의 회복을 기초로 지역사회 재형성을 필요로 하고 있으며, 이를 위해서는 주민의 자발적인 참여가 필요하다.
- 핵가족화의 경향으로 취약해진 가족기능을 보완해줄 수 있다.
- 통합화와 정상화(normalization) 노력의 일환이다.
- 전문직 활동을 자극하여 새로운 방향으로 항상 적극적이고 창조적인 서비스를 행하게 되므로 사회복지 전문화를 위해서도 필수적이라고 할 수 있다.
- 산업화와 경제성장과 함께 파생되는 사회문제들을 정부와 민간이 효율적으로 대처하는 데에 자원봉사의 참여가 필요하다.
- 지역사회의 사회복지관이나 시설 등에 인력과 재정이 매우 부족하므로 자원봉사자의 후원이 절실하다.
- 자원봉사활동에 참여를 원하는 사람들에게 기회를 제공하여 상부상조의 정신과 연대감을 이룩해나갈 수 있다.[25]

(3) 자원봉사활동의 특성 및 원칙

- 자아실현성: 인격적 성장을 가져옴과 동시에 자신의 잠재능력을 실현한다.
- 자발성 및 자주성: 자신의 의사로 활동한다.
- 무보수성: 금전적 보수나 영리를 추구하지 않는다. 이는 보수나 대가를 목적으로 봉사활동을 해서는 안 된다는 의미이지, 보수나 답례에 응해서는 안 된다는 의미가 아니다.
- 이타성: 타인의 생명을 존중하며 이웃과 더불어 사는 가치관에 바탕을 둔다.
- 사회성: 사회에 영향을 주고 사회적 책임을 다한다.
- 공동체성: 공동체 의식을 높일 뿐만 아니라 그러한 생활을 실현하는 장이다.
- 복지성: 지역사회 구성원이나 욕구를 지닌 사람들의 복지향상과 관련된다.
- 사회의 공동선을 실현: 인간존중의 정신 및 민주주의 원칙에 입각한다.
- 개척성과 지속성: 공동체 건설에 헌신한다는 개척적 사명의식이 필요하고, 일회적이고 우연한 활동이 아니라 의도되고 계획된 활동을 말하며, 일정기간 지속되는 프로그램을 가지고 있어야 하고, 활동 자체가 임의로 변경되거나 단절되어서는 안 된다.

2. 자원봉사자의 관리 및 운영과정

(1) 자원봉사 프로그램의 계획 및 업무설계

잠깐!

자원봉사자 관리 및 운영과정

자원봉사 프로그램의 계획 및 업무 설계 → 자원봉사자 모집 → 배치 및 업무 분장 → 교육 및 훈련 → 지도 · 감독 및 평가 → 인정과 보상

- 자원봉사자를 활용하여 달성하려는 목적이 무엇인가에 대해 구체적으로 기술해야 한다.
- 이 일이 왜 필요한지에 대한 설명과 함께 왜 정규직원이 아닌 자원봉사자에 의해 수행되어야 하는가에 대한 설명이 있어야 한다.
- 자원봉사자와 기관의 입장을 동시에 고려하여 업무설계를 한다.
- 각 업무의 철저한 분석을 통해 업무분장을 확립할 수 있도록 해야 하며, 업무가 요구하는 동기적 요인들과 책임의 정도를 규명해야 한다.

(2) 자원봉사자 모집

- 기관의 목적 및 사업에 적합한 자원봉사자를 모집하려면 어디서 어떻게 대상을 발견하고, 자원봉사에의 참여를 호소하며, 업무에 투입해야 하는가를 면밀히 고찰해야 한다.
- 자원봉사자 모집 시에는 다음의 사항을 고려한다.
  - 업무를 확실히 규정해 놓고 이에 적합한 사람들을 모집할 수 있는 시장을 물색한다.

- 자신이 모집하려는 사람들이 어떤 욕구 및 동기를 가지고 있는지를 확인한다.
- 이들에게 의미 있는 업무를 약속한다.

(3) 배치 및 업무 분장
- 자원봉사자를 배치하기 전에 기관소개, 자원봉사자가 해야 할 일, 자세 등에 대한 전반적인 오리엔테이션을 실시한다.
- 오리엔테이션이 끝나면 업무분장을 통해 사회복지기관의 프로그램에 관한 정보를 제공해주고, 자원봉사자에게 그들의 중요성과 필요성을 인식시킨다.
- 자원봉사자와 기관 직원 간의 관계를 명확하게 구분해준다.

(4) 교육 및 훈련
업무수행 또는 성과를 증진시키기 위해 훈련이 필요하다.

(5) 지도 · 감독 및 평가

① 효과적인 지도 · 감독을 위해 기관에서 고려할 사항
- 업무에 관해서는 완벽한 지시를 주고 어떤 질문에도 응답할 준비를 해야 한다.
- 기관이 기대한 것을 명확히 전달한다.
- 부적절한 행동은 바로 시정할 수 있도록 돕는다.
- 자원봉사자의 욕구를 충족시키는 데 융통성을 발휘해야 한다.

② 평가
- 자원봉사자 개개인의 업무수행 및 성과, 자원봉사 프로그램에 대해 전반적으로 평가한다.
- 모집시기부터 평가에 관한 사항을 알려야 한다.

(6) 인정과 보상
- 인정과 보상으로 자원봉사자가 만족스러운 경험을 할 수 있도록 하고 그들을 격려해서 계속 활동할 수 있게 하는 동기를 부여한다.
- 각 개인의 자원봉사 동기 및 욕구가 가장 우선적으로 고려되어야 하기 때문에 자원봉사자를 개별화하여 의미 있는 보상을 실시하는 것이 관리자의 임무이다.

- 인정과 보상의 유형
  - 공식적인 것: 배지나 핀, 일정기간 근무 후에 주는 증서 또는 감사장, 연례 만찬초대 또는 파티, 시상, 표창, 지역사회 신문 게재, 장기근속자 표창, 자원봉사보험제도 도입 등
  - 비공식적인 것: 진정한 감사의 말, 좀 더 중요한 책임 부여(신입회원 훈련참여, 기관을 대표한 지역사회 연설), 개인의 업무성과를 인정하려는 배려, 직원회의에 참여초대 등

3. 자원봉사활동기본법의 주요 내용

(1) 자원봉사활동의 범위
- 사회복지 및 보건 증진에 관한 활동
- 지역사회개발 · 발전에 관한 활동
- 환경보전 및 자연보호에 관한 활동
- 사회적 취약계층의 권익증진 및 청소년의 육성 · 보호에 관한 활동
- 교육 및 상담에 관한 활동
- 인권옹호 및 평화구현에 관한 활동
- 범죄예방 및 선도에 관한 활동
- 교통 및 기초질서계도에 관한 활동
- 재난관리 및 재해구호에 관한 활동
- 문화 · 관광 · 예술 및 체육진흥에 관한 활동
- 부패방지 및 소비자보호에 관한 활동
- 공명선거에 관한 활동
- 국제협력 및 국외봉사활동
- 공공행정 분야 사무 지원에 관한 활동
- 그 밖에 공익사업의 수행 또는 주민복리의 증진에 필요한 활동

(2) 정치활동 등의 금지의무
국가기관 및 지방자치단체로부터 보험가입 및 행정적 지원 등을 받는 자원봉사단체 및 자원봉사센터는 그 명의 또는 그 대표의 명의로 특정 정당이나 특정인의 선거운동을 해서는 안 된다.

(3) 자원봉사진흥위원회
국무총리 소속으로 관계 중앙행정기관 및 민간 전문가로 구성하며, 자원봉사

활동에 관한 주요 정책을 심의한다.

- 자원봉사활동의 진흥을 위한 정책방향의 설정 및 협력·조정
- 자원봉사활동의 진흥을 위한 국가기본계획과 연도별 시행계획에 관한 사항
- 자원봉사활동의 진흥을 위한 제도 개선에 관한 사항
- 그 밖에 자원봉사활동의 진흥에 관하여 필요한 사항

(4) 자원봉사활동의 진흥에 관한 국가기본계획의 수립

① 국가기본계획

행정안전부장관은 관계 중앙행정기관의 장과 협의하여 자원봉사활동의 진흥을 위한 국가기본계획을 5년마다 수립하여야 한다. 기본계획에는 다음 사항이 포함되어야 한다.

- 자원봉사활동의 진흥에 관한 기본 방향
- 자원봉사활동의 진흥에 관한 추진 일정
- 관계 중앙행정기관의 자원봉사 활동에 관한 추진 시책
- 자원봉사활동의 진흥을 위하여 필요한 재원의 조달 방법
- 그 밖에 자원봉사활동의 진흥을 위하여 특히 필요하다고 인정되는 사항

② 연도별 시행계획의 수립

관계 중앙행정기관의 장과 지방자치단체의 장은 기본계획에 따라 연도별 시행계획을 수립·시행하여야 한다.

(5) 한국자원봉사협의회

자원봉사단체는 전국단위의 자원봉사활동을 진흥·촉진하기 위한 다음의 활동을 하기 위하여 한국자원봉사협의회를 설립할 수 있다. 한국자원봉사협의회는 법인으로 하며, 정관을 작성하여 행정안전부장관의 인가를 받아 등기함으로써 설립된다.

- 회원단체 간의 협력 및 사업 지원
- 자원봉사활동의 진흥을 위한 대국민 홍보 및 국제교류
- 자원봉사활동과 관련된 정책의 개발 및 조사·연구
- 자원봉사활동과 관련된 정책의 건의
- 자원봉사활동과 관련된 정보의 연계 및 지원
- 그 밖에 자원봉사활동의 진흥과 관련하여 국가 및 지방자치단체로부터 위탁받은 사업

(6) 자원봉사단체에 대한 지원

국가 및 지방자치단체는 자원봉사단체의 활동에 필요한 행정적 지원을 할 수 있으며 「비영리민간단체지원법」에 의한 사업비를 지원할 수 있다.

4. 자원봉사센터

(1) 자원봉사센터의 설치 및 운영

- 국가기관 및 지방자치단체는 자원봉사센터를 설치할 수 있다. 이 경우 자원봉사센터를 법인으로 운영하거나 비영리 법인에게 위탁 · 운영하여야 한다. 단, 자원봉사활동을 효율적으로 추진하기 위하여 필요하다고 인정할 때에는 국가기관 및 지방자치단체가 운영할 수 있다.
- 국가는 자원봉사센터의 설치 · 운영이 활성화될 수 있도록 적극 노력하여야 하며, 지방자치단체는 자원봉사센터의 운영에 필요한 경비를 지원할 수 있다.

(2) 자원봉사센터 장의 자격요건

- 대학교의 자원봉사 관련 학과에서 조교수 이상의 직에 3년 이상 재직한 자
- 자원봉사단체 · 자원봉사센터 또는 사회복지기관 · 시설 · 학교 · 기업에서 자원봉사 관리업무에 5년 이상 종사한 자
- 5급 이상 퇴직공무원으로서 자원봉사업무 또는 사회복지업무에 3년 이상 종사한 자
- 국가 및 지방자치단체에 등록된 자원봉사 관련 시민사회단체에서 임원으로 10년 이상 활동한 자

(3) 자원봉사센터의 조직 및 운영 등

① 특별시 · 광역시 · 도 자원봉사센터

- 특별시 · 광역시 · 도 지역의 기관 · 단체들과의 상시협력체계 구축
- 자원봉사 관리자 및 지도자의 교육훈련
- 자원봉사 프로그램의 개발 및 보급
- 자원봉사 조사 및 연구
- 자원봉사 정보자료실 운영
- 시 · 군 · 자치구 자원봉사센터 간의 정보 및 사업의 협력 · 조정 · 지원
- 그 밖에 특별시 · 광역시 · 도 지역의 자원봉사 진흥에 기여할 수 있는 사업

② 시 · 군 · 자치구 자원봉사센터

- 시 · 군 · 자치구 지역의 기관 · 단체들과의 상시협력체계 구축
- 자원봉사자의 모집 및 교육 · 홍보
- 자원봉사 수요기관 및 단체에 자원봉사자 배치
- 자원봉사 프로그램의 개발 · 보급 및 시범운영
- 자원봉사 관련 정보의 수집 및 제공
- 그 밖에 시 · 군 · 자치구 지역의 자원봉사 진흥에 기여할 수 있는 사업

(4) 자원봉사센터의 기능

자원봉사센터의 기능이 법적으로 정해진 것은 아니지만 대체로 다음의 기능을 수행한다고 정리해볼 수 있다.

자원봉사센터의 기능

기능	역할	주요 업무
수급 조정	수급	모집 · 상담, 연결, 관리배치
	안내(상담)	자원봉사활동(프로그램)에 대한 상담
기록 · 등록	기록 및 등록	활동의 기록 작성(활동카드, 상담카드 작성) 등록카드 작성(등록카드, 욕구카드 작성)
	기자재 · 장소대여	회의장 · 기자재의 제공 자원봉사활동에 대한 각종 지원 소개 및 절차 안내
자원봉사 활동의 지원	인정 및 보상	자원봉사활동 인정서 및 수첩 발급 자원봉사자 표창 자원봉사자 보험가입
	상담 · 조언	자원봉사활동에 관한 상담 · 정보 제공 자원봉사활동에 관한 자료 제공, 안내
	육성 · 조직	자원봉사자 소그룹 활동의 지원(전산 프로그램 설치 등)
양성 · 연수	교육 · 훈련	자원봉사자 오리엔테이션 및 재교육 자원봉사자 학교, 워크숍
	연수	자원봉사 담당자 교육 및 훈련
홍보 · 계발	홍보	홍보지 · 포스터 발행, 자원봉사신문 발행, 사례집 발간
	계발	자원봉사 캠페인 실시, 자원봉사체험학교
네트워크화	연계망 구축	자원봉사 단체 간의 협의체 구성
	교류	자원봉사자, 자원봉사활동그룹, 관계기관 · 단체, 담당자 간 교류 지역연대사업(지역 내 공동의 자원봉사자 대회 참가)
조사 · 연구	조사 · 연구	욕구, 지역 조사 등
	프로그램 개발	조사 · 연구를 통한 프로그램 개발

기출회차

	2	3	4	5
6	7	8	9	10
11	12	13	14	15
16	17	18	19	20
21	22			

강의로 복습하는 기출회독 시리즈

6 지역아동센터

1. 설치 및 추진체계 등

(1) 연혁

- 1980년대 빈곤 지역 아동들을 위한 공부방으로서 자생적으로 시작됨
- 2004년 아동복지법 개정에 따라 아동복지시설의 하나로 법제화되면서 '지역아동센터'가 정식 명칭이 됨
- 2009년 공공성 확보 및 서비스 질 제고를 위한 지역아동센터 평가 실시
- 2012년 지역아동센터평가센터 설치로, 3년마다 평가하는 체계를 구축

(2) 목적 및 대상

- 근거: 아동복지법에 따라 국가 또는 지방자치단체는 아동복지시설을 설치할 수 있으며, 국가 또는 지방자치단체 외의 자는 관할 시·군·구청장에게 신고하여 설치할 수 있음
- 목적: 지역사회 아동의 보호·교육, 건전한 놀이와 오락의 제공, 보호자와 지역사회의 연계 등 아동의 건전육성을 위하여 종합적인 아동복지서비스를 제공하는 시설
- 대상: 18세 미만의 아동으로서 초등학교 및 중학교에 재학 중인 아동
  - 시설별 신고정원의 50% 이상은 우선돌봄아동이어야 함
  - 우선돌봄아동: 생계·의료·주거·교육급여 수급자, 차상위계층 가구의 아동, 등록장애인이 있는 가구의 아동 또는 등록장애인인 아동, 다문화가족의 아동, 모자 또는 부자 가족의 아동, 조손가구의 아동, 초·중·고 교육비 지원 대상자인 아동, 3자녀 이상인 가구의 아동 등

(3) 특징

- 아동의 권리보호 및 사례관리
- 교육과 복지의 통합적 접근
- 소규모 가정형태의 이용시설로서 정서적, 심리적 안정감 제공
- 지역사회 내 접근성 용이

• 지역사회 인적 · 물적 자원의 연계를 통한 통합적 아동지원체계 구축

(4) 아동권리보장원

• 아동복지법에 따라 보건복지부장관은 아동정책에 대한 종합적인 수행과 아동복지 관련 사업의 효과적인 추진을 위하여 필요한 정책의 수립을 지원하고 사업평가 등의 업무를 수행할 수 있도록 아동권리보장원을 설립한다.
• 아동권리보장원은 지역아동센터 사업과 관련하여 시 · 도지원단 사업운영 총괄, 지역아동센터 지원사업 운영관리, 지역아동센터 현황 통계 및 종사자 교육 시스템 구축 · 운영, 지역아동센터 평가 지원, 아동복지교사 지원사업 운영관리 전문기관 등의 역할을 한다.

(5) 지역아동센터 시 · 도지원단

• 시 · 도는 지역아동센터 지원사업 및 돌봄서비스 질 향상을 위해 시 · 도지원단을 둘 수 있고, 그 운영을 비영리법인 · 단체에 위탁할 수 있다.
• 시 · 도 지역아동센터 종사자 교육 및 컨설팅 등 시설운영 지원, 시설정보시스템 관리 · 평가사업 등 지원, 시 · 도 특성화사업 개발 · 홍보, 정보관리, 민간자원 개발 · 연계 지원, 시 · 도 방과후 돌봄서비스 추진 업무 지원 등의 역할을 한다.

2. 운영 프로그램

(1) 기본 프로그램

• 보호 프로그램: 빈곤 · 방임 아동보호, 일상생활지도, 급식제공, 위생지도 등
• 교육 프로그램: 학교생활준비, 숙제지도, 기초학습 부진아동 특별지도, 예체능교육, 독서지도 등
• 문화 프로그램: 문화체험, 견학, 캠프, 공동체활동, 놀이활동, 특기적성 등
• 복지 프로그램: 사례관리, 상담, 정서적 지원, 부모교육, 가정방문 등
• 지역사회연계 프로그램: 지역 내 인적 · 물적 자원을 연계, 결연후원, 지역복지활동 등

(2) 특화 프로그램

• 주말 · 공휴일 프로그램: 평일에 시간적 여유가 없어서 진행할 수 없었던 프로그램과 주말에만 참여가능한 체험학습 등을 제공
• 가족기능강화 프로그램: 아동양육기술 및 의사소통 증진, 부모집단프로그램 및 자조모임, 가족성장교실, 좋은 부모교실, 지역주민 결연 및 멘토링

활동 등 가족 내에서 지지기반이 약한 빈곤아동과 가족을 위한 가족기능강화 프로그램을 제공
- 야간보호 프로그램: 저녁 늦은 시간까지 부모가 귀가하지 않아 방임되고 있는 아동들을 보호자의 귀가시간까지 지역아동센터에 보호
- 청소년 프로그램: 1:1 학습멘토, 동아리활동, 진로탐색 프로그램 등

(3) 필수교육

- 아동권리교육: 아동이 자신의 권리를 알고 스스로 행사할 수 있도록 아동권리에 대한 교육을 실시해야 함
- 아동안전교육: 성폭력 예방교육, 아동학대 예방 교육, 실종ㆍ유괴의 예방ㆍ방지 교육, 감염병 및 약물의 오남용 예방 등 보건위생관리 교육, 재난대비 안전 교육, 교통안전 교육 등 시설장은 교육대상 아동의 연령을 고려하여 매년 아동의 안전에 대한 교육 계획을 수립하여 교육을 실시해야 함

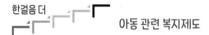

한걸음 더 — 아동 관련 복지제도

1. 다함께돌봄센터
- 도입 및 추진: 2017년 시범사업 → 2019년 아동복지법 개정으로 법제화 → 2021년 500세대 이상 주택단지 내 다함께돌봄센터 의무 설치
- 목적: 지역 중심의 돌봄체계 구축 및 초등돌봄 사각지대 해소를 위해 시ㆍ도 및 시ㆍ군ㆍ구 단위에 설치하여 방과 후 돌봄서비스 제공
- 방과 후 돌봄서비스: 아동의 안전한 보호, 안전하고 균형있는 급식 및 간식의 제공, 등ㆍ하교 전후 및 야간 또는 긴급상황 발생 시 돌봄서비스 제공, 체험활동 및 교육ㆍ문화ㆍ예술ㆍ체육 프로그램의 연계ㆍ제공, 돌봄 상담 및 관련 정보 제공ㆍ서비스 연계

2. 드림스타트(아동 통합서비스)
- 목적: 취약계층 아동의 건강한 성장과 발달을 도모하고 공평한 출발기회를 갖도록 함으로써 궁극적으로 빈곤의 대물림에서 벗어날 수 있도록 지원
- 주요 특징: 맞춤형 서비스 제공, 지역사회 서비스 연계, 사전적 예방관리, 능동적 사례관리
- 건강검진 및 예방, 기초학습, 사회정서, 심리행동, 보호, 부모교육, 부모지원 서비스 등의 필수 서비스 외 사업지역 및 센터별 상황에 따른 선택서비스 제공

3. 디딤씨앗통장(아동자산형성)
- 저소득층 아동의 빈곤 대물림을 방지하기 위한 사업으로, 아동(0~만18세 미만)이 후원자 또는 보호자의 도움 등으로 월 3만원 내에서 적립하면 국가(지자체)가 1:1 매칭펀드로 월 3만원 내에서 지원
- 적립금은 만 18세 이후 학자금, 기술자격취득비용, 취업훈련비용, 창업지원금, 주거마련 등 자립을 위한 용도에 한하여 사용가능

13장 지역사회복지운동

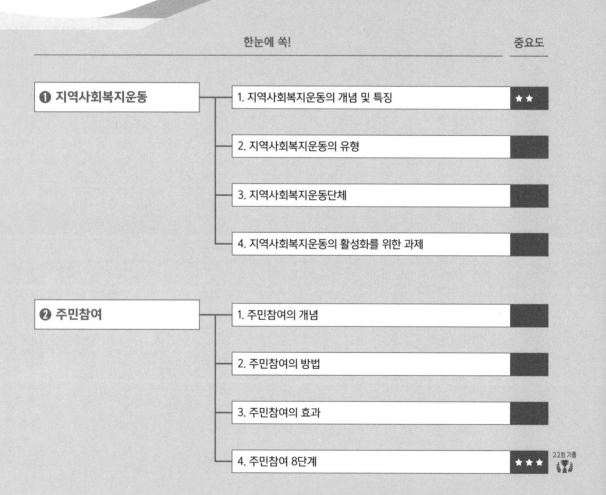

한눈에 쏙!

중요도

❶ 지역사회복지운동

1. 지역사회복지운동의 개념 및 특징 ★★

2. 지역사회복지운동의 유형

3. 지역사회복지운동단체

4. 지역사회복지운동의 활성화를 위한 과제

❷ 주민참여

1. 주민참여의 개념

2. 주민참여의 방법

3. 주민참여의 효과

4. 주민참여 8단계 ★★★ 22회기출

기출경향 살펴보기

이 장의 기출 포인트

지역사회복지운동은 한동안 출제되지 않다가 최근 출제빈도가 다시 높아지고 있는데, 의의 및 특징과 관련하여 비교적 유사한 내용들이 출제되는 편이다. 주민참여 8단계에 관한 내용은 대부분 어떤 단계에 해당하는지를 확인하는 단답형 문제로 출제되어 왔으나 최근에는 단계별 내용을 응용한 문제도 등장하였으므로 이에 대비해야 한다.

최근 5개년 출제 분포도

연도별 그래프

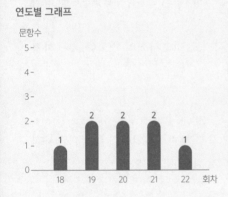

평균출제문항수

1.6 문항

2단계 학습전략

데이터의 힘을 믿으세요!
강의로 복습하는 **기출회독 시리즈**

3회독 복습과정을 통해
최신 기출경향 파악

최근 10개년 핵심 키워드

| 기출회독 161 | 주민참여 8단계 | 7문항 |
| 기출회독 162 | 지역사회복지운동 | 6문항 |

기본개념 완성을 위한 **학습자료 제공**

기본개념 강의, 기본쌓기 문제, ○X 퀴즈, 기출문제, 정오표, 묻고답하기, 지식창고, 보충자료 등을
아임패스를 통해 만나실 수 있습니다.

기출회차

	2	3	4	5
6	7	8	9	10
11	12	13	14	15
16	17	18	19	20
21	22			

강의로 복습하는 기출회독 시리즈

Keyword 162

1
지역사회복지운동

중요도

지역사회복지운동은 시민권 운동, 생활운동으로서의 의의를 가지며, 특정 계층이나 집단에 한정된 것이 아니라 지역주민 전체를 기반으로 한다는 점 등은 기억해두자.

1. 지역사회복지운동의 개념 및 특징

(1) 개념

• 지역사회 문제를 해결하기 위해 지역사회의 변화 또는 지역사회의 역량강화를 통해 지역주민의 욕구충족과 사회연대의식의 고취, 지역공동체 형성을 목표로 한다.

• 지역사회의 내적 정체성을 실현·고양시키고 지역사회의 변화를 추구하기 위해 전개되는 조직적인 운동을 말한다.

(2) 주체

지역주민이 주체가 되어야 하지만 사회복지 전문가, 지역사회 활동가, 사회복지 실무자, 지역사회의 클라이언트 모두 주체가 될 수 있다.

(3) 지역사회복지운동의 필요성[26]

① 사회복지정책 결정에의 영향

문제나 요구가 이슈화되어 일반국민들의 관심을 끌거나 정책입안자들의 관심을 끌게 되는 과정으로 사회복지운동 참여자, 즉 전문가 또는 운동가, 클라이언트들은 이러한 이슈화 과정에 참여함으로써 새로운 문제를 정의하고 정책대안 형성에 영향을 미칠 수 있다.

② 지역사회조직의 활성화

생활현장에 뿌리를 두고 있는 기존 조직들을 활용함으로써 지역사회조직을 활성화할 수 있다. 이는 지역주민들을 동원하는 가장 빠른 방법들 중 하나이다.

③ 주민의 권리의식 제고

국가나 공공단체에 의한 개인의 권리에 대한 침해나 방해에는 강력하게 항의하고, 시민의 실질적인 권리를 확보하기 위해서는 개인 차원은 물론 집단 차원의 노력이 필요하다. 이를 통해 지역주민들에게 권리의식의 확산을 도모할수 있다.

(4) 지역사회복지운동의 의의[27] ⭐꼭!

- 지역주민의 주체성과 역량을 강화하고, 지역사회의 변화를 주도하는 조직운동이다.
- 주민참여의 활성화에 의해 복지권리의식과 시민의식을 배양하는 사회권 확립운동이다.
- 주된 관심사가 지역주민의 삶의 질과 관련된 생활영역에 두고 있기 때문에 지역사회복지의 확산과 발전을 위한 생활운동으로서 의미를 가지고 있다.
- 지역사회의 다양한 자원 활용 및 관련조직 간의 유기적인 협력이 이루어지는 동원운동이다.

(5) 지역사회복지운동의 특징 ⭐꼭!

① 의도적인 조직적 활동
지역주민의 삶의 질 향상을 목적으로 하는 의식적이며 조직적인 활동으로, 사회복지 대상자뿐만 아니라 사회복지 종사자·전문가, 넓게는 모든 국민들이 참여한다. 주민들의 주체적인 참여와 행동을 통하여 지역사회의 변화목표와 사회복지를 달성하기 위해 의도적으로 추진하는 사회운동의 성격을 지니고 있다.

② 시민운동과 맥을 같이 함
시민사회의 성장 및 사회변화와 함께 사회적 관심의 초점으로 부각되고 있다.

③ 지역주민 전체를 기반으로 함
지역사회복지운동의 계층적 기반은 노동운동, 민중운동 등과 같이 제한적인 계층에 있는 것이 아니라 지역주민 전체를 기반으로 하므로 대상자가 포괄적이다.

보충자료

시민운동

합격자의 한마디

지역사회복지운동은 주민 전체를 기반으로 하기 때문에 일부 계층, 특정 집단에 초점을 두지는 않습니다.

2. 지역사회복지운동의 유형

지역주민의 욕구충족을 목표로 하는 지역사회 중심의 사회복지운동으로서 주민운동과 특정 문제나 이슈의 해결을 목표로 하는 문제 또는 이슈 중심의 지역사회복지운동으로 구분된다.

(1) 지역사회 중심의 사회복지운동: 주민운동

- 지역 내에 생활근거지가 있는 주민들이 주체가 되어 일상생활적인 요구와 이의 궁극적 해결을 위하여 전개하는 대중운동이다.
  - 주민의 생활근거지로서 지역사회를 기반으로 한다.
  - 운동주체로서 주민을 설정하고 있다.
  - 지역사회 문제를 해결하고자 하는 목적지향적인 운동이다.
  - 사회운동의 일환이다.
- 주민운동 참여형태의 특성
  - 집단적 참여형태를 전제로 한다.
  - 자연발생적 참여형태라기보다는 목적지향적이고 의도적이다.
  - 공청회, 심의회, 주민자문위원회에 참여하는 제도적 형태를 넘어선 비제도적 참여형태이다.
- 쟁점별로 분류한 주민운동
  - 농어촌 지역의 대규모 개발사업과 관련되어 발생한 주민운동: 도로, 공장건설, 주택단지 및 댐 건설 등
  - 대도시지역의 재개발사업, 강제철거와 관련된 주민운동: 도심재개발, 불량주거지역재개발 등
  - 각종 공해문제와 관련되어 피해보상이나 공해유발시설의 설치를 반대하는 주민운동 또는 환경운동: 온산 비철금속단지와 여천 석유화학단지의 공해로 인한 주민운동, 쓰레기매립장, 소각장, 환경오염, 핵발전소·핵폐기물처리장 건설 등
  - 실직자 생계비 지원사업, 음식나눔사업, 푸드뱅크사업, 의료서비스 지원사업, 저소득층 아동 방과후 교육사업, 미인가시설 지원사업 등

(2) 문제 또는 이슈 중심의 지역사회복지운동

- 특정 사회복지 문제나 사회복지와 관련된 이슈 중심으로 시민운동 차원에서 접근하는 지역사회복지 운동이다.
- 시민운동과 사회복지계의 협력형태를 띠면서 복지이슈 제기와 대안 마련을 위한 다양한 연대활동으로 구체화되고 있고, 지역단위를 중심으로 직접적인 복지문제의 제기 및 대안 마련, 관련 조례제정운동 등 지역사회복지 운동단체들의 활동영역이 확장되고 있다.[28]
- 대상자 중심의 운동
  - 국가복지에 대한 대응, 사회복지시설의 비리에 관련된 대응, 지방정부

의 정책에 대한 대응, 복지권·건강권에 대한 대응, 제도 참여, 조례 제
정 등

3. 지역사회복지운동단체

(1) 등장 및 성격
- 우리나라의 지역사회복지운동단체는 1990년대에 등장했다.
- 사회운동을 기반으로 하면서도 생활 영역의 중요성을 인식하여 지역사회공
  동체 건설 및 지역주민의 삶의 질 향상을 강조하였다. 정치권력 문제와 복
  지권 실현 등에 관한 거시적이면서 통합적인 접근을 추구하였다.
- 지역사회를 기반으로 조직되기도 하지만, 전국 규모의 조직으로 설립되기
  도 한다.

(2) 지역복지운동단체의 활동 사례

① 서비스 제공 활동
- 직접 서비스 제공: 사회적 약자들에게 직접 서비스를 제공하거나 각종 교
  육훈련 프로그램을 제공하는 활동. 지역사회의 사회적 약자들을 대상으로
  실직자 생계비 지원, 음식나눔 사업, 푸드뱅크 사업, 의료서비스 지원사
  업, 아동 방과후 교육 사업, 지적장애인 주간보호시설 등
- 사회복지 이벤트 사업: 지역사회의 사회복지에 대한 관심을 제고시킬 수
  있는 기회 및 지역사회의 다양한 단체들로 하여금 지역사회의 사회문제를
  다룰 수 있는 기회 제공
- 지역사회 내 다양한 지역운동단체들 간의 관계망을 형성할 수 있는 사업
- 사회복지교육: 지역의 사회복지실천가를 비롯한 지역주민을 대상으로 한
  다양한 사회복지교육 프로그램 제공

② 옹호활동
옹호활동은 지역사회단체와의 연대활동과 지방자치단체/지방의회와의 관계
및 조례 제정/개정 운동으로 나누어 볼 수 있다.
- 지역사회단체와의 연대활동: 천안의 '복지세상을 열어 가는 시민모임' 역시
  실업문제, 사회복지시설 비리문제, 장애문제, 노인문제 등 다양한 영역에
  서 연대활동을 전개하고 있다.
- 지방자치단체/지방의회와의 관계 및 조례 제정/개정 운동

③ 당사자 동원/주민조직화

우리복지시민연합과 관악사회복지 등의 지역복지단체의 경우 주민조직화에 성공하였다. 우리복지시민연합의 경우 대학생자원모임, 사회복지학과 학생모임을, 관악사회복지의 경우 여성, 청소년, 직장인, 가족 모임을 두고 있다.

④ 기타

지역사회에 대한 조사 · 연구를 진행하고, 이를 바탕으로 지역복지정책을 개발하기도 한다.

4. 지역사회복지운동의 활성화를 위한 과제

(1) 시민운동과 연대와 협력

지역사회복지운동의 정착 및 확대를 위해서는 사회복지계와 시민운동조직과의 연대활동을 발전시켜 나가야 한다.

(2) 전문역량 강화

지역복지운동의 전문성을 강화시켜 나가야 지역사회의 문제해결과 삶의 질 향상에 보다 효과적이다.

(3) 제도적 여건 마련

지역주민 중심의 자조집단의 조직화와 조례제정운동 등과 같은 지역사회복지 정책에 영향을 미칠 수 있는 제도적 여건을 마련하는 데 노력하여야 한다.

(4) 사회복지의 독자적 논리를 개발

사회복지를 전면으로 내세울 수 있는 이데올로기를 개발한다. 욕구주의를 주요 이념으로 발전시키는 것도 하나의 방안이 될 수 있다.

(5) 사회복지의 독자적 논리와 우리 사회의 발전을 위한 변혁적 논의를 연결

우리 사회의 다양한 운동 조직인 노동운동조직과 시민운동조직과의 연대활동을 통해 사회발전을 꾀할 수 있는 발전적 논의가 연계되도록 한다.

2 주민참여

기출회차

	2	3	4	5
6	7	8	9	10
11	12	13	14	15
16	17	18	19	20
21	22			

강의로 복습하는 기출회독 시리즈

Keyword 161

1. 주민참여의 개념

지역주민들이 공식적인 정부의 의사결정 과정에 관여하여 주민들의 욕구가 정책이나 계획에 반영되도록 하는 적극적인 노력을 말한다.

- 참여의 주체는 주민이다.
- 공식적인 정부의 정책 또는 계획의 작성, 결정, 집행에 관여하는 행위이다.
- 주민의 욕구나 열망이 정책이나 계획에 반영되도록 하기 위한 적극적 노력이다.

2. 주민참여의 방법

(1) 일반적인 방법
비교적 저렴하고, 정책계획가나 의사결정자에게 많은 시간과 책임요구를 하지 않으면서 전통적으로 많이 사용되는 방법들이다.

① 전시회
전시물의 내용이 간단하고 이해하기 쉬워야 한다. 주민과 접촉이 쉬운 곳에서 진행하여 홍보ㆍ선전의 목적과 주민들의 의견 파악에 용이하게 운영되어야 한다.

② 공청회
- 모든 주민을 대상으로 공개 초청하여 진행한다.
- '단계화 실시'가 참여기회를 확대시킬 뿐 아니라 주민의사를 보다 많이 반영할 수 있다(예비 공청회 → 최종결정전 공청회 → 최종 공청회).

③ 설문조사
현상의 기술과 예측, 변수 간의 관계분석과 의사 결정에 도움을 주는 계획된 자료수집방법이다. 과학적인 분석도구로, 조사해야 할 정보의 내용, 주민이 느끼는 문제점, 선호, 중요성에 대한 태도를 파악하는 경우에 용이하다.

④ 대중매체

매스 미디어를 통해 정부의 계획, 정책 안의 내용을 홍보하는 것은 물론 주민의 의견과 욕구를 보도해주어 정책에 반영하는 계기를 마련한다.

(2) 해당 주민과의 대화유도를 통해 수용할 수 있도록 하기 위한 방법

평균 이상의 지적 수준을 갖춘 참여자의 유의적인 선택을 요구하고, 주민의 욕구를 밀도 있게 파악할 수 있다.

① 델파이 방법

- 다양한 전문가집단의 지식과 능력을 결합하여 반영하기 위해 익명성을 보장하며 우편을 통해 설문조사를 실시한다.
- 문제 확인, 목표와 우선순위 결정, 대안의 확인평가에 유용한 방법이다.

② 명목집단법(NGT: Nominal Group Technique)

- '아이디어 서면 작성 → 아이디어 제출 → 전체 아이디어 기록 및 발표 → 투표 후 결정'의 순으로 진행한다.
- 이 방법은 아이디어를 무기명으로 작성하여 제출하게 함에 따라 각각의 아이디어 제출자를 알 수 없다는 특징이 있다.

③ 샤레트 방법

- 지역주민, 관료, 정치가들이 함께 모여 서로 배우는 비공식적 분위기를 조성하여 지역사회가 느끼는 문제점들과 관료 또는 정치가들이 인지하고 있는 문제의 시각을 개진하여 상호 이해를 통해 일정 시간 내 합의된 제안을 작성하는 방법이다.
- 준비, 발견, 통합, 제안작성의 단계로 진행된다.

④ 브레인스토밍(Brainstorming)

- 이 기법은 여러 명이 한 가지 문제를 놓고 아이디어를 무작위로 개진하여 그 중에서 최선책을 찾아내는 방법이다.
- 타인의 아이디어에 대해 비판하지 않고 자유로이 아이디어를 개진하되, 가능한 많은 아이디어를 개진하는 것이 좋다. 그리고 개진한 아이디어를 통합하고 발전시켜 나간다.

3. 주민참여의 효과

(1) 긍정적인 측면

① 지방정부의 의사결정의 효율성을 제고시켜 준다

지역주민이 선호하고 요구하는 사항을 정책결정자에게 효과적으로 알려줌으로써 지방정부의 한정된 자원을 효과적으로 할당하고 투입하는 데 기여할 수 있다.

② 지방행정에 있어서의 불평등을 완화시켜 준다

지방정부는 유지와 존속을 위해 '분배'보다는 '성장'에 중점을 두기 때문에 한정된 재원을 개발사업에 치중하여 투입하는 경향이 있는데, 이때 주민참여는 지방정부로 하여금 형평을 추구하도록 압박을 가함으로써 불평등을 완화시킬 수 있다.

③ 지방정부와 공공기관 간의 갈등을 중재 또는 해결하여 준다

지방의 행정부와 입법부 양자 간의 갈등을 해소하는 일에 효과적으로 작용할 수 있다. 즉, 주민투표, 주민발의, 주민소환과 같은 주민참여의 제도적 방안을 통하여 지방정부기관 간의 갈등을 주민이 중립적인 입장에서 직접 해결을 도모할 수 있다.

(2) 부정적인 측면

① 행정비용이 증가된다

정보 제공, 공청회 개최, 주민투표의 실시 등 추가적인 비용이 소요된다.

② 계획입안이나 집행하는 데 있어 시간상의 지연 가능성이 높다

계획사업의 전문적 측면을 적절하게 판단할 수 있는 능력이 결여되어 있는 일반 주민을 이해시키기가 어렵고, 주민들의 추가요구에 따라 계획이 지연될 수 있다.

③ 주민들 간에 갈등을 유발시킬 수 있다

주민들이 각자 자신의 관점에서 생각하기 때문에 지역사회 전체에 대한 이해에 있어 충돌이 일어나기도 한다.

④ 참여자들의 대표성 여부에 문제가 될 수 있다

주민참여에 능동적인 사람들의 숫자나 각각의 선호하는 바가 해당지역 주민 전체의 의사를 반영하는지 여부에 문제가 될 수 있다.

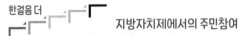

한걸음 더 — 지방자치제에서의 주민참여

지방자치는 주민참여에 대해 이중적 가능성을 가지고 있다. 한편으로는 주민들의 참여를 적극적으로 이끌어낼 수 있는 반면, 다른 한편으로는 주민들의 참여에 제약이 될 수도 있다. 지방자치는 지역 공동체를 기반으로 하고 있어 주민들의 이해관계를 직접적으로 수렴할 수 있다는 점에서 주민참여를 적극적으로 이끌어낼 수 있다. 그러나 지방정부는 결국 중앙정부 아래에 있기 때문에 정치적 자원들이 제한되어 있으며, 이로 인해 오히려 주민들의 참여 동기가 제한될 수도 있는 것이다.

따라서 실질적으로 지방자치 하에서의 주민참여는 중앙과 지방과의 관계, 지역사회의 사회·문화적 특성과 주민들의 정치의식, 그리고 제도적 장치 등 여러 가지 현실적 조건에 의해서 그 양상이 결정되게 된다.

중요도 ★ ★ ★

보통 어느 한 단계의 특징을 제시하고 어느 단계에 해당하는지를 맞추는 단순한 문제로 출제되고 있다. 그럼에도 불구하고 헷갈리기 쉬워 정답률은 다소 낮게 나타나기 때문에 잘 암기해두는 것이 필요하다.

4. 주민참여 8단계

주민참여는 계획 또는 정책결정 과정에 미치는 영향과 효과의 정도에 따라 실질적인 효과를 가져오는 참여로부터 형식적인 효과를 가져오는 참여까지 다양하다. 아른스테인은 주민참여를 그 정도에 따라 8가지 단계로 구분하면서도 크게 3가지 범주로 구분된다고 제시하였다.

(1) 비참여 상태 ★
- 가장 낮은 수준의 참여 형태로, 주민을 의사결정에 참여시키지 않는다.
- 참여의 형식을 흉내낼 뿐인 조작 단계, 참여의 형식만 보일 뿐 실질적인 효과가 없는 치료의 단계가 이에 속한다.

(2) 형식적 참여 ★
- 주민들의 참여가 이루어지기는 하지만 영향력은 매우 미약하다.
- 정보제공, 상담, 회유 단계가 이에 해당한다.

(3) 주민권력 ★
- 마지막 3단계로, 기존의 권력관계의 변화와 권력의 재분배가 가능하다. 주민이 의사결정에 있어 주도권을 획득한다.
- 협동관계, 권한위임, 주민통제 단계가 이에 속한다.

아른스테인(Arnstein)의 주민참여 8단계

단계		내용	
8	주민통제 (citizen control)	주민 스스로 입안하고, 결정에서 집행 그리고 평가단계에 까지 주민이 통제하는 단계	주민권력 (degree of citizen power)
7	권한위임 (delegated power)	주민들이 특정한 계획에 관해서 우월한 결정권을 행사하고 집행단계에 있어서도 강력한 권한을 행사함	
6	협동관계 (partnership)	행정기관이 최종결정권을 가지고 있지만 주민들이 필요한 경우 그들의 주장을 협상으로 유도할 수 있음	
5	회유 (placation)	각종 위원회 등을 통해 주민의 참여범위가 확대되지만 최종적인 판단은 행정기관이 한다는 점에서 제한적임	형식적 참여 (degree of tokenism)
4	상담 (consultation)	공청회나 집회 등의 방법으로 행정에 참여하기를 유도하고 있으나 형식적인 단계에 그침	
3	정보제공 (informing)	행정이 주민에게 일방적으로 정보를 제공하며 환류는 잘 일어나지 않음	
2	치료 (therapy)	주민의 욕구불만을 일정한 사업에 분출시켜서 치료하는 단계로서 행정의 일방적인 지도에 그침	비참여 (non- participation)
1	조작 (manipulation)	행정과 주민이 서로 간의 관계를 확인한다는 것에서 의의를 찾을 수 있으며, 공무원이 일방적으로 교육, 설득시키고 주민은 단순히 참석하는 수준	

※ 자료: Arnstein, 1969.

미주목록

1) 이영철, 2014: 24-25.
2) 오정수 · 류진석, 2012: 31-32.
3) 오정수 · 류진석, 2012: 35.
4) 박태영, 2003: 37-38.
5) Dunham, 1970: 209-214, 박용순, 2006: 25, 재인용.
6) 감정기 외, 2016: 34-35.
7) 감정기 외, 2016: 32-34. 재인용.
8) 감정기 외, 2011: 111.
9) 김종일, 2012: 96.
10) 김종일, 2012: 96-97.
11) 감정기 외, 2011: 114.
12) 현외성, 2000: 83.
13) 강철희 · 정무성, 2006: 60-61.
14) 감정기 외, 2011: 116-117.
15) Rothman, 2001, 오정수 · 류진석, 2012. 재인용.
16) Weil & Gamble, "Community Practice Models", in NASW, Encyclopedia of Social Work, 19th.
17) 강철희 · 정무성, 2006: 163-174.
18) 김종일, 2012: 164-165; 한국임상사회사업학회, 2008: 146.
19) 홍현미라 외, 2015: 181-186; 남진열 외, 2009: 164-165.
20) 강철희 · 정무성, 2006, 10장; 한국임상사회사업학회, 2008: 148; 남진열 외, 2009: 153-157.
21) 박현식 외, 2021: 185.
22) 오정수 · 류진석, 2012: 269-273; 김성철 외, 2020: 200-205; 박태영, 2003: 282.
23) Dunham: 161-163, 김영모, 2000: 265-266; 표갑수, 2003: 232-233 재인용.
24) 2021년 자활사업 안내 자료(보건복지부), 보건복지부 홈페이지, 희망내일키움통장 홈페이지.
25) 김범수, 2002: 274-275.
26) 이영철, 2003: 110-112.
27) 박현식 외, 2021: 369.
28) 오정수 · 류진석, 2012: 344-347.

참고문헌

감정기 · 백종만 · 김찬우, 2006, 2011, 2016, 『지역사회복지론』, 나남출판.

강철희 · 정무성, 2006, 『지역사회복지실천론』, 나남출판.

김기원, 2002, 『사회복지법제론』, 도서출판 나눔의집.

김만호, 2013, 『지역사회복지론』, 양서원.

김범수, 2003, 『지역사회복지의 이해』, 현학사.

김범수 · 신원우, 2006, 2016, 『지역사회복지론』, 공동체.

김성철 · 이문국 · 김정원 · 김화신 · 모아라 · 박경원 · 박윤희 · 박정하 · 염영옥 · 오현주 · 정종화, 『지역사회복지론』, 2020, 양성원.

김영란 · 김형준 · 전진호 · 한상미, 2018, 『지역사회복지론』, 공동체.

김영모, 2000, 『지역사회복지론』, 고헌출판부.

김옥진 · 김태연 · 이현민 · 유지애 · 유승희, 2021, 『지역사회복지론』, 공동체.

김종일, 2006, 2012, 『지역사회복지론』, 청목출판사.

남세진, 1992, 『인간과 복지』, 한울아카데미.

남진열 · 강세현 · 전영록 · 유용식, 2009, 『지역사회복지론』, 공동체.

박병현, 2004, 『사회복지정책론』, 현학사.

박용순, 2006, 『지역사회복지론』, 학지사.

박태영, 2003, 『지역사회복지론』, 현학사.

박태영 · 채현탁, 2014, 『지역사회복지론』, 정민사.

박현식 · 김준경 · 구재관 · 박지현 · 정지웅 · 이옥진, 『지역사회복지론』, 2021, 양서원.

변재관 외, 2000, 『참여형 지역복지 체계론』, 도서출판 나눔의집.

송근원 · 김태성, 1995, 『사회복지정책론』, 나남출판.

양점도 · 신현일 · 정일교, 2003, 『케어복지실천기술론』, 양서원.

엄명용 외, 2005, 『사회복지실천의 이해』, 학지사.

오정수 · 류진석, 2012, 『지역사회복지론』, 학지사.

유동철 · 홍재봉, 2016, 『실천가를 위한 지역사회복지론』, 양서원.

이문국 외 역, 1999, NASW, 『사회복지대백과사전』, 도서출판 나눔의집.

이영철, 2003, 2014, 『지역사회복지실천론』, 양서원.

이인재, 2004, 『한국지역복지실천론』, 도서출판 나눔의집.

이태희 · 나혜숙 · 백창환 · 신민정, 2018, 『지역사회복지론』, 지식공동체.

이해영, 2000, 『케어복지론』, 양서원.

정무성 역, 2000, Kettner P. M., 『프로그램 기획과 관리』, 도서출판 나눔의집.

정무성 · 박차상 역, 2002, Charles A., 『사회복지기관행정』, 도서출판 나눔의집.

지은구 · 조성숙, 2010, 『지역사회복지론』, 학지사.

최일섭 · 이현주, 1996, 2006, 『지역사회복지론』, 서울대학교출판부.

최항순, 2007, 『지역사회복지론』, 대영문화사.

표갑수, 2003, 『지역사회복지론』, 나남출판.

한국사회복지협의회, 1993, 『사회복지사전』.

한국산업사회학회, 2004, 『사회학』, 한울.

한국임상사회사업학회, 『지역사회복지론』, 2008, 도서출판 신정.

현외성, 2000, 『사회복지정책강론』, 양서원.

홍봉수 외, 2018, 『지역사회복지론』, 공동체.

홍현미라 · 김가율 · 민소영 · 이은정 · 심선경 · 이민영 · 윤민화, 2015, 『지역사회복지론』, 학지사.

Hardina, D., 2002, *Analytical Skills for community organisation practice*, New York: Columbia University Press.